OS ONZE

FELIPE RECONDO E LUIZ WEBER

Os onze
O STF, *seus bastidores e suas crises*

4ª *reimpressão*

Copyright © 2019 by Felipe Recondo e Luiz Weber

Grafia atualizada segundo o Acordo Ortográfico da Língua Portuguesa de 1990, que entrou em vigor no Brasil em 2009.

Capa
Alceu Chiesorin Nunes

Foto de capa
Carlos Humberto/ sco/ stf

Preparação
Maria Emilia Bender

Checagem
Érico Melo

Assessoria jurídica
Maria Luiza de Freitas Valle Egea

Índice remissivo
Luciano Marchiori

Revisão
Huendel Viana
Clara Diament

Dados Internacionais de Catalogação na Publicação (cip)
(Câmara Brasileira do Livro, sp, Brasil)

Recondo, Felipe
    Os onze : O stf, seus bastidores e suas crises / Felipe Recondo e
Luiz Weber. — 1ª ed. — São Paulo : Companhia das Letras, 2019.

    Bibliografia
    isbn 978-85-359-3238-6

    1. Brasil. Supremo Tribunal Federal 2. Brasil — Política e governo
3. Crises — Brasil 4. Decisões 5. Poder judiciário — Brasil 6. Tribunais
supremos i. Weber, Luiz. ii. Título.

19-27417   CDD-328.81

Índice para catálogo sistemático:
1. Brasil : Supremo Tribunal Federal : Bastidores e crises : Ciência
    política 328.81

Maria Paula C. Riyuzo — Bibliotecária – crb-8/7639

[2021]
Todos os direitos desta edição reservados à
EDITORA SCHWARCZ S.A.
Rua Bandeira Paulista, 702, cj. 32
04532-002 — São Paulo — sp
Telefone: (11) 3707-3500
www.companhiadasletras.com.br
www.blogdacompanhia.com.br
facebook.com/companhiadasletras
instagram.com/companhiadasletras
twitter.com/cialetras

Para Adriana e Caetano
Para Fernanda, Maria Luiza e Fernando

Sumário

Apresentação 11
Prólogo 15

1. A morte de Teori 27
2. A Lava Jato de Zavascki 48
3. A voz das ruas 72
4. Supremo devassado 95
5. Lava Jato — Sob nova direção 110
6. O caminho até o Supremo 131
7. Mensalão 162
8. Suprema entidade 206
9. Supremo conflito 234
10. Impeachment...................................... 265
Onze... 282
12. Novos tempos 315

Epílogo 333
Fontes 339
Índice remissivo 357

MINISTRO	ESTADO DE ORIGEM	INDICADO POR
Sepúlveda Pertence	MG	José Sarney
Celso de Mello	SP	
Carlos Velloso	MG	Fernando Collor
Marco Aurélio	RJ	
Ilmar Galvão	AL	
Maurício Corrêa	MG	Itamar Franco
Nelson Jobim	RS	Fernando Henrique Cardoso
Ellen Gracie	RJ	
Gilmar Mendes	MT	
Cezar Peluso	SP	Luiz Inácio Lula da Silva
Ayres Britto	SE	
Joaquim Barbosa	MG	
Eros Grau	RS	
Ricardo Lewandowski	RJ	
Cármen Lúcia	MG	
Meneses Direito	PA	
Dias Toffoli	SP	
Luiz Fux	RJ	Dilma Rousseff
Rosa Weber	RS	
Teori Zavascki	SC	
Luís Roberto Barroso	RJ	
Edson Fachin	RS	
Alexandre de Moraes	SP	Michel Temer

	2003	2004	2005	2006	2007	2008	2009	2010	2011	2012	2013	2014	2015	2016	2017	2018	2019

Mandato Presidência

Apresentação

As páginas que seguem narram fatos recentes que envolvem decisões do Supremo Tribunal Federal, muitos deles reconstituídos a partir de entrevistas realizadas ao longo de mais de uma década de cobertura da Corte, de 2007 a 2019. Nesse período, tivemos extensas conversas com ministros — Celso de Mello, Marco Aurélio Mello, Gilmar Mendes, Ricardo Lewandowski, Cármen Lúcia, Dias Toffoli, Luiz Fux, Rosa Weber, Luís Roberto Barroso, Edson Fachin e Alexandre de Moraes — e ex-ministros — Eros Grau, Néri da Silveira, Sydney Sanches, Octavio Gallotti, Maurício Corrêa, Rafael Mayer, Carlos Velloso, Ilmar Galvão, Célio Borja, Nelson Jobim, Carlos Ayres Britto, Joaquim Barbosa, Xavier de Albuquerque, Aldir Passarinho, Francisco Rezek, Paulo Brossard, Sepúlveda Pertence e Moreira Alves —, com advogados, ex-procuradores-gerais da República, ex-secretários de comunicação do tribunal, parlamentares, juízes que auxiliam os ministros, e por fim com aqueles que conhecem os meandros do tribunal em diferentes níveis: assessores e ex-assessores dos gabinetes, "capinhas" dos ministros — os assistentes de plenário, encarregados de levar os processos, providenciar água etc., que usam uma capa curta, daí o apelido — e seguranças do STF.

Inúmeros fatos foram apurados e observados a quente, no dia a dia da lida jornalística. Detalhes e bastidores de muitos deles vieram à tona com o desenrolar dos acontecimentos, a partir de depoimento das fontes diretas, checadas e confirmadas por fontes primárias, ajudando-nos a melhor perceber seus contornos, causas e consequências.

A ideia do livro surgiu em 2007, depois de julgada a denúncia do mensalão. No início, se não contávamos com um norte preciso, pelo menos tínhamos um mote. O Supremo não era mais "esse outro desconhecido", como disse o ministro Aliomar Baleeiro, num livro clássico. O mensalão inseriu o tribunal no centro do debate público, ainda que houvesse pouca clareza acerca de seu funcionamento, sua dinâmica e seu papel institucional.

O projeto de livro foi se amoldando aos fatos, às crises que abalroaram governos (mensalão, manifestações de 2013, Lava Jato, impeachment da presidente Dilma Rousseff, denúncias contra o presidente Michel Temer, prisão do ex-presidente Lula — que naquele abril de 2018 era primeiro colocado nas pesquisas das eleições de outubro —, ascensão de Jair Bolsonaro, participação dos militares nos quadros governamentais) e indispuseram o tribunal contra outros poderes (prisão de parlamentares; afastamento do presidente da Câmara, Eduardo Cunha; do presidente do Senado, Renan Calheiros; do senador Aécio Neves; proibição de doações empresariais; avanço sobre descriminalização do aborto). Decisões controversas mudaram o rumo do país (união homoafetiva; prisão após condenação em segunda instância; pesquisas com células-tronco embrionárias; Lei de Imprensa; biografias não autorizadas; Marcha da Maconha etc.), tragédias ocorreram. Foi justo depois da morte do ministro Teori Zavascki que o escopo deste livro se fechou: a história de um novo STF cobria um arco que ia do mensalão à Lava Jato, tendo por epílogo o começo do governo Bolsonaro. Um tribunal diferente de todos os Supremos do passado, conforme depoimento de antigos integrantes da Corte. Um tribunal que passou a exercer de fato sua competência criminal; que se viu devassado pela voltagem política do julgamento do mensalão; que assistiu atento às manifestações de 2013 — que mudaram o modo como a sociedade se relacionava com o sistema político. Um tribunal cujos integrantes se tornaram conhecidos do grande público — motivo pelo qual muitos ministros passaram a considerar a opinião pública como fundamento para seus votos. Ministros que assistiram com ânimos diferentes à eleição de Jair Bolsonaro e que, divididos institucionalmente, terão pela frente o desafio de tratar com uma nova realidade, com militares encabeçando altos postos do poder civil e fazendo críticas abertas ao STF.

O foco, aqui, não são as investigações dos escândalos de corrupção. Procuramos detalhar como o Supremo julgou, como se relacionou com a imprensa e com a opinião pública, como atuou com os outros poderes, como se adaptou aos tempos de pressão das redes sociais, como se reformatou com as mudanças de composição, como atravessou suas próprias disputas internas e lidou com suas crises no período que vai de 2005 a princípios de 2019.

Na fase de apuração, entrevistamos todos os ministros do Supremo da atual composição (2019) — alguns foram ouvidos várias vezes, em momentos distintos —, ex-ministros do STF; observadores externos deste novo tribunal; ministros de outros tribunais, em especial do Superior Tribunal de Justiça, do Tribunal Superior Eleitoral e do Tribunal de Contas da União (TCU); integrantes do Poder Executivo, advogados-gerais e advogados da União; procuradores federais e ministros da Justiça.

Também analisamos milhares de e-mails e mensagens de WhatsApp compartilhados conosco e com outras fontes (inclusive ministros do STF), além de processos, votos, palestras e manifestações de agentes públicos — de fora e do próprio Supremo.

Contamos ainda com a contribuição de professores e amigos, como Diego Werneck Arguelhes, Thomaz Pereira, Joaquim Falcão, Oscar Vilhena, Fernando Leal, Leandro Molhano, Conrado Hübner Mendes, Rafael Mafei, Alexandre Araújo Costa, Ivar Hartmann, Vera Karam, Rodrigo Kaufmann, Carlos Bastide Horbach, Davi Tangerino, Pierpaolo Cruz Bottini, Beto Vasconcelos, Pedro Abramovay, Eduardo Mendonça, Gustavo Binenbojm, Sérgio Renault, Rubens Glezer, Eloisa Machado, Rogério Arantes, Luciano Da Ros, Fernando Fontainha, Andrés del Río, Juliana Cesario Alvim Gomes, Virgílio Afonso da Silva, Otavio Luiz Rodrigues Junior, Jane Reis, Rodrigo Brandão, Marcelo Proença, André Rufino, Alexandre Veronese, Cristiano Paixão, Janaína Penalva, Humberto Jacques, Henrique Araújo Costa, Silvana Batini, Caio Farah Rodriguez, Magda Brossard, Felipe de Paula, Luiz Guilherme Mendes de Paiva, José Reinaldo de Lima Lopes, Patrícia Perrone Campos Mello, Carlos Victor Nascimento dos Santos, Carlos Alexandre de Azevedo Campos.

Também tivemos a ajuda dos historiadores do cotidiano, jornalistas que cobrem ou cobriram o STF, como Luiz Orlando Carneiro, Carolina Brígido, Márcio Falcão, Mariana Oliveira, Silvana de Freitas, Mariângela Gallucci, Maria Fernanda Elderly, Felipe Seligman, Maria Filomena da Paixão, Juliano Basile, Mirella D'Elia, Renan Ramalho, Maira Magro, Rafael Moraes Moura, Beatriz Bulla, Talita Fernandes, André Richter, Letícia Casado, Breno Pires, Debora Santos, Rodrigo Haidar, Márcio Chaer, Miguel Mattos, Matheus Teixeira, Rafael Baliardo, Pedro Canário, Luiz Felipe Barbiéri, Luísa Martins, Rosanne D'Agostino, Isadora Peron, Reynaldo Turollo, Luiz Maklouf Carvalho, Sérgio Amaral, Irineu Tamanini, Renato Parente, Marcone Gonçalves, Andréa Mesquita, Mauro Burlamaqui, Luiz Felipe de Casrilevitz Rebuelta, João Batista Magalhães, Delorgel Kaiser, Joyce Russi, Layrce de Lima.

Brasília, maio de 2019

Prólogo

"Achei que seria preso", exagera o ministro Luís Roberto Barroso, num desabafo irônico após tensa reunião no gabinete da Presidência do Tribunal Superior Eleitoral (TSE). Por suas declarações e pelo tom das críticas aos militares presentes, cogitou a punição de sua impertinência.

Impertinência registrada pelo general Sérgio Etchegoyen, então chefe do Gabinete de Segurança Institucional da Presidência da República, que se surpreendeu com o ímpeto do ministro contra suas evasivas. Barroso e Etchegoyen mantinham uma relação institucional fria e distante, permeada pela suspeição. O general não era facilmente decifrável, sempre com suas longas inspirações antes de responder às investidas contra ele. Barroso, por seu turno, desconfiado da máquina de inteligência que Etchegoyen comandava de dentro do Palácio do Planalto, costumava dizer: "Não sei o que ele pensa, mas ele sabe tudo o que eu falo".

Os dois sentaram frente a frente na comprida mesa retangular da sala da Presidência do TSE na noite de 23 de outubro de 2018, uma terça-feira, a cinco dias do segundo turno das eleições para presidente da República. Na cabeceira, Rosa Weber comandava a reunião, mantendo a fleuma. De um lado da mesa, Barroso e Edson Fachin, do Supremo, e os ministros do Superior Tribunal de Justiça (STJ) que integram o TSE. Do outro, Etchegoyen, acompanhado de João Tadeu Fiorentini, major-brigadeiro e então Secretário Nacional de Segurança Pública, e dos advogados que integram o TSE como ministros — Admar Gonzaga, Sérgio Banhos (hoje juiz titular do TSE) e Carlos Horbach. No fundo da sala, o então diretor-geral da Polícia Federal, Rogério Galloro, e dois policiais federais.

No dia anterior fora divulgado o vídeo em que um militar da reserva — Antônio Carlos Alves Correia — xinga e faz ameaças a Rosa Weber: "Essa salafrária, essa corrupta, essa ministra corrupta e incompetente". Segundo o militar, Weber não deveria ter recebido em seu gabinete representantes do PT e do PDT que contestaram a candidatura de Jair Bolsonaro com base na notícia de que uma rede de empresários havia financiado o disparo de informações falsas em favor da campanha do capitão.

A ministra, avessa às redes sociais e, portanto, alheia às ameaças, recebeu ligações solidárias sem saber a que vinham. Quando alguns de seus assessores lhe encaminharam o vídeo, ela não se alterou. Naquele mesmo dia, na reunião do gabinete de crise montado para acompanhar as eleições, anunciou que encaminharia uma representação à Polícia Federal contra o autor dos ataques. Parecia que o assunto estava resolvido.

Ao final da reunião, da qual participavam os ministros do TSE, como Fachin e Barroso, chegou a mensagem de que o presidente do Supremo, Dias Toffoli, estava a caminho. Queria falar com os presentes. Barroso não esperou por ele e foi para seu gabinete. Fachin e Weber permaneceram. Toffoli descreveu um cenário sombrio. Lembrou que o então comandante do Exército, general Villas Bôas, tinha 300 mil homens armados que majoritariamente apoiavam a candidatura de Jair Bolsonaro. Por sua vez, o candidato e seus seguidores, incluindo militares, colocavam sob suspeita a lisura do processo eleitoral, em especial as urnas eletrônicas. O TSE, portanto, deveria ser claro e firme em seus posicionamentos. Era preciso demonstrar o perfeito funcionamento das instituições.

Quem ouviu as palavras de Toffoli ficou com a sensação de que as suspeitas de instabilidade não eram chifre em cabeça de cavalo: de fato, era de incerteza o clima sobre os rumos do país.

No mesmo dia, terça-feira, outro episódio fez a temperatura subir. Decano do Supremo, o ministro Celso de Mello, impressionado com os ataques a Weber e ao tribunal, sobretudo aqueles que partiam de integrantes das Forças Armadas, reagiu na sessão da Segunda Turma do STF: "O discurso imundo, sórdido e repugnante do agente que ofendeu a honra da ministra Rosa Weber [...] exteriorizou-se mediante linguagem profundamente insultuosa, desqualificada por palavras superlativamente grosseiras e boçais, próprias de quem possui reduzidíssimo e tosco universo vocabular, indignas de quem diz ser oficial das Forças Armadas, instituições permanentes do Estado brasileiro que se posicionam acima das paixões irracionais e não se deixam por elas contaminar", protestou o decano.

Todos os ministros se solidarizaram com Weber e decidiram remeter o caso à Procuradoria-Geral da República. A decisão tinha pouco efeito prático, pois a Polícia Federal fora acionada e já preparava a representação à Justiça Federal do Rio de Janeiro. Na reunião marcada no TSE para aquela noite, os ministros Barroso e Fachin pretendiam externar aos militares sua apreensão.

Fachin foi incisivo. Lembrou aos membros das Forças Armadas ali presentes que o Conselho Nacional de Justiça, órgão de controle do Judiciário, havia afastado o juiz federal Eduardo Luiz

Rocha Cubas, de Goiás, quando eles, os militares, descobriram que o magistrado pretendia mandar recolher urnas eletrônicas para periciá-las. "O senhor não pode imaginar como isso é forte. Agora é a hora de vocês cortarem na carne", disse Fachin a Etchegoyen.

Barroso seguiu a retórica de primeiro elogiar as Forças Armadas — como fizera em outras oportunidades —, para então cobrar uma posição à altura das agressões contra Rosa Weber e o TSE. O responsável pelos vídeos deveria ser preso de imediato.

Etchegoyen respirava alto, ganhando tempo para estruturar o pensamento antes de responder. Então revelou que o comandante do Exército havia representado ao Ministério Público Militar contra Alves Correia, que também o atacara. Não era o bastante, disseram os ministros. Ora, se o próprio comandante do Exército, quando ofendido, não havia tomado medida extrema, por que os ministros tanto insistiam?, questionava Etchegoyen.

Os ministros do Supremo pareciam dar a Alves Correia uma importância que ele não tinha, continuou Etchegoyen, pois coronel da reserva e nada era a mesma coisa. Mas se o Exército não pode prender um coronel da reserva, o que pode fazer para garantir a tão propalada disciplina militar?, teimavam os juízes.

O general prosseguiu. Lembrou aos ministros do Supremo, guardiões da Constituição, que "depois da Constituição de 1988" — e disse isso percebendo a ironia da situação — ninguém poderia ser preso sem o devido processo legal. Portanto, disse ele, "a gente não manda prender e está preso".

Embora estivesse evidente que Etchegoyen estava se desviando dos tiros — nem sequer olhava para Barroso enquanto falava —, outro ministro do TSE ali presente, Admar Gonzaga, considerava que, naquele momento de tensão pré-eleitoral, as circunstâncias nas Forças Armadas talvez recomendassem não fazer mais do que se estava fazendo. Escreveu um bilhete e o passou para Barroso, que depois de lê-lo o entregou a Fachin. Nenhum dos dois se convenceu. Mantiveram a tônica. As evasivas do ministro-chefe do Gabinete de Segurança Institucional da Presidência pareciam insuflar o ministro do Supremo — ao ponto da inconveniência, disse um colega. Barroso exasperava-se, persistia em seus argumentos, cortava Etchegoyen. Os dois ministros do Supremo diziam que o Exército — ênfase em "o Exército" — estava sendo conivente. Etchegoyen respirou e disse que "o Exército", do qual fazia parte havia décadas, não podia ser associado àquele tipo de manifestação. O assunto havia desbordado da racionalidade. Naquele momento, ninguém podia ser detido: o Código Eleitoral proíbe a prisão de eleitores "desde 5 (cinco) dias antes e até 48 horas depois" — regra que vale para o primeiro e segundo turnos. Defender a prisão do coronel algoz de Rosa Weber seria ignorar a lei.

A reunião, "a mais surreal da qual participei", como disse reservadamente um dos ministros, terminou sem que nenhuma decisão tivesse sido tomada. Talvez a briga tenha emperrado tudo. Barroso e Fachin marcaram posição, intransigentes. Outros ministros estranharam: "Quem diria que numa discussão entre militares e o Supremo os militares seriam os democratas", ironizou um ministro do TSE que permaneceu calado durante a reunião.

Para tentar apaziguar os ânimos no TSE, o ministro Alexandre de Moraes foi ao QG do Exército conversar com Villas Bôas. O general lhe garantiu que, quando da primeira ocorrência envolvendo Antônio Carlos Alves Correia (aquela cujo alvo era o próprio comandante), fora protocolada uma representação no Ministério Público Militar, que não tomou nenhuma providência. E comentou que, em tese, o militar da reserva poderia ser preso disciplinarmente. Mas o plano só iria adiante se o TSE entendesse que não havia impedimento para a prisão no período eleitoral. Como Moraes descartou a ideia, Villas Bôas determinou que Alves Correia passasse a ser monitorado pelo aparelho de inteligência. O ministro telefonou para o procurador-geral militar pedindo que a investigação seguisse e deixou o QG munido de cópias dos procedimentos para apresentá-los a Weber e aos demais colegas de TSE. Informou-os dos detalhes da conversa e disse que estava tudo resolvido. O episódio se encerrou e, fora o clima de azedume plenamente instaurado, como disse Weber, não acarretou nenhum resultado concreto.

No domingo seguinte, Jair Bolsonaro foi eleito presidente da República. As eleições turbinaram as críticas que eram feitas ao Supremo. Quando liderava as pesquisas de intenção de votos, o então candidato chegou a defender que se aumentasse o número de ministros para "botar pelo menos dez isentos lá dentro". Seu filho Eduardo já havia falado na possibilidade de um "cabo e um soldado" fecharem o STF. Estava montado o cenário para que as críticas se transmudassem em ataques.

O Supremo era corroído por seus problemas internos: demora nos julgamentos, precipitação em pautas que por competência seriam do Congresso, superexposição, bate-bocas e agendas ocultas dos ministros. Mas o tom mudou.

Bolsonaro assumiu a Presidência com uma pauta conservadora, moralizadora, de combate à corrupção, de apoio à Operação Lava Jato. O Supremo, que alguns setores consideravam um entrave ao avanço dessa agenda, passou a ser hostilizado por deputados e senadores, ameaçado por pedidos de CPI e de impeachment pela grita informe das redes sociais.

Já em fevereiro de 2019, vazou a informação de que o ministro Gilmar Mendes e sua mulher, Guiomar Feitosa, haviam sido incluídos numa lista de mais cem pessoas politicamente expostas que seriam alvo de uma "análise de interesse fiscal". A apuração começou em 2018, num consórcio entre Receita e Lava Jato, pela faculdade de Mendes — o Instituto Brasiliense de Direito Público (IDP). Ao notar que a investigação tinha objetivos pouco claros, o ministro pediu que contadores refizessem todas as checagens e reavaliassem a sua declaração pessoal de imposto de renda e as contas do IDP. Depois dessa reavaliação, Mendes apresentou à Receita uma retificação de sua declaração. E o IDP fez o mesmo — conforme seus sócios, um erro na contabilidade induziu a faculdade a declarar créditos de que não dispunha e por isso o instituto fez a correção de sua prestação de contas, o que resultou num pagamento de cerca de 1 milhão de reais.

Mais tarde se saberia que a apuração não estava atrás de possíveis erros nas declarações de imposto de renda, e sim de levantar eventuais indícios da prática de outros crimes, como corrupção ou tráfico de influência. Além disso, se mostrou viciada — inclusive pelo vazamento de informações sigilosas. Na lista de pessoas a serem investigadas, além de Mendes e Feitosa, constavam outras personalidades, como Roberta Rangel, mulher de Dias Toffoli. O Supremo reagiu. Toffoli pediu à Procuradoria-Geral da República, à Receita e ao ministro da Economia que investigassem as irregularidades nas apurações.

O Supremo parecia de fato disposto a batalhar. Noutra frente, marcou posição quanto às manifestações de integrantes do governo e de sua base de sustentação parlamentar que indicavam retrocessos na proteção de direitos de minorias. Celso de Mello era relator de um dos processos que questionavam a demora do Congresso em aprovar uma lei criminalizando a homofobia. E insistiu com Toffoli para que o tema fosse colocado em pauta. No julgamento iniciado em 20 de fevereiro de 2019, Mello liderou o STF e garantiu apoio para a criminalização, por via judicial, da homofobia. O processo foi interrompido por decisão do presidente do tribunal, sem data para retomada, mas outra cizânia estava criada. O Congresso estava decidido a confrontar o STF — alguns deputados, sobretudo os novatos, pediam o impeachment dos quatro ministros que já haviam votado favoravelmente.

Em março, outro julgamento acendeu os ânimos. Estava em discussão o destino de processos criminais contra políticos investigados por corrupção e lavagem de dinheiro e, ao mesmo tempo, por crimes eleitorais. Os autos deveriam tramitar na Justiça Federal ou na Justiça Eleitoral?

Procuradores que integravam a força-tarefa da Operação Lava Jato foram à imprensa e às redes sociais em defesa da competência da Justiça Federal para processar tais casos, pois a Eleitoral não teria estrutura nem experiência para investigar crimes de grande complexidade. Aqui e ali ventilou-se o fim da Lava Jato na hipótese de o Supremo determinar a remessa dos autos para a Justiça Eleitoral. No dia do julgamento, um dos procuradores, Diogo Castor, denunciou que o STF estaria ensaiando um golpe contra a operação. Nas redes sociais, os ataques ao Supremo se avolumavam. Na imprensa, lia-se que a máquina de mídias sociais bolsonaristas havia escolhido o STF como seu alvo preferencial naquele momento.

Às quartas-feiras, antes de iniciada a sessão plenária, Toffoli promove em seu gabinete um almoço com os ministros. É um estratagema simpático para agregar os colegas, amainar os atritos, ampliar a colegialidade, conversar mais abertamente sobre os problemas da Corte e, mais importante, ouvir a fala livre (e, se possível, espontânea...) dos ministros. O ex-ministro Nelson Jobim lhe havia passado uma dica preciosa: "Escute-os, deixe-os falar". Naquele dia, Celso de Mello, Marco Aurélio, Cármen Lúcia e Barroso não compareceram. Aos comensais presentes, Fux externou sua indignação com os petardos contra o STF: "Um absurdo".

A autoridade do STF precisava ser resguardada das investidas que vinha sofrendo. O presidente do tribunal revelou ter encaminhado ofícios à Polícia Federal pedindo que os ataques fossem investigados, mas nenhuma providência fora tomada. Os ministros ainda reclamaram dos procuradores da Lava Jato que insinuavam um golpe do Supremo contra as investigações. Fux afirmou — e Fachin confirmou durante o almoço — que Celso de Mello, então ausente, se revoltara com os termos usados. Para o decano, as críticas haviam exorbitado a liberdade de expressão. Toffoli pensaria em alguma saída. No dia seguinte telefonou para Mello e expôs sua ideia, que foi bem recebida pelo interlocutor. Depois ligou para Alexandre de Moraes e disse que o queria no comando da investigação. "Eu quero designar você, que entende disso", ele disse. Moraes, que havia sido secretário de Segurança do Estado de São Paulo, usara sua máquina e seu plantel de contatos para solucionar outro caso importante: as ameaças feitas à então primeira-dama Marcela Temer. O argumento final de Toffoli não podia ser refutado: Era improvável que alguém mais quisesse relatar. Moraes aceitou a tarefa.

No dia 14 de março, minutos antes da sessão plenária do STF, Toffoli conversou com todos os ministros, individualmente, e explicou sua decisão. Não os consultou; apenas lhes comunicou sua resolução. Ninguém objetou.

Enquanto o presidente anunciava sua estratégia em reservado, sua assessoria disparava uma mensagem para os jornalistas: "Um alerta: o presidente fará um anúncio logo no início da sessão de hoje que promete repercutir MUITO".

Iniciada a sessão, Toffoli empostou a voz e noticiou a abertura de um inquérito "contra tudo e quase todos", como definiu um de seus assessores de confiança. "O presidente do Supremo Tribunal Federal, no uso de atribuições que lhe confere o regimento interno, considerando que velar pela intangibilidade das prerrogativas do Supremo Tribunal Federal e dos seus membros é atribuição regimental do presidente da Corte, considerando a existência de notícias fraudulentas, conhecidas como fake news, denunciações caluniosas, ameaças e infrações revestidas de *animus caluniandi, diffamandi e injuriandi*, que atingem a honorabilidade e a segurança do Supremo Tribunal Federal, de seus membros e familiares, resolve, como resolvido já está, nos termos do artigo 43 [do Regimento Interno do STF], instaurar inquérito criminal para apuração de fatos e infrações correspondentes em toda sua dimensão", anunciou. Alexandre de Moraes foi designado relator.

As críticas ao Supremo não tardaram. A entidade abriu um inquérito a ser julgado por ela mesma? Tal procedimento seria compatível com a Constituição? Não bastasse, a investigação seria tocada por um ministro do Supremo, sem a participação do Ministério Público. Era tudo heterodoxo.

O tribunal ignorava as objeções da imprensa. Toffoli dava mais atenção às críticas daqueles que o circundavam e, sempre que tinha oportunidade, defendia sua decisão. "Tem que dar porrada. Nós só estamos apanhando", justificou a um amigo na festa de aniversário do ministro Barroso. E acrescentou, irônico: "E o delegado que eu arranjei?", numa referência ao "delegado Alexandre de Moraes".

No inquérito aberto por Toffoli, o sistema de distribuição seguiu um procedimento incomum. Normalmente os relatores são definidos por sorteio. Quando um ministro está impedido de participar do julgamento daquela causa — por ser parente de uma das partes, por exemplo —, seu nome é excluído com um clique. E essa informação fica disponível no andamento do processo. Quando um juiz está prevento, ou seja, quando já está relatando um processo semelhante, os nomes dos demais ministros são ticados no sistema e a ação é encaminhada para o prevento. Mesmo que o tema tramite em segredo de Justiça, esta informação fica disponível na página do Supremo. No caso do inquérito aberto por Toffoli, o relator foi designado a priori, uma solução prevista no regimento — mas nunca antes utilizada. A assessoria técnica do tribunal excluiu os outros ministros, deixando habilitado para receber a ação apenas o nome de Alexandre de Moraes.

Com o auxílio de um delegado da Polícia Federal e outro da Polícia Civil de São Paulo, a investigação avançou sobre pessoas físicas, perfis de redes sociais e imprensa, o que provocou fortes reações dentro e fora do tribunal. "Qualquer tipo de censura, mesmo aquela ordenada pelo Poder Judiciário, mostra-se prática ilegítima, autocrática e essencialmente incompatível com o regime das liberdades fundamentais consagrado pela Constituição da República", ponderou Celso de Mello em nota à imprensa, contestando a decisão de Alexandre de Moraes de determinar a retirada do ar de matéria da revista eletrônica *Crusoé*, que trazia trechos de delação premiada que se referiam a Toffoli.

O inquérito era também uma tentativa de recompor a redoma que tradicionalmente protegia o STF e que foi fragilizada pelas novas gerações de ministros — fosse com brigas internas e estratégias artificiais para favorecer suas agendas próprias, fosse contorcendo argumentos, virando casaca e desprezando a jurisprudência do tribunal, fosse usando a imprensa para atacar os adversários. Mas acabou por fragilizar ainda mais a imagem da instituição.

O resultado desse processo pôde ser lido nas redes sociais, nas críticas abertas e sem cerimônia de juízes, nas ameaças da classe política, na contestação à independência e imparcialidade dos ministros. O STF ampliou seus poderes a partir de 1988; até determinado período — pré-2002 —, utilizou-os de maneira estratégica e contida; depois de 2006, sobretudo, o tribunal mudou. Catalisando muitas das mudanças, o julgamento do mensalão foi um dos principais responsáveis pelo Supremo de hoje.

Ao longo dos doze capítulos deste livro, descrevemos como este tribunal lida com seus vícios, como se comunica internamente, conversa com o mundo exterior, atua na política e toca os processos.

Um Supremo inventado — pela Constituição de 1988; pela política, que viu no tribunal o terceiro turno para suas disputas; pela sociedade, que passou a apostar na entidade a consumação de garantias fundamentais; pelos novos ministros, que abandonaram a autocontenção que marcou as décadas anteriores. Um Supremo, como todo poder, em teste. E que enfrenta uma de suas maiores crises de legitimidade e de autoridade.

O Supremo Tribunal Federal foi alçado a guardião da Constituição pela política para preservar de ataques circunstanciais o pacto social firmado pós-ditadura. Combater o STF é atacar a Constituição de 1988. Ameaçar o Supremo é um comportamento autocrático, um primeiro sinal do desejo de quem quer governar sem democracia. Esvaziar o tribunal é comprometer o sistema de garantias e direitos individuais.

É tempo de avaliar este experimento de Supremo Tribunal Federal. Criticá-lo com propriedade, para poder melhor defendê-lo. É isto que pretende *Os onze*.

1. A morte de Teori

"Houston, we have a problem!", comunicou o geralmente discreto promotor Wilton Queiroz assim que entreabriu a porta da sala de reuniões do quarto andar da Procuradoria-Geral da República, em Brasília. Sem dizer mais nada, numa indelicadeza proposital, afastou-se, deixando uma fresta entre a porta e a soleira. Os sons habituais da burocracia — o tilintar do telefone, o din-don do elevador e os blá-blá-blás dos gabinetes — invadiam o ambiente. Nada de novo no front.

Naqueles meados de janeiro de 2017, executivos de uma petroleira norueguesa que havia comprado uma empreiteira do grupo Engevix envolvida no petrolão estavam reunidos com agentes do Ministério Público e relatavam as irregularidades nas contas da companhia brasileira. Por alguns segundos, a frase em inglês pairou como balão de fala de gibi, congelando os integrantes da reunião. *"What's the problem?"*, perguntaram os noruegueses.

Nas contas denunciadas pela firma nórdica não havia nenhuma novidade para a Lava Jato. O encontro, que transcorria todo em inglês, foi finalizado bruscamente. *"It's all okay"*, disse o

27

coordenador-chefe do grupo de trabalho da Lava Jato, o também promotor pelo Distrito Federal Sérgio Bruno Fernandes. "*But WE*", enfatizando o "nós", "*have a huge problem.*" Fernandes ainda não havia dimensionado a magnitude do imbróglio, mas conhecia bem o parceiro. Se interrompera a reunião, era porque tinha acontecido alguma coisa grave. Subiu apressado dois andares de escada, até o sexto andar, posicionou o indicador no leitor de digitais que franqueava a entrada ao QG da Lava Jato e encontrou Queiroz junto à janela, em silêncio.

Todo janeiro o Supremo Tribunal Federal entra em modo hibernação. Os ministros viajam; os 9355 m^2 de vidraças externas são lavados à luz do dia sem que os andaimes interrompam a concentração de assessores; a máquina usada para limpar os carpetes vaga a qualquer hora pelos 533 m^2 do plenário. Não são muitos os ambientes na burocracia que desaceleram tanto.

No terceiro andar do edifício Anexo II do STF, um prédio espelhado em curva, o juiz Márcio Schiefler estava a mil no gabinete do ministro Teori Zavascki. Schiefler era a infantaria e o hardware da operação do relator da Lava Jato. No dia 12 daquele mês, ele voara para São Paulo com uma missão: "Oitiva em processo penal sigiloso". No dia seguinte, segundo registros de viagem do Supremo, desembarcou em Curitiba para a mesma tarefa. Depois de dois dias de depoimentos, voltou a Brasília.

Schiefler, de Santa Catarina, estava no STF como juiz auxiliar de Zavascki desde 2014. Por ele passavam os inquéritos, as quebras de sigilo, a checagem das delações premiadas da Lava Jato. Reservado, dedicava boa parte do tempo livre à sua grande paixão: canções sefarditas do século XV e romances. Era um juiz de outros tempos, um homem de poucas palavras — e, até aquele momento, de raras emoções externadas em público.

Zavascki tinha nele a mais absoluta confiança. "Rosa, eu arrumei um juiz que pensa como eu, fala como eu e até escreve como eu. Você devia experimentar", disse certa vez à ministra na porta de uma sessão de turma. No gabinete, quando recebia memoriais de grandes advogados que atuavam na Lava Jato, jogava-os sobre a mesa do auxiliar — com a secura de um homem do Sul, pensava Schiefler — e pedia sua opinião.

No início daquela tarde de quinta-feira, 19 de janeiro, Schiefler viu na internet a notícia de que um avião de pequeno porte caíra no Rio de Janeiro. Não deu maior importância. As notícias, entretanto, persistiam. E ele teve um estalo.

No tribunal, apenas Schiefler e a chefe de gabinete, Nicole Weitmann, que montara às pressas a agenda de voos de Zavascki no recesso de janeiro, conheciam o itinerário do ministro. O bimotor King Air caíra às 13h44, a dois quilômetros de Paraty, após partir do Campo de Marte, em São Paulo, às 13h01.

Schiefler levantou, deixou a sala onde estavam os demais assessores e pediu às secretárias que telefonassem para o pessoal de apoio do Superior Tribunal de Justiça. Sempre que Zavascki viajava, ele contava com o auxílio de funcionários do STJ, de onde fora ministro, para embarcar. Duas ligações, e nada. Na terceira, atendeu um dos responsáveis. Saberia responder se o ministro Zavascki embarcou, como previsto, para Angra dos Reis? Sim. Na internet, surgiu mais uma informação: o avião pertencia ao empresário do ramo de hotelaria Carlos Alberto Filgueiras. O ministro se aproximara de Filgueiras quando passou a se hospedar no hotel Emiliano, em São Paulo, para acompanhar de perto o tratamento de câncer da segunda mulher, Maria Helena.

Filgueiras e Zavascki eram próximos. Aflito, Schiefler pediu novas ligações telefônicas às secretárias, as quais, acostumadas à relativa calma no gabinete quando das viagens do ministro, estranharam tanta insistência. "Ai, doutor. O que está acontecendo?", perguntou uma delas. Schiefler desconversou.

Horário, roteiro, companheiros de viagem, tudo batia. Schiefler enviou uma mensagem de WhatsApp para o celular de Zavascki. Não apareceu o sinal de "entregue". E o avião já deveria ter pousado. O juiz deixou o gabinete. Atravessou apressado a garagem do Supremo e o corredor que leva ao prédio principal do STF e tomou o elevador até o terceiro andar, a caminho do gabinete da presidente do STF, Cármen Lúcia. Schiefler e o também juiz auxiliar de Zavascki, Paulo Marcos de Farias, encontraram Cristina Petcov, principal auxiliar da ministra. "Aconteceu uma coisa muito séria. Eu preciso falar com a ministra, agora", disse Schiefler. Cármen Lúcia viajara a Belo Horizonte para visitar o pai adoentado, então com 98 anos. Petcov levou Schiefler ao gabinete da ministra e fez a ligação. Naquele instante, na tela do computador da assessora de Cármen Lúcia, surgiu a informação de que Zavascki estava no avião. "Ministra, um avião caiu, o ministro Teori estava dentro." O tom da frase não deixava margem para nenhuma esperança, mas o juiz não conseguiu dizer a palavra "morte". Cármen Lúcia fez um silêncio de segundos e perguntou: "E agora?". "Eu acho que precisamos avisar o presidente da República", ele disse para a presidente.

Ali mesmo, do gabinete da presidente do Supremo, foi feita a chamada para o Planalto. "Presidente Michel Temer, quem fala é Cristina Petcov, chefe de gabinete da Presidência do Supremo. O juiz Márcio Schiefler, do gabinete do ministro Teori Zavascki, precisa falar com o senhor. Estou passando a ligação." Temer ainda não fora informado sobre o acidente.

"Presidente, há alguns instantes caiu um avião no Rio de Janeiro e tudo leva a crer que o ministro Teori está neste avião", disse Schiefler. Do outro lado da linha, a interjeição pausada: "Meu Deus...". Breve silêncio, e Temer ecoou Cármen Lúcia: "E agora?".

Na presidência do tribunal, Paulo Marcos de Farias chorava. Schiefler conferiu suas mensagens no WhatsApp, como faria muitas outras vezes ao longo daquela tarde, mesmo após a confirmação da morte do chefe. Zavascki era um assíduo usuário do aplicativo. "A última visualização é de antes do voo", Schiefler disse ao grupo. A promotora do Ministério Público de Santa Catarina, Vanessa Cavallazzi, que assessorava o procurador-geral, Rodrigo Janot, também estava na sala. Mulher de Farias, acionaria os colegas do QG da Lava Jato na capital com um fiapo de esperança.

"Detesto gravatas." O promotor Wilton Queiroz sempre se sentira um estranho no ambiente do Ministério Público. Se a liturgia dos gabinetes brasilienses permitisse, estaria sem paletó, com as mangas da camisa arregaçadas. Filho de marceneiro, cresceu na Ceilândia, uma das regiões mais pobres do Distrito Federal. Formou-se em matemática, deu aulas, começou a mexer em softwares e ingressou na Polícia Civil da capital federal.

No início dos anos 1990, quem viesse da periferia e soubesse operar computadores, lidando com montanhas de dados, ia logo parar na área de inteligência policial. No trabalho pendular entre as ruas, os contatos com integrantes dos demais serviços de informação e os computadores, Queiroz montou uma rede de informantes única. Formou-se em direito, ingressou no Ministério Público do Distrito Federal (MPDFT) e já integrava por quase duas décadas o Grupo de Atuação Especial de Combate ao Crime Organizado (Gaeco) quando foi chamado para o grupo de trabalho da Lava Jato, em janeiro de 2015.

Para o bunker da operação na capital, ele levou uma ferramenta usada pelo FBI, nos Estados Unidos. Era Queiroz quem operava o software Forensic Toolkit (FTK), um potente programa capaz de localizar e-mails apagados, rastrear os mais recônditos bits de um computador atrás de palavras-chave, montar um dicionário de senhas e quebrar uma encriptação.

Queiroz não tinha nenhuma devoção especial pelo filme *Apollo 13*, de onde extraíra a frase em inglês com a qual interrompeu a reunião com os noruegueses, mas ela expressava a gravidade daquele momento. Com toda uma vida na área de inteligência, ele recebera do Supremo um telefonema com o pedido: "Precisamos saber se o Teori está vivo". Queiroz acionou colegas da inteligência da FAB e do Ministério Público no Rio. "Não há sobreviventes", respondeu minutos depois.

Na véspera do acidente, Zavascki se preparava para homologar a chamada "delação do fim do mundo", os termos de cooperação da cúpula da empreiteira Odebrecht com a Lava Jato, que atingiria políticos de todos os quadrantes. O tribunal já havia determinado, meses antes, o afastamento do então presidente da Câmara, Eduardo Cunha, do MDB (PMDB, à época) do Rio de Janeiro. E mandara para a prisão o senador petista Delcídio do Amaral, líder do governo Dilma Rousseff no Senado. Duas medidas excepcionais, sem precedentes na história da Suprema Corte e que interfeririam diretamente no funcionamento do Legislativo. Medida de força contra o establishment político não era, pois, novidade. Mas aquela delação alteraria significativamente as escalas. E também as reações.

A morte de Zavascki, aos 68 anos, rompeu um delicado equilíbrio que fora alcançado dentro do STF e permitira à Lava Jato mirar alvos com foro privilegiado. Juiz experimentado em decisões complexas, cria de colegiado (fora nomeado em 2002 para o Superior Tribunal de Justiça, um tribunal com 33 ministros), era um exímio operador dos bastidores judiciais, capaz de montar, até mesmo num tribunal marcado por individualidades, alianças que possibilitaram o avanço de investigações contra gente poderosa.

Poucas vezes na vida nacional ocorre uma situação que cimente a coesão da sociedade. Expresso nas barulhentas redes sociais ou em pesquisas de opinião pública, o repúdio à corrupção política criava um ambiente que fazia o STF oscilar entre a velha ordem — uma corte essencialmente garantista na condução de processos criminais — e a nova, ainda em formação, que erigia como totem o combate à criminalidade política. Essa nova ordem carecia de condutores. Relator da Lava Jato, naquele momento Zavascki revezava o leme da operação com o juiz Sergio Moro, da 13ª Vara Federal em Curitiba, centro operacional da investigação desde o princípio.

Todo envidraçado, suspenso por esguias colunas desenhadas pelo arquiteto Oscar Niemeyer, com sessões transmitidas ao vivo pela TV Justiça desde 2003, o Supremo mostra muito mas esconde o essencial. A morte do ministro foi daqueles episódios que desarranjam a inércia dos costumes, revelam as ações de bastidores e permitem que se olhe além da superfície da tela de TV.

Como o tribunal chegara até ali? Como, em pouco mais de uma década — desde 2003, com a troca de três ministros de uma vez —, se converteu em uma "nova" e poderosa instituição, reduzindo a distância que o separava do Executivo e do Legislativo? Como se transformou na câmara de regulação das crises políticas? Como avançou sobre as disputas de costumes que se travavam no Congresso? De que forma empoderou cada um de seus integrantes para promover agendas próprias, abrindo conflitos com o Congresso e a Presidência da República? E, fundamental, qual caminho tomaria dali para adiante?

Naquele janeiro os ministros estavam longe de Brasília, alguns no exterior. A tragédia escancarou um tribunal em que os juízes se viram como pedras de búzios arremessadas num jogo inesperado — sem ordem, ora próximas umas das outras, ora afastadas, passíveis de diferentes leituras conforme o observador. A dispersão era até geográfica.

No inverno de Londres, naquela ocasião com fuso horário de apenas duas horas adiante em relação a Brasília, onde vigorava o horário de verão, o ministro Dias Toffoli almoçava com a mulher, a advogada Roberta Rangel, num restaurante em Kensington, perto de seu hotel. Acabara de desembarcar, após uma escala em Lisboa, para aproveitar as férias de final de ano. Durante as refeições costuma manter o celular no bolso do paletó, sem som nem vibracall. Foi o aparelho de sua mulher que tocou, tocou várias vezes, insistente. Rangel atendeu. "Meu Deus, não pode ser", ela respondeu. "Eu não tenho coragem de dizer isso pra ele", disse, chorando, ao passar a ligação para o marido. Do outro lado da linha estava o desembargador Carlos von Adamek, assessor e amigo de Toffoli, aficionado por aviação, copiloto amador de pequenos bimotores. "Pode haver sobreviventes, vamos ter fé", disse o ministro. Foi desencorajado. "Não tenha esperanças."

Cria da política, escolado nas disputas internas do PT, nas escaramuças com a oposição no Congresso, advogado do ex-presidente Lula, vindo de uma família de nove irmãos, Toffoli circulava com habilidade dentro e fora do tribunal. Ficara amigo de Zavascki e sempre o convidava à sua casa no Lago Norte para fumar charutos e beber vinho tinto italiano, enfim, para ajudar o colega, viúvo, a recompor sua vida pessoal. Toffoli chorou. Mais calmo, ligou para Gilmar Mendes.

Dois meses antes, em Washington, na tarde de 6 de novembro de 2016, Zavascki, Dias Toffoli e Mendes enfrentaram um frio de 5ºC e as quase quatro quadras que separam o hotel Four Seasons da Georgetown Tobacco para uma sessão de degustação de charutos. Os budas coloridos, a águia empalhada, as máscaras venezianas, o busto de Groucho Marx e, pendendo do teto, os ramalhetes de folhas de fumo curtidas, todo esse cenário faz da casa de três andares, na M Street, um abrigo kitsch e confortável para os *cigar aficionados*. Os ministros estavam na cidade como observadores convidados da eleição presidencial nos Estados Unidos. Zavascki, uma dose de uísque na mão esquerda, chapéu Fedora, sem gravata, parecia tranquilo.

Nos bastidores do Supremo, em Brasília, o encontro dos três magistrados em Washington cheirava a conspiração, um cerco a Zavascki, na opinião de colegas. Dias depois, o ministro Luís Roberto Barroso — que se recusara a ir, pois não era de seu agrado viajar com Mendes, como relatou a assessores — concedeu uma entrevista ao jornal *Folha de S.Paulo* na qual dizia ser "contra a operação abafa", movimento de políticos e seus aliados que, atingidos pelas delações, se mexiam contra o avanço das investigações e a favor de propostas legislativas que poderiam combalir as operações; também declarou que o país não poderia perder o momento "de mudança do patamar da sociedade brasileira" sob pena de continuarmos "nos arrastando na história, liderados pelos piores".

Barroso estava nos Estados Unidos, em temporada de estudos na Universidade Harvard, quando soube da morte do colega. "Ele [Zavascki] mudou de plano", lamentou, em ligação para os familiares. Barroso fora um parceiro do relator da Lava Jato e depois de sua morte seria uma trincheira para a defesa da operação, sobretudo em momentos controversos.

Acionado por Toffoli em Lisboa, onde estava de férias, Mendes comprou os bilhetes de volta. No aeroporto, no ônibus que o levaria da porta de embarque à escada do avião, avistou Janot. Fingiu que não o viu. A mulher do ministro, Guiomar Feitosa, foi até o procurador-geral e, tomando-lhe o braço, levou-o até o marido. Mendes estava sentado, com o celular grudado à orelha, e não se levantou: apenas estendeu a mão esquerda e tro-

35

cou um frouxo cumprimento com o desafeto. A animosidade só iria piorar no futuro.

Na biblioteca do Instituto de Direito Max Planck, em Hamburgo, o ministro Edson Fachin levantou os olhos da leitura quando sua mulher, a desembargadora do TJ do Paraná, Rosana Girardi, o cutucou. Minutos antes ela havia descido para tomar um café e aproveitar a zona de wi-fi livre para falar com familiares no Brasil. Bastou acessar a rede e sua tela ficou coalhada de dezenas de mensagens informando o acidente. Foi ela quem deu a notícia ao marido. Fachin providenciou um voo naquela mesma noite. Ele ainda não tinha ideia, nem poderia ter, mas em pouco tempo o futuro da Lava Jato, "*the problem*", passaria a depender dele.

Acomodado na poltrona da sala VIP de Congonhas, em São Paulo, o ministro Celso de Mello sentia dores no quadril. Quem o observava à distância não suspeitaria, dada sua postura perfeita, as costas eretas como militar de desfile. O decano, assim chamado por ser o mais antigo ministro no STF, nomeado pelo presidente José Sarney em 1989, ouvira pelo rádio, a caminho do aeroporto, a notícia sobre o acidente. Não eram amigos. Mello é o mais antissocial do grupo: não frequenta nem as festas de fim de ano do tribunal. Nos dois anos anteriores à morte, porém, mantivera com Zavascki reuniões reservadas sobre a Lava Jato. Nos bastidores, o decano forneceu a chancela para decisões-chave; em público, fez declarações enfáticas a favor da operação.

Ainda na sala VIP, ouviu do delegado da Polícia Federal em Congonhas, Joel Alonso, responsável pelo transporte de Zavascki até o aeroporto de Campo de Marte, onde embarcara com destino a Paraty: "O senhor sabe que nesta poltrona há muito pouco estava o ministro Teori?".

Nos dias que se seguiram, a posição de decano o ajudaria a encontrar uma solução para que se superasse o momento difícil por que passava o tribunal com a morte repentina de um de seus membros. Mello não iria aos funerais. Nem cogitava substituir Zavascki na Lava Jato, como sugeriam no tribunal. Mas seria uma voz de autoridade nos momentos de crise vindouros.

Rosa Weber dá raras declarações e evita participar de eventos públicos. Um biombo de discrição a separa do mundo fora dos limites do Supremo, da mídia, da curiosidade acadêmica. Dentro do tribunal, ela é outra pessoa. Festeira, sempre comparece aos aniversários dos ministros. Ficou próxima de Zavascki. Em 19 de janeiro, de férias, ela soube do ocorrido assim que saía da catedral-mesquita de Córdoba, na Espanha. "Essa era a catedral preferida de Teori", disse mais tarde. Weber não conseguiu voltar a tempo da cerimônia fúnebre.

Foi com a barba feita às pressas, que lhe deixou pequenos cortes de gilete no rosto, que Ricardo Lewandowski compareceu às homenagens. O ministro estava em sua casa de campo num condomínio nos arredores de Itu, no interior de São Paulo, quando foi avisado da morte do colega. Eles não eram próximos, mas Lewandowski era conhecido por seu apreço às liturgias. Quando foi presidente da Casa, restabeleceu o horário do cafezinho no intervalo das sessões, momento que reunia os ministros em torno de uma mesa arredondada, sem lugares marcados. "*Sic transit gloria mundi*", a glória do mundo é passageira, diria para si na cerimônia e tantas vezes depois — uma das muitas frases de seu baú de citações latinas.

Impossível ouvir o celular na sauna a vapor. De férias em Visconde de Mauá, cidade montanhosa no interior do Rio de Janeiro, o ministro Marco Aurélio Mello relaxava. Saindo da fumaça de eucalipto, toalha amarrada na cintura, apanhou o celular deixado do lado de fora e se reconectou. Um manancial de mensagens havia chegado nos trinta minutos em que se desligara. Teori Zavascki tinha morrido. Marco Aurélio não iria ao funeral, ficaria no Rio com os filhos e os netos. Tempos depois, já em seu escritório, em Brasília, diria, numa provocação típica de sua personalidade: "Se o Teori soubesse o que sua morte causaria, não teria morrido". Aquela boutade resumia o que ele chamava de "tempos estranhos" no Supremo.

O acidente que matou Zavascki iria alterar a dinâmica de alianças do tribunal. Os movimentos individuais dos ministros, contra e a favor dos progressos da Lava Jato, que eram discretos, ocasionais, costurados pelo relator em momentos-chave, tomariam o plenário, dividindo-o.

Um dia antes de embarcar, Zavascki designara a seu juiz auxiliar Márcio Schiefler a missão de passar um pente-fino nas delações de executivos da Odebrecht — verificar se os depoimentos tomados pelo Ministério Público e a Polícia Federal haviam respeitado a vontade dos delatores. Por isso Schiefler estivera em São Paulo e em Curitiba na véspera da viagem de Zavascki a Paraty.

O ministro já sabia que rumo tomar na condução do processo e estava mais relaxado, longe da circunspecção que o envolvia nas imagens da TV Justiça. Em 18 de janeiro, pelo WhatsApp, enviara a um amigo — Eduardo Ferrão, advogado gaúcho radicado em Brasília, ex-promotor com a elegância de um dândi, dono de uma banca renomada — uma piada à moda antiga.

●

Já aconteceu de você, ao olhar pessoas da mesma idade que a sua, pensar: "não posso estar tão velho assim?".

Veja o que conta uma amiga:

"Estava sentada na sala de espera para a minha primeira consulta com um novo dentista, quando observei que o seu diploma estava dependurado na parede. Estava escrito o seu nome e, de repente, recordei de um moreno alto que tinha esse mesmo nome. Era da minha classe do colegial, uns trinta anos atrás, e eu me perguntava:

'Poderia ser o mesmo rapaz por quem eu tinha me apaixonado à época?'

"Quando entrei na sala de atendimento, imediatamente afastei esse pensamento do meu espírito. Esse homem grisalho, quase calvo, gordo, profundamente enrugado, era demasiadamente velho e desgastado pra ter sido o meu amor secreto. Depois que ele examinou os meus dentes, perguntei-lhe se ele estudou no Colégio Santa Cecília.

'Sim', respondeu-me.

'Quando se formou?', perguntei.

'Em 1965. Por que esta pergunta?'

'É que... bem... você era da minha classe.'

"E então esse velho horrível, cretino, careca, barrigudo, flácido, filho da puta, lazarento, esclerosado, me perguntou:

'A senhora era professora de quê?'"

Essa foi a última mensagem de Zavascki ao amigo, seguida do habitual "kkkk". Às 15h01 do dia seguinte, avisado do acidente, Ferrão, que costumava receber o ministro gremista com um churrasco de costela seguido de um Grenal (Grêmio x Internacional) na TV, enviou uma mensagem, como se o celular ressuscitasse vidas: "Tudo bem?".

O sotaque era inconfundível: "Bah, tchê", disse Zavascki — catarinense que vivera grande parte da vida no Rio Grande do Sul — ao telefone para o amigo e ministro do Superior Tribunal de Justiça, o manauara Mauro Campbell. "Estou indo para Angra, vamos tentar almoçar." "Ele estava tranquilo, iria homologar a delação da Odebrecht, só queria uma semana de paz", contou o amigo.

De férias no Rio de Janeiro, Campbell foi a primeira autoridade do Judiciário a chegar ao local do acidente. Acompanhou as buscas madrugada adentro. Estava na lancha que retirou Zavascki das águas de Paraty. Antes de o corpo ser içado e ensacado, ordenou aos bombeiros e militares da FAB: "Guardem os celulares, não quero fotos". Soube do acidente pelos filhos de Zavascki, com quem dividia um grupo de bate-papo virtual. Pelo celular, os filhos lhe enviaram uma procuração que o autorizava a desembaraçar o corpo com as autoridades locais.

"Por este instrumento particular, Alexandre Prehn Zavascki, Liliana Maria Prehn Zavascki, Francisco Prehn Zavascki, constituem e nomeiam como seu procurador o sr. Mauro Luiz Campbell Marques, brasileiro, ministro do Superior Tribunal de Justiça, conferindo-lhe, em nome da família, todos os poderes para receber o corpo e assinar qualquer documento perante órgãos policiais ou notariais e praticar todos os atos necessários à liberação e ao transporte do corpo de Teori Albino Zavascki. Porto Alegre, 20 de janeiro de 2017."

O peso dos personagens envolvidos deu à imagem salva no celular a força de um mandado.

Naquela mesma noite, Schiefler, acompanhado do secretário de Saúde do STF, o médico Marco Polo Freitas, e do diretor-geral do STF, Eduardo Silva Toledo, desembarcavam no aeroporto Santos Dumont, no Rio. Seguiriam para Angra ato contínuo, não fosse a temeridade de fazer o trajeto de carro àquela hora. Foram terminantemente aconselhados a esperar o dia seguinte para seguir viagem.

Na manhã do dia 20, aos primeiros raios de sol, dirigiram-se ao shopping colado ao aeroporto. Lembraram que o ministro precisaria de uma roupa para ser enterrado. Na loja de Ricardo Almeida, referência da alfaiataria masculina, Schiefler comprou — do próprio bolso — um terno de tecido importado e lapela estreita. "Não vou deixá-lo ser enterrado com terno de funerária."

Os funerais de Zavascki contaram com a presença de cinco integrantes do STF. "O senhor entendeu, soldado? Não é para entrar ninguém neste tribunal até as onze horas", ordenou Cármen Lúcia, do alto de seus quarenta quilos, às vezes menos. O destinatário da ordem era o policial da Brigada Militar que montava guarda na frente da sede do Tribunal Regional Federal da 4ª Região, em Porto Alegre. Acompanhada do ministro Campbell, que voara a Porto Alegre no mesmo avião da FAB que transportara o corpo, a ministra era seguida por um assessor de cerimonial, um servidor de apoio e dois seguranças.

No cumprimento do dever, o brigadista barrou a entrada do juiz Sergio Moro, a face mais conhecida da Lava Jato, e que via em Zavascki um aliado primordial para o sucesso das investigações na esfera política. Zavascki liderava a mudança de jurisprudência a favor da execução antecipada da pena e tinha construído, com habilidade singular, a maioria em casos mais importantes. Havia uma admiração recíproca entre eles.

Cármen Lúcia preocupava-se em manter a boa imagem junto à opinião pública. Por mais críticas que amealhasse internamente, e eram muitas, sua imagem fora do tribunal permanecia intacta. Por isso, nada de fotos perto de Temer, nem, diante das câmeras, beijinhos nos colegas Gilmar Mendes e Ricardo Lewandowski, ou conversas de canto com parlamentares — muitos dos que viajaram para homenagear o morto eram investigados. A estratégia foi vista — e anotada: quando os políticos e ministros entraram para o velório, Cármen Lúcia se ausentou; quando saíram para dar lugar à família, Cármen Lúcia apareceu.

Na quinta-feira, 19, no final da tarde, após o telefonema de Schiefler, Temer acompanhou o noticiário de seu gabinete, no Planalto. "Presidente, todos os candidatos estão aí", disse com certa ironia um dos integrantes do staff palaciano, nada surpreso com a presença imediata daqueles que almejavam a vaga recém-aberta. Temer recebeu os ministros Alexandre de Moraes, da Justiça, e Grace Mendonça, da Advocacia-Geral da União.

Não fosse a queda do avião, Temer provavelmente não teria o privilégio de indicar um ministro para o Supremo e interferir na história do tribunal. Mas a situação era delicada. Ele não poderia indicar alguém de vínculos políticos com o PMDB, pois assim transmitiria para a sociedade a impressão de que infiltrara um aliado para enterrar a Operação Lava Jato.

Em cinco anos no Supremo, Zavascki atuou como um juiz invisível, sempre reservado, silencioso e objetivo. Relatou os tantos inquéritos da Lava Jato de maneira discreta, buscando o equilíbrio. Proferia decisões sem, com elas, romper o tecido da política para recriar um sistema conforme à sua vontade. Encontrar alguém para substituí-lo não seria tarefa fácil. Naquele momento, mais importante do que o nome do substituto era o timing da escolha.

No momento em que Temer soube da morte do ministro, o secretário da Secretaria Especial de Comunicação Social da Presidência, Márcio de Freitas, estava no gabinete do presidente. Naquele dia, ele almoçaria com o desembargador Hercules Fajoses, que fora assessor jurídico de Temer na vice-presidência. Durante o almoço, Fajoses passou um recado ao presidente por intermédio do amigo: "Diga ao presidente para só nomear o sucessor de Teori após a distribuição da relatoria da Lava Jato".

Era uma solução institucional que preservava a separação dos Poderes e protegia o indicado por Temer. Normalmente, em casos de falecimento de ministro, o novo indicado, uma vez aprovado pelo Senado, herda o acervo de processos do antecessor. Nesse caso, caberia a Temer nomear o herdeiro da Lava Jato. Justo Temer, que se cercara de investigados e que em breve também seria atingido pelas apurações.

Enquanto a cerimônia fúnebre transcorria em Porto Alegre, a assessoria do Planalto, em Brasília, começava a vazar para a imprensa a informação de que Temer decidira esperar o Supremo fazer a distribuição da Lava Jato para só então iniciar as consultas para definição do indicado.

Com assessores ministeriais, aliados políticos e amigos no radar da Lava Jato, Temer não tinha condições de avançar uma casa no processo sucessório de Zavascki. Embora a lei estivesse a seu favor, a opinião pública já havia escolhido um lado, e era o lado oposto.

Na volta de Porto Alegre, num Learjet da FAB, Janot compartilhou a viagem com o então presidente do Tribunal Superior do Trabalho (TST), ministro Ives Gandra Martins Filho, ligado à Opus Dei, prelazia conservadora da Igreja católica. Cotado no primeiro instante para a vaga aberta, Gandra logo seria abatido pela campanha de grupos liberais. No trajeto até Brasília, o procurador-geral retirou do bolso do paletó uma garrafa de 250 ml de uísque, encheu dois copos plásticos, disse algumas palavras em homenagem a Zavascki e condenou: "Deus é um canalha". Depois, ainda no voo, propôs um brinde. Gandra elevou o copo à altura da testa, apenas molhou os lábios e não disse nada. Não seria dessa vez que ele entraria para valer na lista de *supremáveis*. Mas ele insistiria. Em outubro de 2018, Gandra visitou o então candidato Jair Bolsonaro em sua casa, no Rio, talvez lembrando da máxima de Antonin Scalia, juiz da Suprema Corte dos Estados Unidos: a diferença entre um advogado e um ministro do Supremo é que este último é um advogado que conhece o presidente.

A escolha de um ministro do STF nunca é simples e é raro o nomeado se ajustar ao perfil originalmente desejado pelo Planalto. Lobbies, ambiente político no Congresso, o veto ou a aquiescência dos demais ministros, a pressão da sociedade, idade, carreira e região dos candidatos são forças que interagem no complexo processo de indicação de um novo membro para a Corte.

* * *

Em 2009, reunidos na sala de lanches anexa ao plenário da Primeira Turma do STF, os ministros lembravam que não morria um juiz do Supremo no exercício do mandato havia décadas. O último tinha sido Rodrigues Alckmin, morto em novembro de 1978, seis anos depois de nomeado. "Está precisando morrer alguém para sabermos que somos mortais", comentou em tom de piada Marco Aurélio. "Como tudo aqui é por antiguidade, esperarei a minha vez", retrucou Cármen Lúcia.

A morte de Zavascki alteraria o equilíbrio de forças do colegiado, tendo o potencial de ameaçar a continuidade do trabalho do tribunal no combate à corrupção. Individualidades são fator de extrema relevância num tribunal de apenas onze pessoas. Na década de 2000, o então ministro Sepúlveda Pertence disse que o Supremo era um arquipélago de onze ilhas incomunicáveis — os colegas não se frequentavam, não eram amigos, não criavam laços que facilitassem a comunicação. Consequentemente, não coordenavam os votos diante de um caso paradigmático, os chamados *leading cases*. Embora cercadas de água, as onze ilhas ainda formavam um arquipélago. Uma metáfora até elegante, se comparada à imagem cunhada pelo juiz da Suprema Corte americana, Oliver Wendell Holmes, que descrevia seu tribunal como "nove escorpiões numa garrafa".

No decorrer dos anos 2000, a geopolítica do tribunal ganhou contornos novos: as onze ilhas tornaram-se Estados autônomos e independentes, cada um deles capaz de declarar guerra contra o Estado inimigo — o colega ao lado —, fazer sua própria política externa — com os outros poderes — e pautar-se por um regramento próprio. No Supremo, onde mais de 90% das questões são decididas individualmente, as ilhas se espraiaram em continentes e a colegialidade conheceu uma fragmentação inaudita. Um fenômeno visível em números a partir do final da década de 1990, quando uma alteração no Código de Processo Civil ampliou os poderes dos relatores de processos nos tribunais, permitindo-lhes decidir solitariamente, inclusive o mérito de recursos. A Lava Jato, tocada por Zavascki com avanços e recuos, sob críticas e elogios, estava pendurada numa maioria apertada, muito costurada pelo ministro. A troca de peças após sua morte acarretou reveses, mudanças de rumo, mas, mesmo assim, avanços. Num tribunal de onze individualidades, uma peça deslocada promove uma alteração sensível no colegiado, com impacto nos processos, na jurisprudência da Corte e, portanto, na relação com os outros Poderes e no diálogo com a opinião pública.

Desde que se promulgou a Constituição de 1988, o STF foi aos poucos ocupando um papel central no enredo político. A partir do mensalão, e ainda mais do petrolão, a Corte se consolidou como um vórtice em torno do qual giravam os conflitos da vida institucional do país. As principais questões da política, das disputas sociais, passaram por sua bancada.

Não há explicação simples para essa ascensão. A Carta de 1988 regulou inúmeros temas da vida brasileira, canalizando conflitos sociais para o STF, o tribunal com competência para interpretar, quando motivado, a letra da lei. A Constituição ainda abriu as portas do tribunal para que partidos políticos e organizações da sociedade civil questionassem, por meio das "ações diretas de inconstitucionalidade", a constitucionalidade das leis, antes prerrogativa do procurador-geral da República — demissível pelo presidente. Ou seja, a Constituição alçou o Supremo à última arena das disputas políticas do país, uma Corte muito diferente do tribunal que os anos de ditadura militar apequenaram.

As transformações não ocorreram de forma linear, nem decorreram apenas da nova Constituição. O Congresso aprovou leis que, ao reformarem o controle de constitucionalidade, aumentaram o poder de fogo do tribunal. Foram também os parlamentares que começaram a levar ao Supremo demandas pendentes no Congresso, ou a usar o STF como campo de disputa política. Tudo isso em meio à corrosão progressiva da imagem do Executivo e do Legislativo. Mas esses são fatores exógenos. E que devem ser somados às variáveis internas, como as preferências das composições do tribunal por mais ou menos ativismo, por autocontenção ou avanço na forma e no alcance de suas decisões, pela realocação do STF no equilíbrio entre os Poderes. A autorrestrição do Supremo do fim da década de 1990 foi substituída pelo protagonismo do início dos anos 2000.

A Corte dotada de superpoderes passou a ser vigiada como nenhuma outra jamais o fora — e passou a olhar para fora como em nenhum outro momento de sua história. Movimento que se tornou ainda mais agudo com a morte de Zavascki, abalando ânimos, tomando o debate nacional, mexendo com a economia e a política. O Supremo sob vigilância já se preparava para administrar o espólio do ministro antes mesmo do enterro: como escolher o substituto que seguiria com a Lava Jato? Qual o melhor critério?

O regimento interno comportava algumas interpretações, e as discussões reservadas sobre a melhor saída eram contaminadas pela desconfiança de uns ministros sobre os outros. A suspeita de que preferências políticas iriam interferir no julgamento dos processos alimentava leituras criativas das regras a respeito de uma decisão que em outro contexto seria trivial.

A depender de como se interpretasse a norma regimental, ou de quem a interpretasse, os processos seriam direcionados para um ou outro ministro. O resultado do sorteio determinaria o destino da Lava Jato. Ministros plantavam suas teses junto à imprensa. Sugeriam saídas regimentais que iam ao encontro de seus interesses ou visões político-ideológicas e, em alguns casos, simplesmente inventavam regras.

Morte, crise interna, briga ou processos tormentosos catalisam idiossincrasias da corte. Compreendê-las é conhecer o STF, entendê-las é saber até que ponto o tribunal é técnico ou político. Não há métrica precisa ou ponto de equilíbrio fixo. É na interação com outros atores que os ministros devem buscar o centro de gravidade justo para sua época.

Num livro consagrado, o ministro Aliomar Baleeiro, que presidiu o tribunal entre 1971 e 1973, chamou o Supremo de "esse outro desconhecido" — por oposição aos outros dois Poderes, Executivo e Legislativo. Nos anos 2000, o STF tinha enorme destaque na cena pública — e se mostrava mais atento e mais suscetível à voz das ruas. Mas ele é uma corte política ou deve se manter à distância? Para de fato conhecê-lo, é preciso subir a escadaria de mármore que conduz ao palácio de vidro.

O dramático fim de Zavascki revelou, em detalhes e nas movimentações de cúpula, o funcionamento do tribunal: seus vícios, suas paranoias, manobras, conspirações. "A morte de Teori congelou o tempo do Supremo naquele instante. Apenas após o funeral se pensou no impacto institucional que ela causaria. E seria preciso agir", disse, já em meio à batalha, o ministro Fachin. Mas o mesmo episódio permite conhecer como são os grandes momentos do tribunal que impulsionaram o processo civilizatório brasileiro.

2. A Lava Jato de Zavascki

Celso de Mello tomou mais uma xícara de café amargo. "Sou movido a cafeína." No tribunal desde 1989, o decano troca o dia pela noite, gosta de junk food e de memorizar citações históricas, de preferência de autores do tempo do Império (às vezes, furtivamente, durante os julgamentos, consulta o Google para uma citação de última hora). Por volta das 22 horas despediu-se do amigo que, de mudança para os Estados Unidos, fora visitá-lo. "Amanhã teremos uma surpresa na Lava Jato", disse. Em geral discreto, o ministro estava agitado — e não era a cafeína. Naquele 24 de novembro de 2015, o Supremo ampliara o perímetro de ação da maior manobra de combate à corrupção do país.

O Brasil se acostumara aos homens de preto da PF prendendo alvos da Lava Jato tão logo raiava o sol. Horas antes o decano havia participado de uma reunião secreta no gabinete de Teori Zavascki. A pequena mesa redonda de vidro no meio da sala registrou a tensão do momento, guardando as impressões de mãos e dedos dos integrantes da Segunda Turma do STF. "Tchê, olha como saíram daqui nervosos", disse Zavascki aos juízes auxiliares de seu gabinete, apontando as marcas de suor na mesa.

Nas primeiras horas da manhã do dia 25 de novembro de 2015, uma decisão de um ministro do Supremo iria inaugurar um novo momento no equilíbrio de forças em Brasília. Por muitos anos o tribunal fora essencialmente expressão de uma elite política dirigente, não contraponto, freio ou contrapeso ao Executivo ou à maioria legislativa. Mas o fiel da balança vinha se aprumando havia algum tempo. Desde o começo dos anos 2000 o Supremo tanto se mostrava mais liberal nos costumes como mais ativo na punição aos casos de corrupção política. O tribunal operava transformações que nem o Planalto ou a maioria do Congresso estavam dispostos a encampar.

Até 2001 o STF era impedido de exercer de fato sua competência criminal. Só podia processar e julgar deputados e senadores se a Câmara e o Senado, respectivamente, tivessem autorizado. E isso não acontecia com frequência. Em 1999, o deputado Hildebrando Pascoal foi investigado por liderar um grupo de extermínio no Acre. A Câmara, em vez de permitir que o Supremo processasse o parlamentar, preferiu cassar-lhe o mandato. Com isso Pascoal perdeu o foro por prerrogativa de função e foi processado — e condenado — em primeira instância. Em 2001, o Congresso aprovou a emenda constitucional 35 e inverteu a lógica: se, por um lado, facultou ao STF o julgamento de parlamentares sem autorização prévia, por outro, permitiu que a Câmara e o Senado pudessem suspender o processo a posteriori. O custo político, porém, seria excessivamente alto, razão pela qual nunca mais o Congresso impediu o Supremo de julgar seus integrantes.

Naquela manhã de novembro, Zavascki determinou a prisão cautelar do então senador Delcídio do Amaral, líder do governo Dilma, mas antes quis a chancela dos colegas. Não queria decidir solitariamente e depois ser desautorizado por seus pares. Por isso a reunião informal em seu gabinete.

* * *

Reuniões entre ministros do Supremo no gabinete de um deles eram raridades. Cada um deles fazia — e faz — de seu espaço burocrático uma embaixada, um pequeno território autônomo em que podem dar vazão a suas idiossincrasias. Toffoli possui uma estátua em metal de são Jorge de meio metro de altura; Lewandowski tem um mural com medalhas e fotos com a rainha Elizabeth; Mendes expõe numa moldura de vidro uma camisa oficial do Santos, autografada por Pelé; Cármen Lúcia deixa à porta do gabinete um vaso de comigo-ninguém-pode, planta em forma de espada a que a crença popular atribui poderes de proteção; Barroso cerca-se de fotos panorâmicas do Rio de Janeiro e de uma enorme pedra de cristal, de valor mais místico do que geológico; Alexandre de Moraes exibe, na entrada, condecorações e agradecimentos que recebeu da Polícia Militar de sp, lembranças dos anos em que foi secretário de Segurança Pública do estado.

A vitaliciedade do cargo transforma os ambientes em cápsulas da personalidade de cada ministro, os quais também imprimem suas normas de estilo ao gabinete. Uma linguagem própria para uma nação particular. Celso de Mello hierarquiza passagens de seus votos com **negritos**, sublinhados e **negritos sublinhados**. As marcações indicam ênfase, tonalidades mais graves, uma cadência especial — dicas para orientar a impostação de sua voz durante a leitura dos votos em plenário. Todo novo assessor é apresentado a esse sistema de códigos. A palavra que o ministro sublinhar no texto deve ser negritada quando passada a limpo. Se for sublinhada duas vezes, o assessor deve negritá-la e sublinhá-la. Se Mello circular um termo três vezes, é sinal de que o quer sublinhado e em itálico. E, ao final das regrinhas, uma observação (com os sublinhados reproduzidos do manual): "Ministro não utiliza negrito, sublinhado e itálico juntos na mesma palavra". O decano costuma recortar e adaptar trechos de decisões por ele já proferidas nos votos que elabora. No meio, enxerta frases novas para darem sentido ao caso concreto, ao personagem da hora, ou, por exemplo, para enfatizar sua censura a determinadas condutas. Ouvir o voto de Celso de Mello, portanto, causa sempre aquela sensação de déjà-vu. Ali, nada se perde, tudo se transforma.

Cármen Lúcia organizou um volume chamado "Normalização textual do gabinete da ministra Cármen Lúcia". Nele, proíbe o uso de sinônimos do Supremo, como "Pretório Excelso". Nas referências à Constituição, deve-se empregar "Constituição da República". "Não usar Constituição Federal, Carta da República, Carta de Outubro, Lei das Leis, Lei Magna, Magna Carta nem outra alusão." A ministra exige que os originais dos textos que corrige lhe sejam devolvidos com as devidas alterações. O original deve estar dobrado rigorosamente ao meio.

Barroso pediu que seus assessores elaborassem o "Pequeno manual de redação do GMLRB" (Gabinete Ministro Luís Roberto Barroso). Os primeiros esboços foram reprovados. Prática comum no STF, no Judiciário em geral, é o excesso de citações — a citação por amizade, a menção por estratégia, o registro como exibição de cultura. Barroso não imprime em seus votos referências a autores desconhecidos ou irrelevantes. "Se estou aqui é porque conheço ou deveria conhecer o direito. Eu faço minha jurisprudência. Sem puxação de saco, vamos dar crédito apenas às ideias relevantes e que possam ser entendidas pelo leigo com uma boa formação geral", avisou aos assessores logo em sua primeira semana no tribunal. No capítulo 5 de seu manual há uma lista de "palavras que não devem ser usadas nos textos deste gabinete". São proibidas expressões useiras e vezeiras (e essa aqui seria vetada...) em textos acadêmicos e jurídicos: "cediça sabença", "colendo tribunal", "doutrina pátria", "excelso pretório" e o tradicional "remédio heroico", como os tribunais se referem ao habeas corpus. As regras gramaticais do ministro indicam outra transformação — a comunicação com o público. "No STF, nosso público não é mais o juiz, a quem como advogado eu me dirigia, mas a sociedade", avisou Barroso.

Os espaçosos gabinetes de 435,5m² estão lado a lado nos corredores do terceiro e quarto andares do Anexo II do STF, prédio inaugurado na gestão de Celso de Mello. As portas ficam distantes não mais de vinte metros umas das outras. Um elevador interno, privativo, em cada gabinete, livra os ministros de encontros fortuitos nos corredores. Os elevadores vão até a garagem, no subsolo. Os carros possuem um dispositivo que troca as placas oficiais, verde-amarelas, com brasão da República, por uma fria, comum, de carro de passeio, para camuflar a identidade do passageiro. O mecanismo é acionado conforme os humores da sociedade.

Desconfianças recíprocas, agendas próprias, e um regimento interno e uma legislação que estimulam decisões monocráticas, tomadas sem o aval do colegiado, reforçaram ainda mais o caráter insular de cada ministro. Mas aquele novembro de 2015 não era um mês como outro qualquer. Se o tribunal não tomasse alguma medida, a instituição é que seria julgada.

Celso de Mello, Cármen Lúcia, Dias Toffoli e Gilmar Mendes, um grupo improvável, chegaram a um ponto comum a portas fechadas com Zavascki, um dos únicos a congraçar ministros num tribunal caracterizado por individualismos. "Eu não troco figurinhas", costuma dizer Marco Aurélio Mello quando outros ministros o procuram para uma decisão consensual. Na noite daquele encontro, porém, ele estava genuinamente no escuro ao receber a visita de um advogado da Lava Jato atrás de pistas sobre os boatos de que no dia seguinte haveria uma grave decisão do Supremo. Chovia em Brasília e o Lago Sul, bairro de alto padrão onde fica a residência do ministro, fora vítima de um apagão. "Não sei de nada."

Na reunião secreta em seu gabinete, Zavascki defendeu que no dia seguinte sua ordem fosse referendada pelo colegiado da turma. Articulações prévias não eram habituais. As sessões das duas turmas do STF, que têm poderes delegados do plenário para decidir vários casos, começam sempre às duas da tarde. Naquela quarta-feira, 25 de novembro de 2015, ela seria antecipada para as nove da manhã. A Lava Jato mudava de patamar. Continuava aclamada pelo público, mas provocava reações cada vez mais enfáticas no Supremo, aprofundando o racha do tribunal. De fora, parecia uma simples disputa entre quem era contra a operação e quem era a favor. No entanto, era bem mais do que isso. O que estava em jogo era a compreensão sobre como fazer política e qual o papel do Judiciário nesse processo. De dentro, diria Barroso, era um confronto entre ministros que não compactuavam "com este modelo que está aí" e representantes do que ele chamou de "velha ordem". Dando nomes aos bois, Barroso e Gilmar Mendes dividiriam o tribunal.

Dias antes da prisão de Delcídio do Amaral, na véspera do fim de semana, Zavascki recebera um telefonema. Janot queria uma audiência. "Tenho um tema delicado, ministro", disse o PGR. "Venha tomar um café", respondeu o relator. O procurador deixou seu gabinete nos prédios cilíndricos e espelhados da Procuradoria, entrou no carro oficial e desembarcou na garagem privativa dos ministros. Subiu pelo elevador exclusivo das autoridades até o gabinete de Zavascki. "É sobre o Delcídio." Zavascki sabia que o petista estava no radar dos investigadores.

"Você não me vai pedir a prisão de um senador, vai?", caçoou Zavascki. "Vou", respondeu Janot. Zavascki enrubesceu, franziu a testa, negaceou com a cabeça. "Ministro, tome um vinho, ouça com calma o que tem aqui", disse o procurador ao lhe entregar um pendrive com os áudios de uma conversa. O senador era um dos interlocutores.

Na segunda-feira seguinte, o celular do procurador-geral tocou cedo. "Janó, venha tomar um café em meu gabinete", chamou Zavascki, enfatizando o acento aberto no "o", como costumava fazer. Com essa brincadeira linguística, retirava qualquer traço de esnobismo francês do sobrenome do procurador-geral, pronunciado com "t" mudo e "o" fechado. "É Janô", corrigiu o PGR. Como sempre fazia.

Era um ritual de Zavascki: suas decisões mais bombásticas eram precedidas por uma entrevista pessoal com o PGR e por uma coordenação anterior de votos e posições com os demais ministros. "Como a solução das causas às vezes é muito difícil, um debate informal [...] conversas informais, em um ambiente menos tenso, ajudam a formar um julgamento melhor", declarou em depoimento ao projeto História Oral do Supremo, da Fundação Getulio Vargas.

Delcídio do Amaral era um personagem singular. Líder do governo, dono de uma personalidade agregadora, transitava bem por todos os partidos e também pelo Judiciário. O senador era um dos agentes públicos por quem passavam os processos de nomeação de ministros do Supremo, que são submetidos à sabatina no Senado antes da aprovação em plenário. Agora o alvo era ele.

A Lava Jato já colocara na cadeia gente menos graúda do meio político, empresários, doleiros. Ninguém com a importância do petista. Ninguém em exercício de mandato. Prisão de parlamentar só é permitida em situação de flagrante por crime inafiançável, conforme prevê o artigo 53, parágrafo 2º, da Constituição

Federal. Mas o STF passara a imprimir interpretações do texto constitucional que não mais se atinham à literalidade da norma.

Diante dos cinco ministros da Turma sentados à mesa de vidro, Zavascki lê um trecho dos autos enviados a ele pela PGR: "Há a declarada pretensão de atuação direta, especialmente da parte de Delcídio [do] Amaral, com vistas a obter decisões judiciais favoráveis a Nestor Cerveró [ex-diretor da Petrobras] no Supremo Tribunal Federal, mediante atuação indevida junto a ministros da Corte, o que hipoteticamente representa, além de risco à instrução criminal, grave ameaça à ordem pública, mediante esforços desmedidos para garantia da própria impunidade". E lê a transcrição de um trecho da conversa de Delcídio: "Eu acho que nós temos que centrar fogo no STF agora. Eu conversei com o Teori, conversei com o Toffoli, pedi pro Toffoli conversar com o Gilmar, o Michel conversou com o Gilmar também, [...] e eu vou conversar com Gilmar também".

"Conversou porra nenhuma", disse Mendes. Zavascki contou que Delcídio tampouco havia conversado com ele. A gravação que captara o senador falando em interferir no Supremo para beneficiar um dos investigados na Lava Jato, Nestor Cerveró, fora feita pelo filho do funcionário da estatal, Bernardo. Delcídio era o amálgama que faltava para unir os fragmentos que compõem o STF. Se o Supremo admitia conviver — dividido — com suas rusgas internas, ele se uniu quando os ataques vieram de fora, como os petardos do senador. Aliança e coesão que dali em diante seriam excepcionais. Naquele instante, porém, era fundamental que todos estivessem juntos. A unanimidade era importante para evitar reações do Senado. Caso elas viessem, os ministros sabiam que não teriam como reagir, não tinham instrumentos para isso.

Naquele momento da investigação, a jurisprudência era impulsionada pela imprensa, pelas corporações de procuradores e policiais federais, pelas redes sociais. Desde a primeira hora especialistas criticaram abertamente que a investigação fosse movida pelo clamor da sociedade; bem mais tarde, ela também seria censurada por alguns dos integrantes do Supremo. Na letra da norma, a prisão de um parlamentar naquelas circunstâncias não era admitida. Mas era hora de uma viragem na ordem institucional do país. Zavascki iria adiante.

A operação policial para cumprir a ordem de prisão transcorreu com as mesuras especiais, exigidas por Zavascki na manhã de quinta-feira, 25 de novembro de 2015. "Quero discrição, Janó." Preocupado também com a liturgia, o ministro chegou a incumbir Schiefler de acompanhar a operação in loco, mas desistiu depois de consultar Celso de Mello. Se o juiz fosse, poderia dar munição para os advogados de defesa. Afinal, o juiz da instrução também cumpriria diligências? Não ficava bem. Era melhor seguir o protocolo: Schiefler devia chegar de madrugada ao Supremo para aguardar alguma intercorrência. Zavascki ficaria em casa para qualquer eventualidade.

Na sala de situação da Lava Jato, na cobertura da PGR, onde toda a equipe se reunia em momentos estratégicos, duas televisões acomodadas sobre um aparador junto à parede projetavam as mensagens trocadas no Telegram, aplicativo usado pelos procuradores para transcrever o andamento da missão. Pelo WhatsApp (Zavascki não se adaptara ao Telegram), o ministro, que madrugara, ordenou ao procurador-geral que avisasse o presidente do Senado, Renan Calheiros, que ele autorizara a prisão de um senador e que buscas e apreensões seriam realizadas dentro do Senado. Às seis horas da manhã em ponto, Janot ligou para a residência oficial do presidente do Senado. Um segurança sonolento atendeu e disse que Calheiros dormia; pediu que ligasse após as oito horas. Janot se identificou mais uma vez, agora com ênfase na descrição do cargo: "Aqui é o procurador-geral da República". O segurança passou ao chefe a ligação, retransmitida em viva voz no QG da Lava Jato. Atendeu uma mulher, que disse a Calheiros: "É ele". Do outro lado da linha, o presidente do Senado demonstrava calma e pouca surpresa.

Às 7h55 Janot informou por ofício a prisão a Zavascki: "Foi cumprido mandado de prisão preventiva em desfavor de Delcídio [do] Amaral Gomez, com início das diligências às 6h05 e término às 7h50". Às nove horas o ministro levou para o referendo da Turma a decisão que contava apenas com a sua assinatura. A solução encontrada pelo relator para contornar a limitação constitucional foi engenhosa. O ministro identificou no caso a existência de uma associação criminosa de ação contínua voltada para embaraçar as investigações. O flagrante seria, assim, permanente, estendendo-se no tempo, autorizando a prisão. Havia um argumento adicional, que Zavascki misturou à decisão — de propósito. Delcídio tinha imunidade parlamentar, mas sua atuação não estava obstruindo uma investigação qualquer: tentava impedir um processo no Supremo Tribunal Federal. Seria caso para uma preventiva, admitiam os auxiliares de Zavascki, e a Constituição não permitiria a prisão apenas por este argumento. Daí a mistura deliberada.

Na sessão, Celso de Mello foi Celso de Mello. O decano, em momentos críticos, era fundamental para acomodar as ideias centrais dos demais ministros e conferir pompa ao julgamento com frases que o público entendia de imediato. "No Estado Democrático de Direito, absolutamente ninguém está acima das leis, nem mesmo os mais poderosos agentes políticos governamentais." E, mirando o Congresso, num esgarçamento das relações entre os Poderes sem precedentes desde a democratização, afirmou: "Quem transgride tais mandamentos, não importando sua posição estamental, se patrícios ou plebeus, governantes ou governados, expõem-se à severidade das leis penais e por tais atos devem ser punidos exemplarmente na forma da lei. Imunidade parlamentar não constitui manto protetor de supostos comportamentos criminosos". Mello citava esse mesmo trecho pela terceira vez em quatro anos, elevando a voz em barítono, de acordo com as notações de seu texto — negrito e sublinhado.

Zavascki havia chegado ao Supremo sem um padrinho poderoso, o chamado "jóquei" que cavalga a candidatura do futuro ministro, abrindo picada no Planalto e no Congresso. Discreto, não saía distribuindo currículos nem procurando políticos. No primeiro mandato de Dilma Rousseff, com a aposentadoria de Ellen Gracie, em 2011, o tribunal dispunha de uma vaga. O nome de Zavascki, gaúcho, seguindo a lógica regional de nomeações, surgiu como favorito entre os integrantes do STJ, um celeiro de ministros que, naquele ano, já fornecera o nome do carioca Luiz Fux.

"Agora é sua vez, hein, Teori", provocou a ministra do STJ, Maria Thereza de Assis Moura. "Só se eu passar a andar de kilt por aí", respondeu Zavascki, referindo-se ao traje típico escocês, uma saia para homens. "A vaga será de uma mulher." As indicações para o STF são um cozido em que entram as pressões regionais, o peso da caneta presidencial, marketing e lobbies. Rosa Weber, gaúcha como Gracie, foi a bola da vez. Zavascki permaneceria no radar.

Ex-advogado do Banco Central, experimentado em direito administrativo, juiz do Tribunal Regional Federal da 4ª Região e ministro do STJ, com tendência a defender as contas públicas quando Estado e contribuinte entravam em disputa, o ministro se encaixava em algumas variáveis ao gosto do governo — de qualquer governo que quisesse um Supremo mais sensível a temas importantes de governabilidade. Foi Zavascki, quando ministro do STJ, que virou a jurisprudência num caso envolvendo o pagamento de Imposto sobre Produtos Industrializados e salvou o governo de uma derrota bilionária no embate com empresas exportadoras.

Nossa Constituição Federal tem muito de carta de intenções — e comandos de baixa eficácia. Para os primeiros ocupantes do Planalto pós-1988, o STF deveria ser um tribunal da governabilidade, isto é, uma linha auxiliar das ações do Executivo, um anteparo às ações judiciais de primeira instância movidas contra atos do governo. "O juiz do Supremo Marco Aurélio [Mello] deu uma liminar paralisando as reformas. Parece piada! [...] Parece claro que no mérito o pleno do Supremo derruba a liminar do Marco Aurélio, mas isso causa duas semanas de atraso na votação da Previdência", escreveu o ex-presidente Fernando Henrique Cardoso em seu livro de memórias *Diários da Presidência*. A mesma preocupação permanecia. E, com o tempo, o problema das liminares, decisões judiciais provisórias que antecipam o pedido do autor da ação, interferindo em políticas públicas ou em assuntos caros à governabilidades, só aumentaria. Zavascki, nesse ponto, era uma aposta relativamente segura para o presidente da República — um juiz que deixaria o governo governar.

Mas um critério secreto estava na planilha mental da presidente Dilma e de seus conselheiros: como o indicado se posicionaria no mensalão? Não era pelo caso propriamente dito, que política e juridicamente já estava perdido. Era pela postura de um juiz diante de um processo turbulento e superexposto à opinião pública. O julgamento da ação penal 470, a ação do mensalão, que estava em curso naquele momento, foi o big bang do Supremo, quando o tribunal emparedou pela primeira vez grupos políticos poderosos, afastando-os das ações de varejo que caracterizavam sua história até o governo do PT. Em 2012, integrantes do partido preocupavam-se com questões remanescentes de aplicação de pena e da plausibilidade de recursos da ação que se iniciara no tribunal em 2006.

O ex-presidente Lula, embora fora do governo, observava-o a não muita distância, sempre atento aos desdobramentos de operações de combate à corrupção. Ele então marcou um encontro com Gilmar Mendes e lhe pediu um desenho mais preciso do perfil de Zavascki. "Lula, o Teori nunca vai te dar uma garantia, mas não vai tripudiar." A informação era cifrada demais. Lula queria mais certezas. Arrependia-se de suas indicações "republicanas" para o STF e mostrava-se particularmente frustrado com o então ministro Ayres Britto — patrocinado pelo acadêmico e professor de direito administrativo Celso Bandeira de Mello —, que votara contra o governo na primeira fase do mensalão.

"Os caras estão com cagaço da opinião pública", reclamava Lula aos assessores jurídicos mais próximos que o acompanhavam na prospecção, já no governo Dilma, de um novo integrante do STF. Zavascki não pararia o país nem se deixaria guiar pelas redes sociais ou pela imprensa. Pelo contrário, faria o Brasil andar. E para a frente. Ao menos era essa a expectativa de Dilma.

Catarinense formado no Rio Grande do Sul, gremista fanático, Zavascki estava em Paris quando recebeu um telefonema de Brasília: Dilma o convocava para uma audiência. De volta ao Brasil, ligou para um amigo de longa data e de absoluta confiança. Leu trechos de uma carta de recusa, declinando o convite da presidente. "Tchê, se ela falar em mensalão, recuso a indicação." Mas Dilma nada mencionou.

Em Faxinal dos Guedes, cidade no interior de Santa Catarina, perto da divisa com o Rio Grande do Sul, o ministro fora titular de um time de pelada chamado O Explosivo. Ao longo da carreira de juiz, como presidente do TRF-4 e depois como um dos 33 ministros do STJ, Zavascki foi um magistrado prático e jogou para a equipe. Na primeira fase da Lava Jato, isso faria diferença; e diferente seria o andamento do STF se Zavascki não tivesse morrido. Pouco antes do acidente, de férias em Xangri-lá, balneário no Rio Grande do Sul, o ministro se encontrara com o ex-presidente do Supremo Nelson Jobim. "Tchê, este ano [2017] vou ter que enfrentar temas da Lava Jato que a dinâmica não permitiu enfrentar até agora." Zavascki referia-se às pontas soltas da operação, às delações sem lastro, sem provas, ao modo de negociação do Ministério Público.

"O Judiciário não pode ocupar espaços do Parlamento sob o fundamento de que o Parlamento não está cumprindo a sua função, ele está fraco. [...] No momento em que ele está fraco, tem que ser ajudado, tem que ser fortalecido, a não ser que se queira dizer que o Parlamento é dispensável numa sociedade democrática", disse aos entrevistadores da FGV. "No caso do Judiciário, tem que haver uma autocontenção, importante para a democracia."

Na Lava Jato ainda não era o momento de autocontenção. Na tarde de quarta-feira, 4 de maio de 2016, mais encontros secretos se desenrolaram no STF, com algumas exclusões cirúrgicas do quórum, como Gilmar Mendes e Dias Toffoli. Horas antes, no plenário, o presidente Ricardo Lewandowski avisou que a sessão do dia seguinte começaria com o julgamento da liminar na arguição de descumprimento de preceito fundamental (ADPF) 402 da Rede. O partido pretendia que o Supremo fixasse o entendimento de que réus perante o STF não poderiam ocupar cargos que estão na linha de substituição da Presidência da República, por incompatibilidade com a Constituição Federal.

Apesar de ser uma ação abstrata, que trata de um tema e não de uma pessoa específica, era um míssil teleguiado para atingir um alvo concreto: Eduardo Cunha. Como presidente da Câmara, ele tinha a prerrogativa de iniciar o processo de impeachment contra a presidente da República.

Cunha respondia a processos no Conselho de Ética da Câmara, mas se valia de seu séquito de parlamentares do baixo clero para obstruir as investigações contra ele. Meses antes, o procurador-geral recebera um telefonema. "Janot, o Michel nos chama no Jaburu", disse o então ministro da Justiça, José Eduardo Cardozo. Almoçando na Churrascaria Potência Grill com outros procuradores, nos arredores do palácio da vice-presidência, o PGR interrompeu a refeição e seguiu ao encontro de Temer. No Jaburu, Cardozo já presente, foi recebido pelo então ministro do Turismo, Henrique Alves, pelo próprio Temer e por um assessor palaciano. Num linguajar cifrado, travou-se uma conversa que tangenciava crime de responsabilidade. Alves, um patriarca do PMDB que também fora presidente da Câmara, alertou Janot para os perigos que Cunha representava. O PGR ouviu em silêncio.

Dias depois desse encontro, uma nova fase da Lava Jato — Operação Catilinárias —, pedida por Janot e autorizada por Zavascki, faria busca e apreensão na casa do ministro do Turismo e do próprio Cunha. Além disso, Janot solicitou o afastamento do presidente da Câmara.

Cunha era réu no Supremo, a Câmara não dava sequência aos processos contra ele, o impeachment contra Dilma seguia sua toada e, com a provável deposição da presidente, o deputado seria o primeiro substituto de Temer quando este viajasse para o exterior. Quanto mais o tempo passava, mais o fator Cunha provocava reações populares e mais o Supremo se sentia legitimado a intervir.

A política tradicional não havia percebido a onda de punição aos costumes antigos que o Supremo estava provocando. Zavascki segurou o processo. Sua percepção era de que não teria apoio do colegiado para outra decisão inédita, com interferência direta no Congresso Nacional e no processo de impeachment de Dilma.

Quando Lewandowski anunciou em plenário que levaria a julgamento a ADPF 402, as reações foram rápidas. Barroso enviou uma mensagem para Zavascki pelo Spark, sistema de comunicação interno dos ministros. Aconselhou o colega a apresentar em conjunto com a ADPF o pedido de afastamento de Cunha feito pelo PGR. Terminada a sessão, já fora do plenário, Barroso foi ter uma conversa tête-à-tête com o relator da Lava Jato. Fachin se aproximou e se juntou à dupla. Zavascki reconheceu que, se não levasse o processo até dia seguinte, ia parecer que sentara em cima e que fora *"bypassed"* por Marco Aurélio Mello, relator da ADPF da Rede. O efeito seria o mesmo. Marco Aurélio afastaria Cunha da linha sucessória.

Mas para os apoiadores da Lava Jato no Supremo, aquele grupo que pretendia agir coordenadamente, que se via imbuído de uma missão — uns mais, outros menos — de fortalecimento dos poderes do Supremo e reinvenção institucional da Corte, a solução seria desastrosa. Uma liminar de Marco Aurélio não viria imantada pelo prestígio do núcleo duro pró-Lava Jato e poderia ser derrubada em plenário. O trio sentia que era preciso agir muito rápido.

Esse senso de urgência começara no dia anterior, 3 de maio, terça-feira, durante a sessão da Primeira Turma. Barroso foi avisado pela chefe de gabinete que a ação da Rede que pedia o afastamento de Cunha da presidência da Câmara por ser réu e estar na linha sucessória havia sido distribuída por sorteio para o ministro Marco Aurélio Mello.

A ação era assinada por seis advogados: Eduardo Mendonça, ex-sócio e ex-assessor de Barroso em seu gabinete; Rafael Barroso Fonteles, seu sobrinho e ex-sócio; Felipe Monerat, também seu ex-sócio; Daniel Sarmento; Camila Gomes e Thiago Pires. Barroso sempre se declarou suspeito de participar do julgamento de processos que têm como advogados seus ex-sócios de escritório. Mas isso não o impediu de atuar nas articulações internas que deram destino ao processo — e a Cunha.

Após a sessão, Barroso procurou o colega. Marco Aurélio gostara do resultado do sorteio. Na conversa, Barroso fez uma sugestão: "Se for conceder a liminar, avise ao ministro Zavascki. Será ruim para ele, para o tribunal, se parecer que o ministro que está com o pedido da PGR for atropelado, vai parecer que ele estava segurando", conforme relatou Marco Aurélio a um integrante de seu gabinete, dias depois.

Do encontro com Marco Aurélio, Barroso saiu com uma convicção, que transmitiu ao grupo: "Ele vai dar a liminar". Zavascki então disse que, se era para julgar o afastamento de Cunha, daria ele, monocrática e rapidamente, a liminar pedida meses antes pela PGR. Barroso e Fachin acordaram e os três decidiram falar com Lewandowski, então presidente do Supremo. Já no gabinete da Presidência, os quatro ministros se sentaram nos sofás, posicionados numa geometria em forma de L. De acordo com a PGR, o deputado estaria utilizando do cargo para "evitar que as investigações contra si tenham curso e cheguem a bom termo, bem como reiterar as práticas delitivas, com o intuito de obter vantagens indevidas". E pedia seu duplo afastamento — da presidência e do mandato.

Mesmo para quem já decretara a prisão de um senador do alto escalão, a decisão ultrapassava "o limite do prudente na relação entre os Poderes", conforme definiu um dos participantes da conversa. Zavascki ensaiou uma solução alternativa: daria a liminar para afastar Cunha apenas da presidência da Câmara, mas não do mandato. E foi imediatamente interpelado por Barroso. "Isso não é suficiente. É preciso afastá-lo do mandato de parlamentar também." Mestre em direito por Yale, uma das universidades da Ivy League dos Estados Unidos, grupo de excelência acadêmica, Barroso costuma usar expressões em inglês. E Cunha era "The Evil" — O Mal.

Meses antes do julgamento de Cunha, amigos comuns informaram Barroso que o advogado Antônio Carlos de Almeida Castro, o Kakay, celebridade jurídica brasiliense, assumiria a defesa do presidente da Câmara. O ministro não hesitou. Passou a mão no telefone e ligou para Kakay, de quem era amigo havia mais de década, chamando-o para jantar.

Na ocasião, Kakay era dono do Piantas e do Piantella, dois tradicionais restaurantes da capital frequentados por magistrados e políticos. E jornalistas. Foi no Piantas que o ministro Lewandowski foi flagrado ao telefone, em 2007, por uma arguta colunista da *Folha de S.Paulo*, reclamando da imprensa que, segundo ele, havia interferido no julgamento do recebimento da denúncia do mensalão. "A imprensa acuou o Supremo", disse Lewandowski para um interlocutor. "Todo mundo votou com a faca no pescoço."

Acostumado à vida no Tribunal de Justiça de São Paulo, onde era apenas mais um dos 360 desembargadores, invisíveis à opinião pública, Lewandowski descobriu-se no meio do ringue brasiliense, com um zoom gigante sobre seus movimentos. Em e-mail enviado a um amigo, lamentou, com mais uma de suas frases latinas: *Hodie mihi, cras tibi*" — hoje a mim, amanhã a ti. Ninguém a partir de então estaria livre do julgamento da mídia, das redes.

Barroso e Kakay combinaram jantar na casa do ministro, no Lago Sul. Dada a proximidade dos dois, o anfitrião já havia se declarado suspeito em todos os processos em que o amigo viesse a atuar como advogado. Durante o jantar, ele contou que Cunha havia espionado sua vida, a de sua mulher e de seus filhos. "Esse cara vasculhou minha vida, mandou me seguir." Não era uma afirmação infundada. No início de 2015, Cunha comandara a instalação da CPI da Petrobras na Câmara, que deveria apurar denúncias envolvendo a estatal. Dominada por aliados do parlamentar, porém, a CPI passou a investigar aqueles que comprometiam o então presidente da Câmara.

Barroso pediu ao amigo para não advogar para Cunha. Kakay atendeu ao pedido na hora.

Fachin e Lewandowski também concordaram com Barroso: era preciso o duplo afastamento. Zavascki queria unanimidade. A solução Delcídio do Amaral deveria ser replicada, em maior escala, agora em plenário. Uma derrota ou divisões internas teriam impactos na marcha de transformação do tribunal, iniciada no mensalão.

Nessas horas, Zavascki — como outros — recorria ao decano. Saindo do gabinete da Presidência, o relator da Lava Jato seguiu para a sala de Celso de Mello, o pajé daquela tribo tão desagregada. Mello costuma ser antiquado em suas citações, não cultua autores americanos ou alemães, mas assenta as discussões dentro de balizas históricas, de precedentes do próprio Supremo brasileiro ou da Suprema Corte americana.

Chegando ao gabinete do decano, Zavascki o encontrou conversando com Luiz Fux. O relator da Lava Jato aproveitou que os dois estavam juntos e revelou que pretendia afastar Cunha do mandato e da presidência da Câmara. Foi apoiado. Então avisou que daria a cautelar na primeira hora do dia seguinte, levando-a para ratificação à tarde. Seis dos onze ministros já estavam de acordo. Havia maioria. Por envolver o presidente da Câmara, o caso deveria ser julgado em plenário. O grupo não consultou Marco Aurélio Mello, pois sabia que o colega não conversava sobre processos antes do julgamento. Também não falaram com Rosa Weber. "Quando eu e o Teori divergimos no plenário, Weber vota com um de nós dois; quando os dois concordam, Rosa nos segue", apostou Barroso. Cármen Lúcia não foi consultada, e três dos ministros envolvidos originalmente na coordenação dos votos não sabem explicar por que não foram consultados.

Naquela mesma noite, Mendes e Toffoli foram chamados ao gabinete de Zavascki. E no dia seguinte ambos compuseram o placar de 11 × 0 em desfavor de Cunha. Não era momento para dissensões no STF, de debilidade institucional. O colegiado precisava mandar seu recado. E essa instituição que oscilava entre maioria simples ou acachapante voltaria a ser decisiva nos anos vindouros.

Discreto na vida pública, debochado e gozador em privado, Zavascki preocupava-se com a situação dos filhos. Um acabara de se separar, estava cheio de despesas. O pai queria sair do STF tão logo pudesse para retomar o exercício da advocacia e assim ajudar a prole. "Mas como é que faz agora, com a Lava Jato?", disse a um amigo gaúcho dos tempos de magistratura. A popularidade da operação assumira grandeza inaudita: a opinião pública chancelava ações pró-Lava Jato e repudiava decisões em favor das garantias dos investigados — que estão no DNA de todo tribunal constitucional. Zavascki conheceu a voracidade da opinião pública antes de cair nas graças dela. Em 2014, ele determinou que doze dos primeiros investigados na operação fossem libertados, atendendo à reclamação de um deles. A grita contra a libertação dos investigados foi imediata.

Zavascki entendia que Moro estaria usurpando as competências do Supremo: quando se deparava com indícios de crimes praticados por agentes com foro privilegiado, o juiz recortava as investigações e despachava para Brasília o que ele entendia como de competência do STF. Zavascki inverteu o jogo: quando o nome de um parlamentar aparecesse, Moro deveria remeter tudo para Brasília e ele, Zavascki, decidiria o que era da competência do STF e o que ficaria sob a tutela da primeira instância. Uma decisão para colocar ordem nas coisas e, mais importante, para evitar prováveis contestações futuras.

Depois, Zavascki ficou abalado quando manifestantes críticos à sua decisão sobre a investigação de Lula tentaram atingir seus netos e sua família. Estenderam faixa na frente da escola das crianças, fizeram circular mensagens entre os pais dos amigos dos netos do relator com críticas ao ministro. Dilma Rousseff, em franca decadência política, resolveu nomear Lula ministro de seu governo. Como o ex-presidente era investigado na primeira instância, sua nomeação retiraria de Moro a competência para investigá-lo e transferiria o inquérito para o STF. Em decisão depois derrubada pelo Supremo, Moro então tirou o sigilo — permitindo a divulgação — dos áudios das conversas entre Lula e Dilma, deixando no ar a suspeita de que a indicação do ex-presidente seria uma tentativa de manipulação do processo. Zavascki determinou que Moro remetesse o caso para o Supremo e impôs o sigilo das gravações, deixando evidente a censura ao juiz de Curitiba. Manifestantes afixaram faixas no prédio em que Zavascki morava, chamando-o de "Pelego do PT". O Supremo reforçou sua segurança.

Uma Constituição serve para conter o poder do Estado, mas, em igual medida, para impedir que a vontade da maioria se sobreponha às garantias das minorias. A preocupação de Zavascki era também o temor do tribunal. O STF sempre fora um poder à sombra, discreto, um palácio que não atraía manifestações. Ao deslocar-se para o epicentro do sistema de poder da República, tornando-se agência reguladora das crises e disputando com o Congresso e o Planalto a atenção da mídia, o tribunal também se tornara vidraça. Metaforicamente falando. E também de fato.

A gestão de Cezar Peluso na Presidência do Supremo (2010-12) se preocupava sobretudo com as pedras portuguesas da praça dos Três Poderes. O chefe da segurança, Marley Elysio dos Santos, temia que, se uma pessoa tirasse um dos paralelepípedos de basalto da praça e o disparasse contra os vidros do plenário, ela poderia facilmente acertar alguém lá dentro. Naquela época o estado de conservação da praça era precário, e as pedras não estavam presas ao chão.

No passado, o Supremo bloqueava a luz do sol com persianas verticais. Na gestão Peluso, as persianas foram substituídas por painéis duplos e inteiriços — um faz às vezes de blecaute e o outro atua como quebra-sol. E, o mais importante: é impossível uma pedra ultrapassar a malha grossa dos painéis. Tampouco um projétil de baixo calibre. Mas agora os ministros tinham fama — e medo. A segurança fez circular uma questão *ad terrorem*, como chamaram os ministros: ponderou que daquela rampa ao lado da Câmara qualquer pessoa poderia dar um tiro e acertar um ministro dentro do Supremo. Elysio vinha do TJ do Rio de Janeiro, certamente um lugar menos seguro que Brasília. Ele defendeu a blindagem dos vidros, mas as esquadrias originais não sustentariam o peso. Além de questões técnicas, ainda havia o custo e o desgaste simbólico. O STF precisava estar (ou parecer) aberto ao público, ao escrutínio da sociedade.

Agora os ministros olhavam para a praça dos Três Poderes através das janelas de vidro não mais como espectadores num camarote VIP, mas como protagonistas sujeitos a aplausos e vaias. Isso incomodava o relator da Lava Jato, embora ele tivesse contribuído para o empuxo que conduziu o Supremo a esse novo ponto de equilíbrio.

Em mensagem trocada em 18 de março de 2016 com a amiga e ministra do STJ Maria Thereza de Assis Moura, quatro dias antes de determinar a Moro o envio do caso de Lula para o Supremo, Zavascki transcreveu o trecho de uma palestra que dera no interior de São Paulo: "O princípio da imparcialidade pressupõe uma série de outros pré-requisitos. Supõe, por exemplo, que [o juiz] seja discreto, que tenha prudência, que não se deixe contaminar pelos holofotes e se manifeste no processo depois de ouvir as duas partes". Ela apenas respondeu: "Adorei, colírio para minha alma". A Lava Jato adquirira um dinamismo próprio a que nem mesmo o STF, naquele momento, poderia se contrapor. E nem tentaria fazê-lo.

"Janó, venha tomar um café", escreveu Zavascki no WhatsApp, recorrendo a sua senha para assuntos delicados. Havia sido entregue ao gabinete a PET 6265, uma petição, classe processual normalmente associada a relatos de crimes. No site do STF, a 6265 era um mistério. Sabia-se apenas que fora protocolada no dia 15 de agosto de 2016. Não havia indicação do estado de origem, o nome do alvo constava como "SOB SIGILO" e um alerta em letras vermelhas informava uma vez mais: "SIGILOSO". "Isso é grave", disse o relator. "Resolva." Pela primeira vez na história, um ministro do STF era formalmente alvo direto da Lava Jato. A força-tarefa em Curitiba enviara a Brasília documentos, pedaços de papel avulsos, "elementos", no jargão dos investigadores, colhidos fortuitamente durante diligência determinada pelo juiz Sergio Moro.

No relato, a descrição de que documentos apreendidos "retratam doações eleitorais efetuadas pela empresa [Construcap CCPS Engenharia e Comércio S.A.] a diversas agremiações políticas, entre elas o Partido dos Trabalhadores — PT, com anotação em uma delas, de R$ 50 000,00, em 2010, do nome Toffoli". Ministro do Supremo só pode ser investigado pelo Supremo. Mais adiante, seu nome se tornaria alvo da força-tarefa da Lava Jato. "A remessa da aludida documentação decorre da convergência com o nome do ministro Dias Toffoli."

Uma simples pesquisa no Google mostraria que o irmão do ministro, José Ticiano Dias Toffoli, fora candidato a deputado estadual pelo PT, em 2010. Uma semana depois da conversa, o PGR enviou seu parecer a Zavascki. "Compulsando os documentos apreendidos não há qualquer indício de que a referida anotação diga respeito ao Ministro José Antonio Dias Toffoli." Mas o recado da Lava Jato fora dado. E Toffoli permaneceria na alça de mira. E não só ele. Naquela mesma semana em que tramitava secretamente a petição que constrangia Toffoli, a revista *Veja* trazia reportagem de capa com o título: "EXCLUSIVO: EMPREITEIRA DELATA MINISTRO DO SUPREMO — *Veja* teve acesso ao capítulo do depoimento de Léo Pinheiro, da OAS, que inclui o magistrado Dias Toffoli". Na ocasião, Léo Pinheiro era um potentado na constelação de empreiteiras e obras públicas dos governos petistas, um dos símbolos do petrolão.

A existência da PET com o nome de Toffoli esgueirando-se pelo tribunal efervesceu os ânimos de ministros, dividindo-os, mais do que nunca, em dois blocos — aqueles que entendiam ter o Supremo uma missão civilizadora, de depuração do sistema político brasileiro, mesmo que desbalanceando a relação com os demais Poderes; e os adeptos da autocontenção judicial, uma postura mais conservadora na relação com o Executivo e o Legislativo. Nos bastidores, a PET Toffoli alimentou o caldo de cultura por impor limites às investigações do Ministério Público e combater excessos praticados por procuradores e policiais federais. Os investigadores não recuariam, pelo contrário, avançariam. E o Supremo, tendo Toffoli no comando, responderia com um inquérito sigiloso e controverso.

3. A voz das ruas

Numa noite de fim de novembro de 2016, Fux pediu que Janot fosse à sua casa, no Lago Sul. Faixa preta de jiu-jitsu, guitarrista aplicado (integrou uma banda chamada de The Five Thunders na adolescência), para ter mais privacidade o ministro recusou um apartamento funcional. Morando sozinho, instalou um tatame e dispõe de um boneco articulado em tamanho natural com o qual treina situações de combate, um microfone de pedestal, espalhou fotos do Rio de Janeiro pelas paredes e móveis.

Acompanhado de um procurador, Janot foi recebido à porta pelo anfitrião e pelo juiz federal Valter Shuenquener, ex-assessor do ministro no STF e no Tribunal Superior Eleitoral (TSE). Não era tarde. Metódico, Fux segue à risca um ritual: dorme antes das onze, acorda às quatro e meia para escrever, ler e estudar. Às nove veste o quimono e vai treinar em seu dojo caseiro; às vezes alterna o treino com corridas ao ar livre, sempre com uma bandana na cabeça.

Dias antes, em 17 de novembro, agentes da PF foram às ruas para cumprir ordens de prisão no Rio de Janeiro, na 37ª fase da Lava Jato, decorrentes da Operação Calicute. O alvo da vez era o ex-governador do Rio de Janeiro, Sérgio Cabral. Não se tratava de mais um político entre tantos, não era mais do mesmo. Não para Fux. Na pirâmide de relacionamentos do ministro, Cabral ocupava o topo.

Fux chegou ao Supremo graças à costura de muitos padrinhos, mas publicamente apontava Cabral como o jóquei de sua candidatura. "Uma pessoa que contribuiu muitíssimo para mim, na caminhada para o Supremo, foi o governador Sérgio Cabral", contou à FGV. "Eu sou amigo dele e também da mulher dele. E ele levou meus currículos [para Dilma]. Você tem que ter uma pessoa para levar seu perfil e seu currículo a quem vai te nomear. Senão, não adianta", ele disse em depoimento à jornalista Mônica Bergamo.

Na sala de sua casa, o ministro interpelou Janot. Queria saber se havia algo na Lava Jato que pudesse constrangê-lo. Fux parecia temer ser surpreendido pelo noticiário. O procurador disse que eram apenas registros de inteligência — como são chamados os relatos não checados e muitas vezes imprecisos produzidos no curso de investigações —, de encontros sociais com Adriana Ancelmo, mulher de Cabral, e com o político fluminense. Fux então chorou, de acordo com testemunhas.

Não havia melhor antena dos humores públicos, sobretudo da elite carioca, do que ele. Pelo menos dentro do STF. E ninguém dava tantos sinais de sensibilidade à pressão. Sobre outro episódio que o colocou no olho do furacão, Fux contou: "Eu sofri desprezo das pessoas que jogam vôlei onde eu vou à praia… [...] Quando eu fui aprovado no Supremo, eles pararam a rede, foram lá, me abraçaram e tal. Quando eu julguei o Ficha Limpa, passavam ali, nem cumprimentavam, iam direto. [...] Minha mãe me ligou chorando quando leu a carta aos leitores".*

---

* Depoimento gravado para a série História Oral do Supremo, projeto da FGV.

A bronca da turma do Leblon, centro emocional e social de Fux, foi uma reação ao julgamento ocorrido em 23 de março de 2011. Naquele ano, o ministro, novato no tribunal, votou contra a aplicação da Ficha Limpa, lei de iniciativa popular aprovada no ano anterior e que tornava inelegível todo condenado em segunda instância. Na ocasião havia uma polêmica. A lei, aprovada em 2010, fora aplicada nas eleições daquele mesmo ano. Um candidato a deputado estadual em Minas Gerais resolveu peitar a Justiça Eleitoral e, mesmo sem registro, conseguiu levar seu nome às urnas e obter votos suficientes para ocupar uma suplência na Assembleia.

O caso chegou ao STF. A questão era saber se uma lei com impactos eleitorais aprovada no mesmo ano das eleições teria ou não aplicação imediata. Fux fez uma interpretação automática do texto constitucional que, no artigo 16º, diz que a "lei que alterar o processo eleitoral entrará em vigor na data de sua publicação, não se aplicando à eleição que ocorra até um ano da data de sua vigência". Com seu voto, que desempatou um placar de 5 × 5, beneficiou um punhado de fichas-sujas.

No dia seguinte, a manchete do jornal *O Globo*, leitura diária do ministro ("a imprensa paulista sempre me tratou mal", costuma dizer), informava: "Novo ministro surpreende e joga Ficha Limpa para 2012". Na seção de cartas dos leitores, as mensagens machucaram a mãe do ministro: "Passou pela cabeça de algum habitante deste país que o ministro Fux fosse votar a favor da validade da Lei da Ficha Limpa para 2010? Alguém acreditou que ele colaboraria com o início de faxina no cenário político mandando para bem longe muitos dos políticos com ficha suja, os foras da lei que povoam o Congresso? Faltou-lhe coragem!". Outra ia mais ao ponto: "Foi para nós uma suprema desilusão ver o ministro Luiz Fux juntar-se à metade que defendeu com eloquência o direito dos bandidos, tornando assim ineficaz a manifestação do povo brasileiro. E, o pior, perder a esperança ao ver mais um 'douto' desprezar a opinião pública".

Com apenas vinte dias de Supremo, Fux era apresentado à voz das ruas, algo que não o atingiu durante sua carreira anterior de magistrado, no stj e no Tribunal de Justiça do Rio de Janeiro. O Twitter só ganharia sua versão em português em junho daquele ano, mas a seção de cartas dos jornais já era uma fração dos decibéis que rugiriam nas redes sociais. "Opinião pública" é um termo que se encaixa no aforismo de Santo Agostinho sobre o tempo: "Se ninguém me pergunta, eu sei; se quero explicá-lo a quem me pede, não sei". Quem era atingido por ela podia até não saber de onde partira a pancada, mas sofria seus efeitos. Como consequência das pressões que vinham da opinião pública, a partir de então o ministro mudou, abandonou o garantismo que o marcou entre os colegas de stj e se afinou com as teses do Ministério Público.

Aliviado com a sinalização de Janot, Fux embarcou de corpo e alma no time da Lava Jato. Na noite de 14 de dezembro de 2016, uma quarta-feira, dias depois da conversa com o procurador-geral da República e quase seis anos após sua estreia no tribunal, o ministro, monocraticamente, mandou a Câmara dos Deputados recomeçar do zero a análise do pacote das "Dez medidas contra a corrupção", que já havia sido aprovado e encaminhado ao Senado.

"Nós estamos fazendo o que os militares não tiveram condições de fazer. Eles foram mais reticentes em fechar o Congresso do que nós", disse Gilmar Mendes ao jornal *O Estado de S. Paulo*, na ocasião. E emendou: "Melhor fechar o Congresso logo e entregar as chaves ao Dallagnol", referindo-se ao procurador Deltan Dallagnol, coordenador da força-tarefa da Lava Jato e um dos maiores entusiastas do projeto.

Fux concedera uma liminar, atendendo a um mandado de segurança movido pelo deputado federal Eduardo Bolsonaro, que afirmava que o plenário da Câmara havia "violado" a essência do pacote das "Dez medidas" ao incluir em seu conteúdo uma emenda para punir magistrados e membros do Ministério Público por crime de abuso de autoridade. O pacote fora patrocinado pelo MPF, que coordenara a coleta de cerca de 2 milhões de assinaturas para apresentação de um projeto de lei de iniciativa popular.

Ao tramitar na Câmara, o projeto recebeu o que o jargão político chama de "emenda jabuti" — um enxerto que altera um projeto de lei, que acrescenta algo estranho a seu espírito. O apelido deve-se à incapacidade do jabuti de subir em árvores. Se o bicho está num galho alto, alguém o botou lá em cima, e com algum propósito.

Em reação, Dallagnol afirmou que o Congresso Nacional "destruiu o pacote" das "Dez medidas contra a corrupção", e que o Brasil caminhava para a aprovação de leis que favoreceriam os crimes de colarinho branco. "Aqueles vários, e poderosos, [parlamentares] investigados por corrupção, que sabem bem o que fizeram, conseguiram influenciar, de modo poderoso, a Câmara dos Deputados para aprovar um projeto que caminha para combater o combate à corrupção. Que caminha para favorecer a corrupção no Brasil."

Com 550 mil seguidores no Twitter e 760 mil inscritos em sua página no Facebook (números de 2018), Dallagnol era uma potência nas redes sociais. Não havia precedentes no STF, até mesmo do plenário, que justificassem a paralisação de um projeto de lei de iniciativa popular porque fora emendado por deputados. Fux invadiu a seara do Congresso, mas em sintonia com a Lava Jato e jogando para a plateia. Para a turma do vôlei. Já estava bom.

Tempos depois, quando Jair Bolsonaro, já eleito presidente, anunciou o juiz Sergio Moro para o Ministério da Justiça, Fux, de

Nova York, onde estava para uma série de palestras, enviou uma nota pelo WhatsApp para jornalistas credenciados no Supremo. Em caixa-alta, escreveu: "EXCELENTE NOME. IMPRIMIRÁ NO MINISTÉRIO DA JUSTIÇA A SUA MARCA INDELÉVEL NO COMBATE À CORRUPÇÃO E NA MANUTENÇÃO DA HIGIDEZ DAS NOSSAS INSTITUIÇÕES DEMOCRÁTICAS, PRESTIGIANDO A INDEPENDÊNCIA DA PF, DO MP E DO JUDICIÁRIO. A SUA ESCOLHA FOI A QUE A SOCIEDADE BRASILEIRA O FARIA [sic] SE CONSULTADA. É UM JUIZ SÍMBOLO DA PROBIDADE E DA COMPETÊNCIA. ESCOLHA POR GENUÍNA MERITOCRACIA". Nunca um ministro do STF se referira assim a alguém nomeado para um cargo no Executivo.

Oscilando na mesma frequência das redes sociais, a decisão sobre paralisar o projeto de combate à corrupção ainda expressava uma patologia que tomara o Supremo — o excesso de deliberações individuais, as monocráticas, no jargão jurídico, e de pedidos de vista obstrutivos, feitos para interditar julgamentos em plenário.

Em 2008, vinte anos após a promulgação da Constituição, o cientista político e diretor da Escola de Direito da FGV Oscar Vilhena popularizou o termo "supremocracia" — um conceito que retrata a centralidade e autoridade do Supremo como instituição sobre os demais poderes. Com o tempo, o termo, embora mantivesse sua força analítica e a capacidade de explicar no atacado o papel do STF no balanço de poder da República, não apreendia mais o movimento centrífugo dos ministros, intensificado na década seguinte.

A liminar concedida por Fux, que paralisou um projeto em tramitação no Congresso, era mais um exemplo de um fenômeno que dois jovens professores sintetizaram num neologismo feliz: "ministrocracia". Publicado em 2018 na revista *Novos Estu-*

dos Cebrap, um artigo de Diego Arguelhes e Leandro Ribeiro mostrava a intensidade impressionante de perturbação institucional provocada pelas liminares individuais dos ministros. Os exemplos se sucediam. Era, quase sempre, cada um por si. Ações de coordenação prévia de votos ou de concessão de liminares, costuradas nos bastidores entre vários ministros, para imprimir às decisões do Supremo um caráter institucional e não individual, escasseavam. Os arranjos do ministro Zavascki eram apenas uma lembrança.

No último dia do ano judiciário de 2018, Marco Aurélio Mello concedeu uma liminar (suspensa no mesmo dia por Dias Toffoli) que permitia aos presos condenados em segunda instância (dos quais Lula era o mais vistoso) recorrer em liberdade. A decisão revia um posicionamento do plenário do STF do qual Marco Aurélio discordava: a execução da pena após condenação em segunda instância, antes do trânsito em julgado, ou seja, do recurso último possível. No mesmo dia, o ministro também decidiu que a eleição para a presidência do Senado, que aconteceria em fevereiro do ano seguinte, deveria ocorrer com voto aberto. Atendia a um pedido pleiteado em mandado de segurança impetrado por um adversário do senador Renan Calheiros, do MDB de Alagoas. Na raiz do pedido, a suposição, plausível, de que o senador alagoano poderia ser beneficiado por uma eleição secreta.

Em editorial intitulado "A separação dos Poderes", o jornal *O Estado de S. Paulo*, que não podia ser acusado de simpatia pelo parlamentar alagoano, dizia que o "problema é que não cabe ao Poder Judiciário determinar — especialmente pela via monocrática, isto é, pela vontade de um único ministro do STF — o funcionamento interno de outro Poder. [...] Como dizer, portanto, que um juiz respeita a Constituição quando, monocraticamente, fragiliza essa separação? Causa muitos danos ao país a ideia de que a atividade política deve ser tutelada incondicionalmente pelo Poder Judiciário. O desrespeito ao âmbito de cada Poder desprestigia a Constituição e afronta a democracia".

O desprestígio do Parlamento, a corrupção sistêmica, a incapacidade do Congresso de reagir com velocidade às demandas populares mais urgentes, a crise dos canais de transmissão da democracia, isto é, dos partidos, abriam espaço para que os ministros do STF cedessem à tentação de construir um sistema conforme as suas preferências.

Essa atmosfera ministrocrática, de valentia constitucional e pouco apego à jurisprudência e às decisões colegiadas, produziu onze Supremos: ministros exercendo individualmente o controle de constitucionalidade de leis aprovadas pelo Congresso via liminar, ou paralisando, com pedidos de vista, decisões tomadas pela maioria do plenário.

As possibilidades de ação dos onze são praticamente ilimitadas — basta olhar a Constituição. A Carta brasileira é tida por especialistas como analítica, extensa e ampla. Com 250 artigos e mais 114 artigos nas disposições transitórias, contém cerca de 80 mil palavras. É a terceira mais prolixa do mundo, entre 190 analisadas em 2018 pelo Comparative Constitutions Project, grupo ligado às universidades do Texas e de Chicago. Só é menos palavrosa do que as cartas da Nigéria e da Índia. No quesito "direitos", o instituto mapeou 79 garantias no texto, colocando o Brasil em décimo lugar entre as nações com a Constituição mais generosa.

Também viu-se recentemente uma adesão generalizada dos integrantes do Supremo à ideia de que a Constituição é um organismo vivo, mutável, cujo conteúdo (mesmo que o texto permaneça intocável) é alterado de fora para dentro. Nos Estados Unidos, essa corrente, chamada "Living Constitution", descreve os textos constitucionais como normas que evoluem, mudam com o tempo, adaptam-se às novas circunstâncias, sem que precisem ser emendadas. Era como se o STF aos poucos tivesse se tornado mais americanizado (sem as virtudes da discrição e do respeito ao *stare decisis*, os precedentes judiciais, típicos daquele tribunal). Um dos ministros que mais contribuiu para a guinada do constitucionalismo brasileiro em direção ao modelo estadunidense foi Luís Roberto Barroso.

"Não será lendo a Constituição do mesmo jeito que vamos mudar o país", disse mais de uma vez Barroso. Nenhum outro candidato havia chegado ao STF pós-1988 mais preparado para o cargo do que ele. Como acadêmico, produziu obra importante sobre a "insinceridade" da Constituição — expressão que cunhou para caracterizar uma carta de conteúdo vazio e normas sem efeito. Tornou-se um defensor da efetividade do texto, do "vale o que está escrito" (embora o escrito fosse lido de forma idiossincrática pelos ministros). Na outra face, como advogado, foi patrono das principais causas sociais que chegaram ao tribunal e contribuíram para que o país avançasse no campo dos costumes, como a equiparação das uniões homoafetivas às uniões convencionais, e a defesa da constitucionalidade da lei que permitiu pesquisas com células-tronco.

"Estou lendo a biografia do William Brennan — já havia lido a do Warren — que era a cabeça e o engenho político por trás do ativismo judicial da Suprema Corte no período entre 1954 e 1973. Aliás, tenho um levantamento das principais decisões desse período", escreveu Barroso a um amigo quando ainda era advogado com causas no STF.

Warren era Earl Warren, ministro-chefe da Suprema Corte americana entre 1953 e 1969. Diferentemente do Brasil, onde o presidente da Corte tem um mandato fixo de dois anos, lá ele é indicado pelo presidente da República para um período vitalício. Warren comandou, entre outras, a decisão unânime que tornou inconstitucional a segregação racial nas escolas nos Estados Unidos, no caso conhecido como "Brown v. Board of Education". O juiz ainda personificou um novo momento na interpretação constitucional. Afastando-se dos originalistas, como são chamados os adeptos da leitura que privilegia a intenção original dos constituintes de 1787, data da primeira versão da Constituição americana, ele recorreu a dados sociológicos, demográficos e econômicos para reverter uma jurisprudência de 1896 (caso conhecido como "Plessy v. Ferguson"), que sustentava o racismo oficial, institucionalizado, nos Estados Unidos. Warren leu a Constituição de um jeito novo, dando ao texto um novo sopro de vida. Luís Roberto Barroso espelha-se nele. Mas mesmo assim é mais comedido que o ministro aposentado Carlos Ayres Britto, que certa vez declarou: "Com tantos princípios, eu deito e rolo!".

O quadro no Supremo Tribunal Federal Brasileiro é este: onze ministros com poderes de conceder liminares sobre temas sensíveis, atuando isoladamente, debruçados sobre um texto constitucional verborrágico, de olho nas timelines e adeptos da "Living Constitution". Tudo é possível.

Cortes constitucionais têm o dever de se contrapor a legislações estapafúrdias, que atentem contra direitos e garantias consolidados mundialmente ou que ataquem minorias. É da natureza contramajoritária dos tribunais supremos servir de anteparo às paixões expressas por maiorias parlamentares circunstanciais. Trata-se de um Poder de enorme responsabilidade — afinal, como uma Corte que confronta vontades majoritárias pode, ao mesmo tempo, atuar como vetor da democracia?

"Dificuldade contramajoritária" foi o nome que Alexander Bickel atribuiu a tal dilema, nos anos 1960. Professor de Yale, ele defendia comedimento dos juízes constitucionais quando confrontados com a expressão da maioria, fosse uma lei do Congresso, fosse ato executivo de um presidente eleito. Para Bickel, nessas ocasiões os juízes deveriam praticar *"judicial self-restraint"*, autocontenção judicial. Atitude rara na ministrocracia que vigora no Brasil.

A concessão monocrática de liminares é legal, está prevista em várias classes processuais. Inclusive nas Ações Diretas de Inconstitucionalidade (ADIS), instrumentos que controlam e aferem a compatibilidade de uma lei ou norma com a Constituição. O problema é que, mesmo nesses casos excepcionais, em que a soberania do Congresso é mitigada, o Supremo tem extrapolado suas fronteiras. A lei que permite a concessão de liminares em ADIS, por exemplo, pressupõe que a utilização do monocratismo só ocorra em períodos de recesso. Os ministros a ignoram.

"Faço esse registro da questão, portanto, para que fique bem claro que medidas liminares decididas de forma monocrática são em regra ilegais, por violação à lei 9868/99 (art. 10), e inconstitucionais, por afronta ao art. 97 da Constituição. As hipóteses excepcionalíssimas deveriam ser bem delimitadas e definidas no Regimento Interno do Tribunal", escreveu Mendes em voto proferido em 2012. O ministro tinha conhecimento de causa. "Sou o pai dessa porra", disse ele a respeito da lei 9868, de 1999, que regula os julgamentos de ADIS no Supremo. Mas foi por liminar individual, não em ADI, mas em Mandado de Segurança, que "o pai dessa porra" suspendeu a nomeação de Lula como ministro da Casa Civil de Dilma Rousseff, em março de 2016.

A recorrência da concessão de liminares, a desinibição em interferir na política e o manuseio do regimento para manter válida uma liminar sem submetê-la ao colegiado configuram o que Arguelhes e Ribeiro chamaram de *"individual judicial review"*. O termo é uma adequação do original inglês *"judicial review"*, que significa o poder concedido ao Judiciário, notadamente às Cortes constitucionais nas democracias, de revisar o conteúdo e a extensão de normas editadas pelos parlamentos ou executivos. Trata-se de parte do sistema de freios e contrapesos que faz funcionar a separação de Poderes — quando uma das peças se desloca para um extremo, as outras a puxam de volta. No Brasil, o sistema está descompensado. Em vez de o colegiado deter este poder, cada ministro por aqui o exerce sem muitas amarras.

A partir do julgamento do mensalão, em 2012, as decisões do STF passaram a ser mais sensíveis à voz das ruas. A opinião pública tomou conta daquele tribunal, que, pela primeira vez, condenou graúdos agentes políticos corruptos em longas sessões televisionadas — em que o juridiquês foi substituído pelos tão humanos conflitos e xingamentos, mais ao gosto dos espectadores. E dali em diante só aumentaria a imantação dos temas submetidos à Corte. Nesse cenário, os ministros são atraídos ou repelidos pela opinião pública ao sabor dos campos de força que se formam em torno do assunto em debate.

Decisões judiciais, por natureza, desagradam um lado da causa. O STF, como Corte constitucional, vocacionado à realização do controle concentrado de constitucionalidade, em que a existência de um caso concreto, de um personagem em julgamento, é irrelevante para o desenlace da ação, deveria estar relativamente imune à paixão das arquibancadas.

Mas a política desaguou no Supremo, e cada grande caso parece embutir um subtexto, um homem público em julgamento. A presença de "inimigos públicos" nas lides, mesmo que ocultos, passou a hiperbolizar o interesse pelas decisões dos ministros. Alguns exemplos: a inconstitucionalidade da necessidade de autorização prévia para que as assembleias legislativas processassem governadores de estados foi personificada pelo petista Fernando Pimentel, governador de Minas Gerais; a possibilidade de réus ocuparem cargos na linha sucessória da Presidência da República tinha nome certo, Renan Calheiros, presidente do Senado e réu no STF; a admissibilidade de execução da pena após condenação em segunda instância passou a ser "o caso Lula".

Sobre este último exemplo, o site O Antagonista repercutiu informações de bastidores publicadas na imprensa, relatando que o decano do tribunal, Celso de Mello, teria pressionado a então presidente Cármen Lúcia a pôr em pauta o assunto da prisão dos condenados em segunda instância. O tema poderia ser discutido tanto no julgamento do habeas corpus protocolado pela defesa de Lula quanto no âmbito de uma ação declaratória de constitucionalidade (peça processual que visa reafirmar o conteúdo de um ato normativo, como a dizer que o escrito vale mesmo).

"Aquela notícia me incomodou", lembrou meses depois Celso de Mello sobre o impacto da nota que recebeu pelo celular. Veiculada em março de 2018, em meio à discussão sobre o julgamento da ADC, a notícia o fez perceber que até ele, tão discreto, fora capturado pelas redes. O julgamento da tese — sem o nome de Lula na capa do processo — era o caminho preferido do decano, mesmo que ele e todos soubessem que o julgamento da ADC poderia ter como principal beneficiário o ex-presidente da República, caso o tribunal decidisse que uma pessoa só pode ser presa depois de condenada em última instância. A nota — "O casuísmo lulista de Celso de Mello" — arrematava: "Celso de Mello, portanto, só quer fazer de conta que o casuísmo não é um casuísmo". "Incomodou", o ministro repetiu. "Me colocam como se eu fosse um operador do Lula. Ora… Eu?!", ele questionou, atônito. Afinal, quem o conhecia sabia que, se fosse criticado por parcialidade, não seria a favor do PT. Por que se incomodar? "Eu recebo essas coisas", disse com seu iPhone em mãos. Todos recebiam, os golpes eram generalizados.

Mello era de outros tempos, tempos anteriores à internet. Indicado por Sarney em 1989, sua sabatina na CCJ do Senado não recebeu quase nenhuma atenção da mídia. Dos principais jornais brasileiros (*Folha*, *Estadão* e *O Globo*), apenas a *Folha* registrou, em cerca de ¼ de página interna, sem chamada na capa, sua sabatina e a aprovação na Comissão de Constituição e Justiça do Senado. Já a sabatina de Fachin, em 2015, foi manchete nos três jornais.

O decano tem relativo desapreço pelo cortejo aos grandes veículos de mídia. Em 2013, na véspera da sessão em plenário que decidiria se os réus do mensalão teriam um segundo julgamento, ele foi capa de *Veja*. "EIS O HOMEM: ele condenou os réus do mensalão, mas agora tem de decidir entre a tecnicalidade e a impunidade. Não pode lavar as mãos como Pilatos, mas corre o risco de ser crucificado."

Apesar do estardalhaço promovido pela publicação, Celso de Mello proferiria voto favorável ao cabimento dos embargos infringentes na ação penal 470, como se verá mais adiante. Com isso, fechou o julgamento em seis a cinco pela admissibilidade do recurso. Último a votar, o decano desempatou o julgamento, e assim garantiu a doze réus do mensalão o direito de ter parte de suas condenações revista pela corte.

Nas redes, uma página fake no Facebook em nome de Celso de Mello foi canibalizada por críticas. Em resposta à pressão da mídia tradicional e das redes sociais, o ministro procurou um jornalista amigo, dono do *Jornal Integração*, de Tatuí, cidade do interior paulista e sua terra natal. Na entrevista que deu ao semanário, afirmou: "Há alguns que ainda insistem em dizer que não fui exposto a uma brutal pressão midiática. Basta ler, no entanto, os artigos e editoriais publicados em diversos meios de comunicação social (os mass media) para se concluir diversamente! É de registrar-se que essa pressão, além de inadequada e insólita, resultou absolutamente inútil".

Mello e a imprensa de Tatuí eram um caso pitoresco. Num tribunal que tem ministros com contas ativas no Twitter ou linha direta com as direções das principais emissoras de TV e mídia impressa, o decano usava o pequeno jornal do interior para desabafos.

Tempos depois, quando Moro foi indicado ministro da Justiça de Bolsonaro, passou a circular a versão de que o lugar na Esplanada seria um pit stop até uma futura indicação para o STF, dali a dois anos, na vaga aberta pela aposentadoria de Celso de Mello. Incomodado com a versão, Moro enviou uma mensagem para o WhatsApp do ministro:

Prezado Ministro Celso de Mello. É Sergio Moro. Acabaram me passando seu número de telefone. Tomei a liberdade de lhe enviar essa mensagem. Espero não estar sendo inconveniente. Agradeço a nota de desmentido enviada por V.Exa. Tenho grande admiração por sua produção jurisprudencial, sua firmeza moral aliada ao compromisso com o Estado de Direito. Tomei uma decisão ontem muito difícil. Aceitei pela oportunidade de aprimorar a agenda anticorrupção e anticrime organizado. Tenho porém muito claro que só se pode agir com respeito à democracia e à "rule of law". Pode ficar tranquilo quanto a isso. Não se tem a intenção de aprovar nada extravagante. Espero que isso também contribua para afastar alguns receios quanto ao futuro. Por outro lado, trabalharei sempre com respeito a essa Corte Suprema e às instituições. O STF é peça central na sustentação da democracia e do Estado de Direito. Desculpe a extensão da msg e fico à disposição. Att, Sergio Fernando Moro.

Celso de Mello respondeu ao então juiz e compartilhou a íntegra das mensagens trocadas com Moro com o amigo dono do *Jornal Integração*, num diálogo que, pelo teor e personagens envolvidas, atrairia a atenção e curiosidade de qualquer jornalista.

Eminente Dr. Sergio Moro. Antes de mais nada, quero cumprimentá-lo pelo honroso convite que lhe foi dirigido pelo Presidente-eleito! Não tenho dúvida alguma de que o Senhor está à altura dos graves e elevados encargos que desempenhará com absoluta competência, inabalável firmeza, inegável talento e inderrogável respeito pela autoridade e supremacia da Constituição e das leis da República na implementação de uma agenda — essencial à preservação da ordem democrática — de necessário e efetivo combate à macrodelinquência, inclusive governamental, à delinquência transnacional e à criminalidade organizada, conferindo, assim, real concreção aos compromissos que o Brasil assumiu no plano internacional e no contexto, entre outras, das Convenções das Nações Unidas de Palermo e de Mérida! Fico feliz em sabê-lo à frente do que sempre considerei um dos mais importantes Ministérios da República, cuja longa tradição histórica iniciou-se já no Império! De outro lado, quero reiterar-lhe que JAMAIS falei ou disse a quem quer que seja o que me foi atribuído pela mídia nas edições impressas e eletrônicas! Fiquei extremamente preocupado quando li essa notícia, por ser totalmente improcedente e destituída de qualquer fundamento e veracidade!!! Jamais teria tido a reação absurda que me foi atribuída! Tenha certeza de que é grande o meu respeito pelo Senhor! Desejo-lhe muita felicidade e sucesso total nas próximas etapas de sua vida profissional, como digno sucessor de Honório Hermeto Carneiro Leão (Marquês do Paraná), Bernardo Pereira de Vasconcelos, José Antônio Pimenta Bueno (Marquês de São Vicente), Campos Salles, Carlos Maximiliano, Epitácio Pessoa, João Luis Alves, Paulo Brossard e Oscar Dias Correia, entre muitos outros que, no Império e na República (alguns dos quais foram ou tornaram-se Ministros do Supremo Tribunal Federal), mostraram-se grandes estadistas e vultos merecedores do respeito de nossa Pátria! Atenciosamente, CELSO DE MELLO

Diante da curiosidade dos autores deste livro, uma vez que tal diálogo não foi publicado em nenhum outro veículo, o decano permitiu que lêssemos os bilhetes. Mas por que para o jornal de Tatuí? "Porque esse meu amigo sempre me diz: 'Mantenha-me informado'", ele explicava, bem-humorado. "Eu não quis fazer alarde."

Em 2012, quando Mello sofreu a intensa pressão externa pelo voto de desempate no mensalão, o Brasil tinha 30 milhões de usuários de WhatsApp, que à época funcionava mais como simples troca de mensagens pessoais. Em 2018, os usuários eram 130 milhões e a plataforma funcionava como retransmissora de memes, links de notícias, vídeos, gifs — em grupos de familiares, amigos de infância, redes profissionais, militância, donos de yorkshire e tudo o mais. Àquela altura os ministros haviam aderido entusiasticamente ao aplicativo e as redes sociais já incomodavam até mesmo o decano. Alexandre de Moraes exibia como imagem de perfil um retrato preto e branco a creiom; Mendes, uma foto dos netos no parquinho; Barroso optou por um perfil, com uma biblioteca ao fundo; Marco Aurélio, por uma foto dele em pé, solene. Para ficar com alguns exemplos. Em 2017, um executivo do Twitter procurou Barroso e Gilmar no STF para sugerir que abrissem contas na rede social. Seriam contas verificadas, ou seja, catapultadas pelos algoritmos, com maior alcance. Os dois aceitaram. Ministros do STF tornaram-se celebridades, ingressaram na rede em que as personalidades alavancam seguidores.

É impossível voltar atrás. Publicado em 2017 pela Cambridge University Press, o livro *Justices and Journalists: The Global Perspective*, organizado por Richard Davis e David Caras, sustenta que nenhum outro tribunal do mundo está tão aberto ao público quanto o STF brasileiro — e que a abertura é a tendência global. Se, por um lado, a transparência estabelece conexões com a sociedade e induz os veículos de massa a prestar atenção em temas importantes, reforçando a força simbólica e institucional do STF, por outro, as transmissões da TV Justiça transformam os ministros em protagonistas de um teatro político que fragiliza o espírito de colegialidade. Sob holofotes, os consensos adquirem uma dinâmica imprevisível. O equilíbrio é instável.

A relação entre ministros do STF e imprensa formou um ecossistema único no mundo, pela intensidade, frequência e natureza das trocas. Em 2018, havia quarenta profissionais de imprensa credenciados no tribunal, contra 25 registrados na Suprema Corte americana. No mesmo ano, o STF mantinha uma Secretaria de Comunicação com 22 jornalistas e orçamento de aproximadamente 54 milhões de reais para alimentar TV, Twitter, rádio, notas impressas e comunicação interna.

Quanto mais se falava, mais se era assunto da fala alheia. Em agosto e setembro de 2010, a revista *piauí* publicou duas extensas reportagens ("Data venia, o Supremo" e "O Supremo, quosque tandem?") sobre o STF. De autoria do jornalista Luiz Maklouf Carvalho, as matérias mergulhavam nos mecanismos internos do tribunal, nas disputas de poder, nas vaidades secretas, no dia a dia do STF.

Escritas ao estilo do new journalism — mas com alguns erros técnicos e derrapagens no uso de nomenclatura legal —, as reportagens atingiram os ministros como um torpedo. Mal sabiam eles que ali surgia um novo modelo da cobertura jornalística do STF.

Mendes mandou uma carta para a direção da publicação falando em "futrica" e "fofoca". Internamente, o Supremo acusou o baque. Em e-mail enviado à revista no dia seguinte, em 11 de agosto, Lewandowski perguntou: "Lamentável! Isso é jornalismo?!". Às 10h54 do mesmo dia, num e-mail a um amigo, usando seu endereço eletrônico da USP, onde era professor, reagiu à informação de que a revista faria uma segunda reportagem: "Mais baixarias do que estas? Acho difícil! Creio que ele quer acabar com o pouco que resta do prestígio da instituição. Não sei se um jornalista pode opinar sobre assuntos que não conhece. É o tal assassinato de reputações que os maus jornalistas praticam, ficando infelizmente impunes. Tenho sérias dúvidas se a liberdade de imprensa que a Constituição assegura é para essas coisas".

O Supremo era um cruzador num jogo de batalha naval. Uma vez atingido, tornou-se alvo fácil. "Creio que essa prática generalizada da mídia com relação aos Poderes em geral acabou por desacreditar totalmente o Legislativo (embora existam muitos parlamentares bem-intencionados e comprometidos com o interesse público) e vai liquidar também com a credibilidade do Judiciário, em especial do Supremo", escreveu Lewandowski ao mesmo amigo, na mesma época.

Logo vieram outras reportagens, algumas francamente investigativas. Anos depois, com novas ferramentas e métodos, os jornalistas começaram a escrutinar os bastidores das decisões do STF, bem como a vida pessoal dos ministros. A revista digital *Crusoé*, por exemplo, revelou depósitos mensais de 100 mil reais na conta particular do ministro Toffoli efetuados por sua mulher, Roberta Rangel, advogada tributarista conhecida em Brasília. Nunca a movimentação da conta bancária de um integrante do STF havia sido exposta. Mendes mais de uma vez foi personagem de matérias sobre patrocínios privados à faculdade particular da qual era sócio. Quando a *Folha de S.Paulo* lhe perguntou quem havia pagado uma viagem sua a Portugal, ele respondeu: "Devolva essa pergunta a seu editor, manda ele enfiar isso na bunda".

E pensar que, em 1960, quando visitou o Brasil, o presidente Eisenhower foi recebido no Supremo e quase ocorreu um incidente diplomático. A tradição no STF, desde sempre, era proibir a "transmissão radiofônica" do que lá se passava. Como dizia o ministro Edmundo Lins, na década de 1930, sobre gravações em plenário: "Não é costume. Não fica bem. Não se usa. E pronto". Pois Eisenhower iria ao tribunal e as autoridades americanas pretendiam registrar os discursos. Somente com a interferência de diplomatas o Supremo autorizou a gravação, com a ressalva de que os técnicos não ficassem presentes.

Depois do golpe de 1964, as atenções em relação ao Supremo aumentaram. Os habeas corpus impetrados por pessoas atingidas pela ditadura militar e os inquéritos contra políticos de oposição já eram suficientes para ampliar a visibilidade do tribunal. E mais: em razão das crises entre o STF e os militares, a cobertura cresceu em importância. No final da década de 1960 e início de 1970, foi reservada uma sala no prédio principal do STF destinada aos jornalistas, que de lá poderiam enviar suas matérias para as redações. Estava criado o Comitê de Imprensa do Tribunal.

Na década de 1970, o STF se esforçava para divulgar suas atividades: era ele que buscava os jornais, e não o oposto. O então presidente da Corte, Djaci Falcão, estabeleceu a diretriz "de dar maior divulgação aos fatos relacionados com as atividades do Supremo Tribunal Federal". As informações eram repassadas às redações, mas sobretudo ao programa de rádio oficial *A Voz do Brasil*. Era um prenúncio de flerte do STF com a imprensa.

Na década de 1990, as emissoras de TV foram autorizadas, pela primeira vez, a transmitir ao vivo um julgamento no STF. Não como um esforço de transparência, mas para evitar tumulto. Temia-se que uma multidão tentasse ocupar e pressionar o tribunal durante o julgamento do mandado de segurança contra o impeachment aberto no Congresso contra Collor. O então presidente do STF, Sydney Sanches, autorizou a transmissão ao vivo da sessão: "Eu não sei o que pode acontecer, mas, se eles tentarem entrar aqui e quiserem pressionar os ministros, eu vou suspender a sessão. Eu não vou fazer a sessão com vocês sob pressão. Agora, talvez seja isso que o presidente quer, ou o partido dele, ou os amigos dele, né? Agora, o povo, sabendo que vai ser transmitido pela TV, a maioria não vem, vai assistir pela TV".

Na gestão de Sepúlveda Pertence (1995-97) ocorreu uma mudança de forma e de tom. Ele foi o primeiro presidente a contratar um assessor para cuidar especificamente da relação do Supremo com a imprensa — o jornalista Irineu Tamanini. Antes dele, Ézio Pires — que fora funcionário do Supremo no Rio de Janeiro e havia se transferido com a Corte para Brasília — atuava mais como um contínuo, enviando as decisões do tribunal às redações. A partir de Pertence, as entrevistas do presidente do Supremo para a grande mídia, inclusive para programas de TV, como os de Marília Gabriela e Jô Soares, tornaram-se corriqueiras.

Foi uma mudança de paradigma: o Supremo passou a conversar mais com a sociedade por meio da imprensa. "O que me incomodava era o Supremo apanhar e ficar calado", explicou o ministro mais de vinte anos depois. Havia uma especificidade nas relações internas: Pertence falava pelo tribunal. Em determinados casos, consultava alguns ministros sobre o que diria. Noutros, quando queria emitir opinião pessoal, deixava claro que se tratava de posição própria, e não do Supremo. Existiam, porém, alguns limites impostos pela institucionalidade: "Eu não deixei ele falar para o Amaury Júnior e nem ir para a Ilha de Caras", lembra o assessor Tamanini.

Em 2000, o STF passou a publicar em seu site notícias sobre os julgamentos do dia, permitindo que rádios e jornais sem correspondentes em Brasília também divulgassem as decisões da Corte. Até então, apenas a grande imprensa — *O Globo, O Estado de S. Paulo, Folha de S.Paulo, Jornal do Brasil*, TV Globo — mantinha repórteres no Supremo para acompanhar as sessões e noticiar as deliberações.

Em 2002, no dia 11 de agosto, entrou no ar a TV Justiça. A data é duplamente simbólica: comemora-se a criação dos cursos jurídicos no Brasil (é feriado para a Justiça) e é o dia de santa Clara, a padroeira da televisão. O então presidente do Supremo,

Marco Aurélio Mello, enfrentou resistências internas, com ameaças de motim. Se a emissora entrasse no ar, alguns ministros afirmaram que se reuniriam em sessão administrativa e, por maioria, proibiriam a transmissão de sessões plenárias. "No colegiado, houve resistência que atribuo ao vezo de rejeitar-se o novo, sem reflexão, ao misoneísmo — aversão ao que é novo, sem uma justificativa socialmente aceitável", ele disse. Como presidente, sabia que perderia caso submetesse aos colegas a ideia de criação da TV Justiça. A lei que criou o canal foi aprovada pelo Congresso a partir da iniciativa do deputado Chiquinho Feitosa, irmão da assessora de Marco Aurélio e mais tarde mulher de Gilmar Mendes, Guiomar Feitosa.

As sessões plenárias, contudo, não foram transmitidas ao vivo de imediato. Os debates eram gravados e iam ao ar posteriormente. Se, na discussão de algum processo mais tormentoso, houvesse algum entrevero entre os ministros, os técnicos cortavam o trecho e a sessão era editada. Quem trabalhava em TV na época comparava as transmissões ao roteiro do filme *Cinema Paradiso*. O padre Adelfio, interpretado pelo ator italiano Leopoldo Trieste, cuidava para que as cenas de beijo fossem censuradas, provocando saltos na projeção. Assim eram as sessões do Supremo.

Até que um dia, em 2003, houve uma discussão forte entre os ministros Moreira Alves e Maurício Corrêa. O STF julgava o caso de Siegfried Ellwanger, que publicou livros considerados antissemitas e foi condenado pelo Tribunal de Justiça do Rio Grande do Sul por crime de racismo. No recorte da sessão, as críticas enfáticas de Moreira Alves a Maurício Corrêa foram ao ar, mas a resposta igualmente contundente de Corrêa ficou de fora. Como presidente do Supremo, Corrêa quis saber por que sua manifestação fora retirada do vídeo e determinou ao secretário de Comunicação do Supremo que, a partir daquele momento, as sessões entrariam ao vivo. Afinal, que autoridade tinha um jornalista da TV Justiça para editar um ministro do Supremo?

A partir daí as sessões do STF passaram a ser transmitidas ao vivo e tudo mudou — ou, no mínimo, começou a mudar cada vez mais rápido. Dos grandes julgamentos aos bate-bocas, dos votos às estratégias de plenário, da jurisprudência consolidada às decisões conjunturais, o Supremo vem sendo acompanhado pela TV, pelo rádio e pela internet, ao vivo, ao alcance de qualquer cidadão. E, como em todo seriado, tal exposição produziu bandidos e mocinhos, protagonistas e antagonistas que trocam de papel ao sabor do humor da audiência. Mais poderosos e célebres do que nunca, os ministros também se tornaram vidraças, alvos do necessário escrutínio da mídia, do público. E nem todos reagiriam usando a imprensa de Tatuí.

4. Supremo devassado

Em maio de 2017, a revista *Veja* publicou uma coluna assinada por José Roberto Guzzo, jornalista com passagem pelos comandos da própria semanal e da revista de economia *Exame*, ambas do grupo Abril. Com o nome "Gilmar e Guiomar", o breve artigo era ferino. Chamava Mendes de fotografia ambulante do subdesenvolvimento brasileiro e atribuía a decisão pela soltura do empresário Eike Batista ao fato de o escritório em que trabalhava a mulher do ministro atuar na defesa do então bilionário.

A resposta, em tons intimidadores, tornou público o fato de que o ministro tinha contato direto com a chefia do semanário — embora outros ministros também mantenham canal direto com as cozinhas dos jornais, Mendes faz uso deles como ninguém:

De: <MGilmar@stf.jus.br>
Data: 16 de maio de 2017 22:11:06 GMT+1
Para: <guzzo@abril.com.br>
Cc: ANDRÉ PETRY <apetry@abril.com.br>

Caro GUZZO. Somente hoje tive tempo de sentar, aqui em St. Petersburg, para fazer duas linhas sobre seu artigo da semana retrasada. Devo-lhe confessar que, ao ler o seu artigo, fiquei com a impressão de que havia sido escrito por um irresponsável ou por um bêbado. Como dizer, desde logo, como você o faz, de que está opinando sobre algo que não conhece? Como explicar tal insânia por parte de um jornalista experimentado? Sobre o tema do subdesenvolvimento. Você diz que represento o brasil subdesenvolvido. O que dizer de você? Ao contrário do que você escreveu, estou certo de que estou contribuindo e muito para o nosso processo civilizatório. Eu não matei, não roubei, ganhei dinheiro com trabalho lícito e aceitei enfrentar toda sorte de desafios para evitar desvios daquilo que entendo ser paradigma do estado de direito. Você diz que eu represento o atraso. O que dizer de você, GUZZO, que aparece nos PANAMA PAPERS sem qualquer explicação? Por que você mandou dinheiro para o exterior de forma irregular? Qual a razão? O que você vendeu? Terrenos, casas? Ou artigos e reportagens? Por que escondeu dinheiro nos PANAMA PAPERS? Como jornalista, você exerce função de caráter público e deve explicação. As pessoas precisam saber que as informações que você veicula não são vendidas nem compradas. Quem é o subdesenvolvido na relação, GUZZO? GUZZO, eu, representante do Brasil atrasado, tenho um apartamento em Lisboa, comprado em 2016. Mandei o dinheiro pelo BANCO DO BRASIL e coloquei tudo no imposto de renda. Nada tenho que esconder. Mas, você, representante do Brasil evoluído, tem conta em Offshore, que não está registrada na Receita Federal. Que coisa notável, GUZZO? Que coragem? O que você pretendeu com a acusação, sem fundamento, em relação a mim, tendo uma vida, vamos dizer assim, tão obscura? Solidariedade do Ministério Público em relação aos seus malfeitos? Seja lá o que for que você tenha pensado, GUZZO, você errou gravemente. Quem deve explicação é você! Explique logo por que você mandou dinheiro para o exterior de forma sub-reptícia? Quais as fontes desses recursos? Do contrário, não podemos sequer ter um pé de prosa. Acho que a *Veja* deveria exigir essa explicação. Como vocês cobram conduta alheia e não praticam a exigência em casa? Que mais posso lhe dizer diante de um quadro de desinformação, de desestruturação e de aparente inimputabilidade? P.S. Reservo-me o direito de dar ampla divulgação à presente comunicação.

A menção ao Panama Papers era algo do baú de maldades de Mendes, que tinha contatos em todas as principais redações do país. E mapeava o perfil de cada jornalista relevante. Publicada em abril de 2016, pelo Consórcio Internacional de Jornalistas Investigativos (ICIJ), a série Panama Papers trouxe à luz documentos confidenciais vazados de um escritório de advocacia panamenho especializado na montagem de offshores em paraísos fiscais. Entre os brasileiros, segundo revelado pelo jornalista Fernando Rodrigues, que em parceria com o jornal *O Estado de S. Paulo* e a RedeTV! capitaneou a divulgação do dossiê, Guzzo aparecia como beneficiário final da offshore panamenha Henshall Group S.A.

Gilmar Mendes também se reservaria o direito de divulgar à imprensa a reação a um comentário do jornalista Augusto Nunes na rádio Jovem Pan. Dizia o jornalista que o clima no tribunal durante o mandato de Cármen Lúcia não era dos melhores. Pelo contrário. E relatava uma cena que teria testemunhado. "O Gilmar Mendes, ele é ou temido, ou detestado por todos os outros ministros. E ontem ele cruzou com o ministro Luiz Fux e disse: 'Olha, eu queria conversar com você'. E a resposta foi: 'Se você me ofender, eu te meto a mão na cara.'" O ministro reagiu em mensagem enviada diretamente a ele no WhatsApp: "Augusto, vc tem consciência do que disse [?]. O Fux me ameaçar? Augusto, vc tah abusando da cocaína: se cheirar, não grave, não fale, não escreva. Mas, no STF, eu defendo a descriminalização do consumo... Assim vc não será preso. Augusto, vou comunicar os seus empregadores de que vc anda me atacando sob o uso de cocaína". O ministro cumpriu a promessa e enviou também uma mensagem de WhatsApp para o dono da emissora de rádio, Antônio Augusto do Amaral Filho, a quem chama pelo apelido. "Tutinha, vc viu a informação divulgada pelo Augusto Nunes. Ele parece estar abusando da cocaína."

Esse era o modo "panzer", dizia-se no STF. Uma blague com a formação acadêmica do ministro, que se doutorou na Alemanha, onde buscou inspiração para influenciar a regulação do controle de constitucionalidade no Brasil, maximizando os poderes do Supremo e criando um instrumento para avaliar a compatibilidade de normas pré-constitucionais com a nova Constituição — a ADPF.

Apesar de uma proximidade cultural recente com autores dos Estados Unidos, o chassi do Supremo era alemão. E Mendes foi o engenheiro que juntou as peças para fazer operar o Supremo atual. Mas isso não quer dizer que tenha sido um bom piloto.

Mais do que o americano, o modelo alemão flexibilizou os limites entre os Poderes. O resultado: a Corte constitucional alemã é menos contida do que a americana ao enfrentar temas relativos a políticas implementadas por outros Poderes.

"Não haveria um Barroso (e qualquer outro do STF) sem um Gilmar", avaliou um assessor do Supremo que conheceu de perto os dois ministros. A explicação estava na "porra toda", como o próprio ministro se referia às leis que regem as ações de controle concentrado, aquelas que uma vez decididas pelo STF valem para todo mundo passam a ser de observação obrigatória.

Mas Mendes foi deslocado das páginas dos jornais para se tornar um campeão de memes na internet — como a foto do ministro montada sobre uma caixa fake de remédios apelidada "Gilmar Impunemax 171 mg — Laxante". Uma referência debochada aos habeas corpus concedidos pelo ministro em favor de réus de diferentes operações da Polícia Federal, vistos como sinal de impunidade.

Em setembro de 2017, de acordo com pesquisa do Instituto Paraná Pesquisas, divulgada pelo site de *Veja*, 84% dos brasileiros discordavam do comportamento do ministro no tribunal. A aprovação da arquibancada não é um critério de avaliação para nenhum juiz. Mas a mensagem era clara: Mendes era uma celebridade "odiada".

O fato de nomes e rostos de ministros do STF serem conhecidos da população é bastante recente. No início dos anos 1960, o ministro Álvaro Ribeiro da Costa, morando num apartamento funcional na 206 Sul, socorreu uma vizinha que tivera um problema com o aquecedor de água do banheiro. Solícito, em roupas de fim de semana, consertou o aparelho. Agradecida, a vizinha, confundindo-o com o zelador, quis remunerá-lo com uma gorjeta.

Era raro um integrante do tribunal aparecer na mídia. Em janeiro de 1960, em meio aos embates internos sobre a mudança do STF para Brasília, o ministro Nelson Hungria queixou-se de que o colega Luís Gallotti teria passado ao jornal *Correio da Manhã* uma nota em que era criticado.

"O *Correio da Manhã* de hoje, em noticiário e nota, esta profundamente insultuosa à minha pessoa e aquele, ao que parece, inspirado pelo sr. ministro Luís Gallotti, que é assíduo informante desse jornal…" "Quem é informante do *Correio da Manhã*?", retrucou Gallotti. "Foi v. ex.ª ainda o informante que provocou recente notícia do *Correio da Manhã*, no sentido de que o Supremo Tribunal se indignara com a minha suposta leviandade, ao dar entrevistas sobre Brasília, antes de me entender com os ministros desta Casa, como se eu tivesse ido a Brasília em missão secreta ou em serviços de espionagem", retrucou Hungria. Os tempos eram outros.

No Supremo de hoje, ministros buscam sobretudo as colunas de notas ou a influência de articulistas para promover avanços estratégicos contra os adversários. E todos sabem quem informa quem na imprensa. As exceções são raras. Nesse novo sistema, alguns dos ministros passaram a contratar assessores de imprensa com recursos do próprio bolso, caso de Fachin ao herdar a relatoria da Lava Jato. Outros contavam — e contam — com a ajuda de amigos pessoais, caso de Joaquim Barbosa, que durante o julgamento do mensalão recebia de um jornalista renomado, cuja identidade é mantida em reserva a seu pedido, recomendações pelo celular de como agir diante do comportamento de Lewandowski. Algumas das sugestões para "não entrar na pilha do Lewandowski", como dizia esse jornalista, foram notoriamente ignoradas por Barbosa.

Os ministros podiam ser assessorados pela equipe de comunicação social do Supremo, mas alguns deles — sobretudo no passado — não confiavam seus problemas a alguém que devia fidelidade, antes de mais nada, ao presidente da Corte que o contratou. Assim recorriam a gente de fora do STF. Além disso, se o Supremo vive momento de conflagração interna, cada um precisa ter seu exército para fazer frente às investidas de um colega.

Em maio de 2017, quando caminhava contra a corrente narrativa que dominava os principais meios de comunicação e passava a contestar com mais contundência os acordos de delação premiada fechados pela força-tarefa da Lava Jato e a defender o governo Michel Temer, Mendes abriu-se para os comentários destrutivos de seus mais de 60 mil seguidores à época. "Ministro faz doações a hospitais", era a frase lançada na rede por Gilmar Mendes com o link para uma matéria que relatava ter ele doado o dinheiro recebido de uma ação movida contra o jornalista Paulo Henrique Amorim para hospitais do Mato Grosso. Os comentários — 412 no total e no mesmo tom — vieram logo: "Você é bandido", acusou um; "O senhor é uma vergonha pro nosso país", disse outro; "Vc podia era mudar para Portugal de vez", sugeriu uma terceira; "Você deveria parar de soltar esses corruptos", disparou outro.

Alexandre de Moraes, que fora promotor, secretário de Segurança de São Paulo e ministro da Justiça do governo Temer, usava com mais comedimento as redes e o diálogo com seus mais de 20 mil seguidores — foram 64 mensagens de agosto de 2017 a dezembro de 2018 contra 459 tuítes de Mendes desde maio de 2017 a dezembro do ano seguinte. Nas mensagens, falava de combate à corrupção, segurança pública e do resultado de alguns julgamentos do tribunal. Uma pauta mais afinada com a maioria da opinião pública, o que lhe rendia uma interação maior com os leitores, mas igualmente destrutiva.

Ao contrário de Mendes, ele se dispunha a retrucar os comentários negativos e, com isso, entrava numa espiral. "Vocês concordam com o glamour do tráfico de drogas, banhado a sangue, contra o trabalho sério do povo brasileiro?", questionou no momento em que a TV Globo exibia uma novela centrada na vida da mulher de um traficante. Foram 1100 comentários e 2100 curtidas. "Você concorda com a generalização de roubo desse governo corrupto [Temer] e repugnante? Esquece a novela e vai trabalhar", disse um dos seguidores; "E o STF corrompido??? Deixa o tráfico de drogas no chinelo", falou outra; "Próxima novela vamos ver a glamourização da política corrupta, participação especial STF", atacou mais um. "Hipocrisia pura da sua parte. Mas é o ditado: uma vez tucano, sempre tucano", escreveu um seguidor que assinava Lula da Silva, mas hoje se identifica como Erick. "Isso significa que apoia o tráfico de drogas e as milhares de mortes?", retrucou o ministro.

Mendes, há tanto tempo no tribunal, apostava no movimento das marés: no primeiro momento, a crítica, os ataques; depois, quando a pauta muda, os elogios. "No momento a rede é uma permanente festa de doidos da Idade Média. Vai continuar assim? Não sei. Se continuar, boa viagem", ele explicou. "Há um grupo que se informa e talvez se distancie do xingatório. Temos de aguardar. Esperar, não superestimar nem menosprezar."

A abertura do tribunal, seu protagonismo e sua ingerência em temas de alta voltagem política e social, deixaram-no mais propenso às críticas — mais numerosas e mais contundentes na imprensa e fora dela. Ministros passaram a ser abordados na rua de forma agressiva. Gilmar Mendes foi perseguido em Portugal, Lewandowski foi criticado dentro de um avião (o ministro, por sinal, às vezes pedia para sua segurança entrar na aeronave antes de todo mundo para não enfrentar os revoltados, até que um dia chamou a PF); Eros Grau, ministro já aposentado, foi abordado no aeroporto em razão de seu voto pela aplicação irrestrita da Lei de Anistia.

"Isso nunca aconteceu comigo", diria Moreira Alves. Em seu tempo de Supremo, as pessoas nem sequer o reconheciam, mesmo sendo a principal estrela daquela composição do STF, e ninguém se atreveria a tratar um ministro da Suprema Corte daquela forma. Nada parecido com o que ocorreu em certo final de semana, quando a segurança do shopping Iguatemi de São Paulo foi acionada para acudir um senhor que era cercado por duas dezenas de pessoas à porta da Livraria Cultura. O senhor, cabeça calva e branca, estava sentado no carrinho para pessoas com dificuldade de locomoção. Quando a segurança chegou, percebeu que Celso de Mello não precisava de ajuda. Não estava sendo atacado ou criticado, como ocorreu com outros integrantes da Corte. Ele, que já havia concedido uma entrevista na praça de alimentação do mesmo shopping para uma curiosa (ela não era jornalista), conversava com alguns passantes que perguntavam sobre o funcionamento do STF.

Gilmar Mendes gasta parcela do seu dia a dia no relacionamento com a imprensa. No Supremo, ninguém fala tanto com jornalistas nem conversa tanto com as cozinhas dos grandes jornais. Essa disposição o coloca em vantagem competitiva diante dos rivais. Alguns dos colegas lhe atribuem as críticas assinadas por grandes jornalistas em veículos de destaque. De novo, ministros que não entendem a lógica da imprensa e não percebem que o que está em curso é uma disputa de narrativas. Falar apenas nos autos, como se esperaria de um juiz tradicional, pode ser estratégico, mas igualmente desastroso.

Barroso percebeu isso com o tempo. Quando advogava, usava sua clareza argumentativa para debater a opinião pública em prol das teses que defendia. No Supremo, indicado por Dilma, assistiu a Mendes operar sua máquina de comunicação contra ele. E passou a ver fantasmas e a atribuir ao colega de bancada as críticas aos seus votos.

Em 2015, Barroso negou uma liminar pedida por uma senadora do PMDB — Rose de Freitas — contra a apreciação, pela Câmara dos Deputados, dirigida por Eduardo Cunha, dos projetos que aprovavam as contas presidenciais do período de setembro a dezembro de 1992 e dos exercícios de 2002, 2006 e 2008. A controvérsia já fazia parte do caldo que ferveria com o impeachment de Dilma Rousseff. Apesar de não conceder a liminar, o ministro deixou uma recomendação — disse que era apenas uma opinião — para que as contas fossem votadas em sessão conjunta e não em sessões separadas da Câmara e do Senado.

A presidência da Câmara recorreu e, quando o assunto chegou ao plenário, a decisão de Barroso foi mantida, mas a recomendação não foi referendada. E foi expressamente atacada por Gilmar Mendes: se Barroso quisesse opinar, que escrevesse um livro. A *Folha de S.Paulo* destacou que a recomendação não foi aprovada. Barroso não gostou. Ao ver o título da matéria no Uol, portal que integra o mesmo grupo econômico que edita a *Folha* — Barroso dá mais valor a uma manchete do portal do que a uma manchete de um dos grandes jornais —, ele pegou o elevador, foi ao segundo andar do prédio principal do STF, empurrou a porta do Comitê de Imprensa e, ainda vestindo a toga, disparou contra o jornalista da *Folha*: "Sua manchete foi plantada pelo Gilmar Mendes".

Barroso percebeu que ocupar a arena pública era fundamental. E passou a falar mais — em palestras, entrevistas e conversas reservadas. O ministro, que, quando chegou ao Supremo, recebeu um cartão de um dos Marinho e pensou ser imprópria uma conversa reservada, passaria a conversar mais abertamente com as empresas e suas direções.

Ricardo Lewandowski tem comportamento distinto, algo mais parecido com a velha guarda dos tempos de Moreira Alves. Oscila entre atender a imprensa e ignorá-la. Nutre certa admiração — talvez uma gota de inveja — pelo recato absoluto que cultivava Cezar Peluso. O colega não dava a menor bola para as críticas, não perdia um minuto de sono com uma manchete de jornal. E ainda se divertia com a fama. Em viagem à Costa do Sauípe — para assistir a um jogo de tênis de Gustavo Kuerten —, foi à noite curtir um show do grupo Fundo de Quintal. Um dos músicos, reconhecendo-o, perguntou: "O senhor é ministro do Supremo, não é?". Peluso confirmou a identidade. O músico pediu para sentar-se à mesa com ele e confidenciou: "Eu assisto à TV Justiça de madrugada". Aproveitava-se desses momentos para compor seus sambas. Os dois voltariam a se encontrar na cerimônia de entrega do Troféu Raça Negra. O cantor, ao microfone, disse a Peluso: "Ministro, eu continuo assistindo à TV Justiça". "E eu continuo ouvindo o Fundo de Quintal", ouviu em contrapartida.

Mas, a despeito do bom humor, o ministro Peluso integrava o grupo dos críticos ao trabalho da imprensa em geral na cobertura do STF. Dizia faltar base técnica para os repórteres e afirmava que alguns pareciam ver no Supremo a figura paterna — ao escrever sobre o tribunal, ele dizia, tentam resolver suas mágoas. Para ele, jornalistas que desconheciam jurisprudência e o STF deveriam ter mais pudor em criticar o Supremo. Ele, assim como outros ministros, como o falecido Meneses Direito, ainda operavam na lógica antiga de achar que seu público era apenas de advogados, procuradores, promotores e juízes. A crítica ao Supremo ganhou as ruas, atinge os ministros em aeroportos, aviões, shopping centers, restaurantes, dentro e fora do país. Muitos desses episódios foram gravados por câmeras de celular e amplamente divulgados pelas redes sociais.

Quando na Presidência do STF, Lewandowski, ao contrário de Peluso, sofria as dores de ser um homem público. Não sabia como se movimentar, ou não estava disposto ou bem assessorado para isso. Durante o julgamento do mensalão, sobretudo, abria os jornais e procurava referências a seu nome. Se não achava nada, ficava aliviado. Se encontrava e se sentia injustiçado, sua convicção era reforçada: no futuro, depois de se aposentar, assinaria apenas *The Economist* ou *Financial Times*. Enquanto não restringia a leitura aos títulos internacionais, dava mesmo preferência às páginas de blogs ligados à esquerda, aos governos Lula e Dilma, como Óleo do Diabo e O Cafezinho, escritos pelo jornalista Miguel do Rosário. Mas esse era o Lewandowski que afirmava categoricamente que abandonaria o Supremo assim que deixasse a Presidência do tribunal, plano que não cumpriu.

Os ministros se adaptavam ao novo meio. Não sem idas e vindas. O tribunal oscilava entre maior e menor exposição, a depender de quem comandava a Casa. Com o poder de pauta nas mãos, o presidente podia temperar a presença do tribunal na mídia. Nelson Jobim e Gilmar Mendes foram mais expansivos; Ellen Gracie e Cezar Peluso, mais contidos. Com a monocratização excessiva do STF, esse poder de comandar o equalizador do Supremo — mesmo ainda forte — passou a ser mitigado e compartido entre outros atores. Partidos políticos, em especial os de oposição, convocam o tribunal a interferir na vida política quando judicializam as disputas congressuais. O recurso ao STF contra a maioria governista põe a Corte naturalmente na vitrine, distribuindo entre os ministros os equipamentos disponíveis para a dosagem de sua visibilidade: basta uma decisão isolada de um para que o STF seja tirado da discrição e ganhe as manchetes dos jornais.

A competência criminal da Corte também faz com que ela seja pautada pela Procuradoria-Geral da República, movimento que se tornou mais comum com a progressiva independência e autonomia dos órgãos de controle e aplicação da lei a partir da Constituição de 1988. Foi a Constituição que atribuiu ao MP a "defesa da ordem jurídica, do regime democrático e dos interesses sociais e individuais indisponíveis". E deu estabilidade ao PGR, antes livremente nomeado e passível de demissão pelo presidente da República.

A Lava Jato e o mensalão são frutos dessa tendência de reforço à agenda criminal do MP, combinada com a crise no presidencialismo de coalizão, com a pulverização e o enfraquecimento dos partidos políticos e as denúncias de corrupção que atingem as legendas — dificultando cada vez mais que o presidente mantenha sua base de sustentação parlamentar. O procurador-geral da República, nesse cenário, mantém a espada sobre a cabeça de políticos envolvidos em esquemas ilegais.

Por tudo isso, o movimento pendular de avanço e recolhimento que havia no passado já não se repete hoje. O tribunal de ontem era mais estratégico em seus passos que nos dias atuais. Hoje o Supremo está permanentemente exposto e se expondo.

Mesmo ministros mais discretos, como Rosa Weber, sabem da própria capacidade para influir no debate público. Desde que ocupou uma das cadeiras do STF, a ministra não concedeu uma entrevista sequer. Mas, na cerimônia de diplomação de Jair Bolsonaro como presidente da República, usou seu discurso para falar diretamente à sociedade. "Democracia não se resume a escolhas periódicas, por voto secreto e livre, de governantes. Democracia é, também, exercício constante de diálogo e de tolerância, de mútua compreensão das diferenças, de sopesamento pacífico de ideias distintas, até mesmo antagônicas, sem que a vontade da maioria, cuja legitimidade não se contesta, busque suprimir ou abafar a opinião dos grupos minoritários, muito menos tolher ou comprometer-lhes os direitos constitucionalmente assegurados", disse.

Teori Zavascki, que buscava a invisibilidade, combinou a discrição à necessária prestação de contas à sociedade. E apelou à imprensa sempre que precisou. Quando o então juiz federal Sergio Moro divulgou a gravação de conversas telefônicas entre a presidente Dilma Rousseff e o ex-presidente Lula, Zavascki determinou que as investigações fossem todas remetidas ao Supremo. A reação à decisão do ministro do Supremo foi barulhenta. O ministro decidiu falar à TV Globo para explicar seu despacho e conter as críticas.

Este é um cenário consolidado. Não basta julgar, os ministros precisam se comunicar — com as partes e com o público externo. é necessário que os votos sejam compreendidos e apreendidos também por quem não conhece a matéria. Ayres Britto valeu-se de metáforas para se comunicar com o público externo e convencer a clientela interna. "Isso está me parecendo um salto triplo carpado hermenêutico", ele disparou contra Cezar Peluso no julgamento da Lei da Ficha Limpa, quando o ministro, derrotado no mérito, julgava inconstitucional a integralidade da legislação por um alegado vício na tramitação do projeto no Congresso —

algo que não fora contestado pelas partes e, portanto, deveria ficar de fora do julgamento.

O plenário, lotado, dada a importância da questão, foi tomado por uma gargalhada. Os ministros favoráveis à constitucionalidade da lei, como Lewandowski, sorriram, sabendo do impacto da expressão. Peluso reagiu: "A observação é muito interessante do ponto de vista publicitário, mas do ponto de vista jurídico vossa excelência sabe que isso não diz nada, não diz coisa nenhuma!". Mas o estrago estava feito. Não era preciso ter conhecimentos sobre questões legais para entender o que Britto dizia: Peluso estava virando a mesa. Britto diria depois ter se arrependido do golpe, mas seus assessores sabiam que o ministro enxertava em seus votos frases de fácil compreensão, quase slogans publicitários — era uma estratégia argumentativa e ele estava ciente de que os telespectadores o entenderiam. Fachin foi outro que teve de fazer concessões a seu dialeto e estilo de votar. Para que o "fachinês", como se apelidou seu linguajar, tamanhas a tortuosidade e complexidade, fosse inteligível, ao final de seus votos ele passou a colocar um pequeno resumo, um fichamento em linguagem acessível, para facilitar a compreensão.

Certa feita, durante a presidência de Nelson Jobim (2004-6), Britto se estendia na leitura de seu voto em plenário quando recebeu uma mensagem no sistema interno. Jobim pedia para ele resumir sua manifestação, a fim de que o julgamento fosse acelerado. A resposta foi: "Estamos sendo assistidos". Falar com "as pessoas que estão nos assistindo", como disse Fux certa vez durante a sessão, passou a ser corriqueiro para alguns juízes. Anos depois, ao se tornar presidente, Britto se serviu das câmeras da TV Justiça para garantir a aprovação da proposta de publicar no site do STF a folha de pagamento de todo o tribunal. A sessão administrativa do Supremo é fechada às câmeras. Os repórteres podem acompanhá-la, mas é vedado o registro de imagens. Britto abriu a sessão para que fosse filmada. "Se não fosse essa exposição, o resultado seria diferente", ele disse depois.

Para além dos autos, os ministros passaram a falar — mais desabridamente — fora do processo. Concedem entrevistas, proferem palestras em que discorrem sobre o STF e processos que haverão de julgar, comentam a situação política do país. Alguns argumentam que é preciso dar satisfação à sociedade. Outros dizem que são instigados e respondem a uma demanda crescente da opinião pública por transparência. Mas as justificativas não anulam os efeitos colaterais de tanta exposição nem escondem as estratégias de disputa por narrativa estabelecidas no tribunal. Não é algo inédito, mas a frequência e o tom dos confrontos veiculados pelos jornais são novidade.

A imprensa elevou um pouco o tom, apesar de ainda manter a acidez abaixo das censuras ao Legislativo e ao Executivo. E não é nada se comparada à selva da internet. Alguns ministros custam a compreender a lógica de que podem permanecer em silêncio, ou tudo o que disserem ou fizerem poderá ser usado contra eles.

Alguns trilharam o caminho de Mendes. Mas se este é onívoro ao lidar com a mídia, outros trabalham sua aldeia na esperança vã de que relações pessoais possam reforçar seus sistemas de defesa contra críticas. Fux passou a se corresponder, às vezes por e-mail, com o poderoso jornalista Ali Kamel, diretor de jornalismo da TV Globo. Ao se despedir, um tratamento que sobrava:

Abraços Fraternos
Amigo Fux

Kamel, antes da TV Globo, fora responsável, como descreve o site dedicado à memória do grupo, pela criação pioneira do Painel dos Leitores de *O Globo*, seção do jornal que até hoje publica opiniões dos leitores. Foi nessa seção de cartas que Fux percebeu que havia alguém lá fora.

5. Lava Jato — Sob nova direção

Na manhã do dia 2 de fevereiro de 2017 Cármen Lúcia rezava dentro de seu gabinete, abraçada a uma imagem do Menino Jesus de Praga e vigiada por outra, de Nossa Senhora Aparecida. As persianas, que por vezes eram levantadas para deixar ver a praça dos Três Poderes, devassando o cômodo às câmeras de TV e exibindo a ministra em momentos de crise, estavam baixadas. Apenas dois servidores acompanhavam a presidente: Edmundo Veras, para garantir o funcionamento do sistema de informática; Patrícia Martins, para manusear o computador e incluir no sistema de distribuição de processos as informações necessárias para, depois, com apenas um clique, sortear o novo relator dos inquéritos e ações contra o presidente da República, ministros de Estado, deputados e senadores investigados pela Operação Lava Jato.

Com a morte de Zavascki a Lava Jato mudaria de mãos. Quando o nome surgiu na tela, Cármen Lúcia disse tão somente: "Podia ser pior". A avaliação embutia um cálculo político, como tudo no tribunal. A designação de Fachin como novo relator podia até despertar suspeitas de manipulação. Segundo o raciocínio de Cármen Lúcia, porém, seria mais fácil rebater a versão de que o sistema do Supremo era viciado do que refutar os comentários de que a operação estaria comprometida se caísse nas mãos de Gilmar Mendes ou Ricardo Lewandowski, ambos críticos dos procedimentos adotados pelo Ministério Público; ou de Dias Toffoli, que a opinião ainda via como um magistrado umbilicalmente ligado ao PT. "Sim, podia ser pior", ela repetiu, com alívio, aos integrantes do gabinete que na sala contígua à Presidência esperavam ansiosos pelo resultado.

Na década de 1990, o sorteio de cada processo no STF era feito com um pequeno globo e bolinhas, como se os ministros participassem de um permanente jogo de bingo. O sistema foi informatizado para adequar a Corte aos novos tempos e ao cada vez maior número de ações — em 2017, o Supremo distribuiu, em média, 224 processos por dia aos gabinetes dos ministros. O software, desenvolvido pela equipe de Tecnologia da Informação do tribunal, utiliza um algoritmo, ou seja, uma sequência previamente definida de comandos, para estipular a qual gabinete será encaminhado cada processo. Com alguns cliques de mouse e um *enter*, o processo é inserido no sistema e sorteado.

A impessoalidade dos códigos não tornou o tribunal imune a desconfianças sobre o possível direcionamento de processos. Afinal, todo sistema pode conter falhas e não dispensa o fator humano. O programa do STF tinha problemas graves, deixando brechas que permitiam a qualquer cidadão ter acesso a decisões que, por segurança, deveriam ser mantidas sob estrito sigilo, como mandados de busca e apreensão ainda a cumprir. Nenhum desses erros eventuais, contudo, se relacionava à distribuição. Mesmo assim, muitos cismavam que, para processos sensíveis, os relatores pareciam pinçados — e não sorteados. Por quem? A resposta era sempre o silêncio, um franzir de cenho e uma inclinação de cabeça. Foi nesse clima de suspeitas, dentro e fora do tribunal, que foi sorteada a relatoria da Lava Jato.

Uma área específica do tribunal, a Secretaria Judiciária, coração administrativo do Supremo, é responsável por receber os processos e inserir as informações no sistema, isentando da distribuição apenas os ministros que se declararam suspeitos para julgar causas de determinada banca ou de determinada empresa, por exemplo, e o presidente, que o regimento exclui da distribuição de processos em virtude de suas atribuições administrativas e institucionais.

O percurso que os processos seguem, contudo, é variável, pois há outros fatores que interferem nessa absoluta aleatoriedade. O principal deles é a necessidade de compensar ministros sobrecarregados caso uma vaga demore a ser preenchida.

Quando se nomeia um novo ministro, o sistema é calibrado para direcionar a ele mais ações que aos demais, até que se atinja o reequilíbrio dos gabinetes e ninguém fique mais assoberbado que o colega. Esse período de compensação pode variar conforme determinação do próprio tribunal, sendo mais curto ou mais longo, a depender também do tempo que a vaga ficou aberta. Cada ministro tem em tese 10% de chance de ser sorteado relator de um processo — pois os processos são divididos sempre entre dez ministros. Pela compensação, no entanto, o ministro mais novo pode ampliar suas chances para 20% — e não mais que isso, pois uma trava no sistema estabelece esse teto, justamente para evitar direcionamentos. Mas a redistribuição de um processo na Turma igualava a todos. Em 2018, Cármen Lúcia lançou um edital público chamando a academia para auditar o sistema. Uma equipe da Universidade de Brasília (UNB) produziu um laudo que afastou qualquer possibilidade de manipulação da distribuição.

No sorteio da Lava Jato, houve apenas cinco candidatos, todos da Segunda Turma. Cada um com 20% de chance de ser escolhido. Ou seja, nesse caso a trava do sistema impediria compensações. Ninguém, portanto, tinha mais ou menos chance de ser sorteado. A probabilidade de a Lava Jato parar no colo de Mendes, Fachin, Celso de Mello, Toffoli ou Lewandowski seria a mesma. No momento em que o algoritmo foi acionado, foi o nome de Fachin que surgiu na tela. A Lava Jato tinha novo relator.

Nas duas semanas entre a morte do ministro Teori Zavascki e a definição de Edson Fachin como novo relator da Lava Jato, o STF foi tomado por teorias, manobras e leituras enviesadas do regimento a fim de encontrar a melhor saída para o comando dos processos. A pavimentação da solução seria interna, mas o traçado já fora decidido pela pressão externa. Cinco dos dez ministros que se encontraram no funeral de Zavascki começaram lá mesmo a discutir o roteiro da operação. Cármen Lúcia e Mendes voltaram para Brasília no mesmo avião da Força Aérea Brasileira. E, nas mais de duas horas de voo, discutiram os nomes possíveis.

O sorteio era inevitável, mas impunha riscos. Marco Aurélio estava fora de cogitação, conforme ministros e assessores do Supremo. Sua imprevisibilidade poderia ser danosa, avaliavam. Barroso não foi sequer sondado pela ministra, como ele lembraria mais tarde. Não havia dúvidas sobre o rumo que o ministro imprimiria à operação. O norte era conhecido: pró-Lava Jato. Segundo relato de assessores de ambos, a presidente o considerava "pouco discreto" para a missão. Discrição não era uma variável fundamental naquela Corte, naqueles dias. Mas, na condução da Lava Jato, operação que potencializou as chances de conflito do Judiciário com a política, falar demais era um problema. E Cármen Lúcia costumava dizer aos assessores que Barroso se encantara pela própria voz.

Mendes sugeriu que a presidente patrocinasse um jogo de cadeiras dos ministros. Na ocasião, Fachin integrava a Primeira

Turma. As ações da Lava Jato eram julgadas pela Segunda. Mendes então propôs a Cármen Lúcia que conversasse com Fachin, o convencesse a mudar de Turma e assumir a cadeira de Zavascki. Com isso herdaria os processos da Lava Jato e o sorteio seria suspenso. Para reforçar na cabeça de Cármen Lúcia a exequibilidade de sua ideia, o ministro foi conversar com Celso de Mello.

O decano era uma espécie de conselheiro de Cármen Lúcia. Se alguma dúvida a atormentava na condução do tribunal, a ministra recorria a ele. Em momentos mais críticos, empreendia uma fuga pela garagem em seu carro particular, um Chevrolet Cruze prateado 2014, como se estivesse indo para casa, mas antes de passar pela cancela da garagem fazia o retorno e estacionava na área reservada aos ministros, longe da vista de qualquer jornalista. Subia pelo elevador privativo e saía diretamente dentro do gabinete do colega.

Os dois se conheciam havia cerca de trinta anos. Ainda antes de ser ministra, Cármen Lúcia enviou a ele um exemplar de seu livro *Constituição e constitucionalidade*, com uma dedicatória carinhosa, escrita com letrinha cursiva miúda e caligrafia infantil, que quase obrigava o ministro a somar a seus óculos uma lupa: "Para o ministro Celso de Mello, com respeito e admiração. Cármen Lúcia, Belo Horizonte, 12.08.91".

Cármen Lúcia retribuía os conselhos manifestando preocupação com a saúde do colega. Sabia que o decano às vezes passava longos períodos sem comer, e enviava ao gabinete, vez por outra, algum pão de queijo caseiro. Era nessa relação de confiança e afeto que Gilmar Mendes se fiava. Se Mello se convencesse de que Fachin era a melhor saída para a Lava Jato, e de que era possível manejar o regimento para direcionar a distribuição do processo, Cármen Lúcia também se convenceria.

Mas a presidente do Supremo tinha outra ideia em mente, também heterodoxa e, na verdade, impossível, mas que indicava o barata-voa que tomou contra do tribunal naquele instante: indicar Celso de Mello como relator. E ponto-final. Cármen Lúcia revelou ao decano seu plano numa conversa ainda em janeiro. A proposta o surpreendeu. "Não faz sentido, Cármen", respondeu Mello. Designar um relator desvirtuava a necessária aleatoriedade na distribuição de processos, ia contra o regimento. Escolher relatores seria definir resultados de antemão, conforme explicou aos assessores.

Além disso, Mello sabia que a relatoria de dezenas de processos penais iria conturbar a rotina de seu gabinete — já em voo de cruzeiro àquela altura da vida. Se fosse sorteado relator, por puro acaso, ele anteciparia sua aposentadoria. Não daria conta de tocar aquele volume de casos, ainda mais porque não aceitava em seu gabinete o auxílio de juízes, ao contrário dos demais colegas que aproveitaram essa facilidade criada para o julgamento do mensalão (tempos depois, o decano acabaria admitindo juízes auxiliares).

Se designar um relator não era exequível, a transmissão de processos para um ministro que mudou de turma tampouco era permitida. "Fomos ver o regimento e vimos que não era possível", lembrou Mendes. A saída natural seria a Corte esperar que o presidente da República, Michel Temer, indicasse o novo ministro. Mas Temer e seus principais aliados políticos e ministros eram também investigados. Portanto, naquele momento, qualquer nome que viesse do presidente já chegaria empunhando a pá de coveiro da Lava Jato — alguém estrategicamente pensado para livrar a política da mira do Ministério Público Federal e da PF. Temer respeitou a dinâmica interna do tribunal e tirou da sua conta uma importante e fatal fonte de desgaste público. Esperou que o Supremo escolhesse o relator dos inquéritos e ações penais da Lava Jato para então indicar o novo ministro.

Na Corte, as negociações se intensificaram. Fachin despontou, logo depois da morte de Zavascki, como um candidato apto, mais pelos vetos que atingiam as demais "candidaturas" do que por qualidades próprias. Era um advogado civilista, professor da Universidade Federal do Paraná com declarada orientação ideológica de esquerda. Fora indicado pela presidente Dilma Rousseff para o Supremo na vaga aberta pela aposentadoria precoce do ministro Joaquim Barbosa, o relator do mensalão, primeiro pop star do Supremo.

Fachin nunca havia sido juiz. Não tinha experiência de colegiado nem vivência em Brasília. Mas, a despeito dessas lacunas, ele vestiu a toga e propôs-se a trabalhar pela colegialidade do tribunal, respeitando a ordem de antiguidade e mantendo-se recatado, como é a praxe para um recém-chegado ao STF.

Até aquele momento, Fachin não procurara atrair holofotes nem havia encampado brigas no plenário. E, um adicional importante, suas posições em relação ao direito penal ainda eram uma incógnita. Ou seja, sua eventual escolha para a missão não tendia abertamente a uma relatoria mais garantista ou punitivista. Fachin, naquele instante, era uma página em branco. Todos esses eram ativos importantes num tribunal que, na opinião de sua presidente, precisava de alguém para manter o ritmo que Zavascki imprimira à Lava Jato — mas sem instrumentalizar a relatoria para se projetar sobre os demais.

A seleção do novo relator precisava cumprir etapas prévias. Primeiro, um ministro da Primeira Turma — composta por Marco Aurélio Mello, Luiz Fux, Rosa Weber, Luís Roberto Barroso e Edson Fachin — deveria manifestar sua intenção de migrar para a Segunda: como Zavascki compunha a Segunda Turma, o inquérito necessariamente seria sorteado entre os juízes daquele colegiado. Por ordem de antiguidade, Marco Aurélio tinha precedência nessa escolha, seguido por Fux, Weber, Barroso e, finalmente, Fachin.

Barroso não foi procurado por Cármen Lúcia. Fachin tampouco, mas, ao contrário do colega, não esperou ser convocado.

Conversou com os assessores sobre sua ideia. Por que assumir um abacaxi penal daqueles, se o ministro queria se consolidar como constitucionalista? Por que um professor de direito civil assumiria a condução da maior investigação criminal da história do país? Escalar sua vida no Supremo em cima de um processo criminal seria fundar alicerces sobre o pântano, "construir uma carreira em cima da destruição", ponderaram os consultados. Mas nenhuma das objeções o demoliu: ele queria relatar a Lava Jato. A relatoria significa um upgrade de imagem, uma reserva de capital que ele usaria mais adiante.

Sem consultar os colegas nem conversar com a presidente do Supremo, Fachin promoveu seu voo solo. No dia 1º de fevereiro, quando o tribunal voltava do recesso do final de ano, o ministro enviou um ofício à Presidência do STF. Cada palavra foi pensada; seus efeitos, calculados. O ministro não se candidatava expressamente a mudar de turma, mas se colocava à disposição da Corte para ser a solução do problema.

Senhora presidente,

Respeitada integralmente a precedência da antiguidade e observada a ordem regimental, encareço receber o presente como manifestação do subscritor para fins de transferência para a Segunda Turma, caso não haja interesse de integrante mais antigo.

Se verificada essa premissa e a de que seja do melhor interesse do colegiado no tribunal, expresso desde já pedido de compreensão aos ilustres colegas da Primeira Turma, especialmente por ter sido eleito ao final do ano pretérito o respectivo presidente.

Justifico que me coloco à disposição do Tribunal tanto pelo sentido de missão e dever, quanto pelo preito à memória e ao legado do ministro Teori Zavascki. Além disso, motivam-me o precedente e as circunstâncias respectivas verificados no curso de meu ingresso neste Tribunal, impondo-se gesto análogo.

Caso a critério de vossa excelência e ou do colegiado não se verifiquem tais pressupostos, permanecerei com muita honra na posição em que atualmente me encontro.

Atenciosamente,

Ministro Edson Fachin

Pelo regimento, Cármen Lúcia precisava consultar os demais ministros da Primeira Turma para saber se os mais antigos não queriam mudar de posição. Mas essa era apenas uma formalidade. Ela já conhecia o resultado, construído nos bastidores. Fachin levantara a mão para se candidatar ao sorteio da Lava Jato. Nenhum ministro, diante desse gesto, obstaria sua migração. No dia seguinte, a presidente oficializou a mudança no plantel da Segunda Turma. E Cármen Lúcia, que chegou ao comando do Supremo expondo aos assessores a desconfiança sobre a possibilidade de a distribuição de processos ser burlada por mãos humanas, poderia aferir a confiabilidade do sistema.

Dias depois de receber em seu gabinete as dezenas de novos inquéritos que agora teria de relatar, Fachin foi conversar com Cármen Lúcia. Semanas antes, os dois haviam travado uma discussão áspera. A presidente havia recebido do diretor-geral do STF, Eduardo Toledo, um cargo de confiança para gerir as contas da Casa, o orçamento do ano. E telefonou a Fachin para lhe dizer que o tribunal não contribuiria mais com as pequenas reuniões que ele fazia com professores em seu gabinete, para discutir temas de direito constitucional. O ministro chamava esses encontros de "Hora de atualização", uma espécie de palestra com acadêmicos de interesse para a discussão do STF, seguida de perguntas. Essas aulas eram abertas para assessores de outros gabinetes, juízes auxiliares e, inclusive, ministros (jamais algum deles foi).

118

"É isso mesmo, eu não vou mais pagar passagens ou hotel para seus convidados", disse Cármen Lúcia, diante de assessoras, por telefone. "Mas esses eventos são abertos. Não é um evento meu, é do tribunal", Fachin respondeu. As respostas vazavam pelo telefone para as testemunhas.

"Pois é, Fachin. A gente está em crise e temos que cortar esse seu luxo. E depois os outros ministros reclamam que não têm dinheiro pra representar o tribunal fora do país." "Cármen, eu jamais gastei passagem para representar o tribunal fora, fui para a Alemanha com meu dinheiro, após receber convite do Max Planck, fui como o professor Fachin", ele respondeu. E emendou: "Me espanta que uma professora não veja a importância de algo assim". "Pois é, você já entendeu. Não é pessoal, é dinheiro." "Mas o espaço ainda está aberto ou há alguma censura?", perguntou, levando a discussão para um território pantanoso, da censura à manifestação dentro do Supremo. "Está aberto", Cármen Lúcia não titubeou. Fim do telefonema. Fachin, vermelho, soltou um palavrão.

Agora o assunto era diferente. Fachin precisava de estrutura para enfrentar a pilha de inquéritos, ações penais e diligências que a investigação exigia. Acervo que cresceu expressivamente depois de homologada a delação premiada de executivos da Odebrecht — 76 novos inquéritos foram abertos numa tacada só a pedido de Janot e por ordem do já então relator Fachin em 14 de março de 2017. Com o novo cenário, Fachin se reuniu com sua equipe de gabinete e concluiu que seriam necessários mais três CJ-3, sigla que identifica assessores seniores, que poderiam ser deslocados da estrutura burocrática do tribunal para o gabinete. "Fachin, você tem toda a minha solidariedade, mas não vai ter nada que o Teori já não tivesse", disse a presidente. "Cármen, eu não estou pedindo mais porque sou um relator novo, mas porque vou fazer o que Teori faria depois da delação da Odebrecht. É possível que ele fizesse o mesmo pedido", disse o ministro. "Fachin, eu não posso dar nada. Todo mundo vai pedir."

Fachin pleiteava o que o tribunal havia garantido ao ministro Zavascki enquanto relator da Lava Jato: um juiz a mais para, junto aos outros dois já cedidos, enfrentar os processos da operação, e que o tribunal pudesse deslocar para seu gabinete alguns servidores concursados. Uma estrutura maior, temporária, para uma situação excepcional.

Dois meses depois da negativa, Cármen Lúcia voltou atrás. Estava desgastada pela articulação que liderara para reverter a decisão da Primeira Turma do STF que afastou Aécio Neves do Senado. O político fora flagrado pelo Ministério Público pedindo dinheiro a Joesley Batista, sócio da empresa JBS. Nessas circunstâncias, a presidente buscava se recompor e diminuir o prejuízo para sua imagem. Reuniu-se então com Fachin no dia 17 de abril em seu gabinete e anunciou a criação de um grupo para assessorá-lo.

Cármen Lúcia também possuía um potente radar de captação de humores públicos e sempre evitava confrontar as opiniões e tendências dos principais veículos noticiosos. Essa hábil conexão direta com a opinião pública, muitas vezes construída à custa do esgarçamento das suas relações com ministros (fosse expondo os colegas em plenário, fosse descumprindo acordos firmados nos bastidores), fragilizou sua liderança interna. Mas garantiu-lhe o respaldo da mídia quando decidiu jogar com o regimento debaixo do braço e impedir o julgamento das ações que poderiam provocar a mudança da jurisprudência do tribunal sobre a execução da pena após condenação em segunda instância, um legado de Zavascki e Barroso. Um momento crucial para a Lava Jato e que evitou a libertação de Lula antes das eleições de 2018.

"Não vou mais nomeá-lo", afirmou Dilma ao então ministro da Justiça, José Eduardo Cardozo, no Palácio da Alvorada. A irritação presidencial mirava Heleno Torres, advogado tributarista e professor da USP. No dia 4 de abril de 2013, a presidente o convocara para uma conversa, última etapa de um processo de múltiplas variáveis, muitas secretas, de indicação de um candidato ao STF. Um caminho que envolve apadrinhamentos, apoio de associações de classe, empresários, costura política e timing. E, sobretudo, naquele momento, o fator Dilma.

No dia seguinte ao encontro de Torres com Dilma, um tuíte publicado pelo jornalista Gaudêncio Torquato, às 14h07 ("No almoço, Heleno Torres me comunicou que foi escolhido para Supremo. E me convidou para a posse. Claro que irei. Grande jurista"), rifou o advogado. Cardozo mostrou o post a Dilma, numa estratégia pensada para queimar o candidato, e a presidente ficou furiosa. Num processo em que cada presidente estabelece suas regras e condicionantes, Torres foi reprovado.

Dois meses depois, o então advogado Luís Roberto Barroso foi chamado ao Planalto para ser comunicado de que seria indicado para o Supremo. Na saída, Beto Vasconcelos, então secretário-executivo da Casa Civil, o interceptou: "Não fale sobre o convite com ninguém. Se ela souber que vazou, já era". "Não falei nem para minha mulher", lembrou Barroso, já ministro. No dia 26 de junho daquele ano ele tomou posse na vaga que abrira com a aposentadoria de Carlos Ayres Britto, em novembro do ano anterior.

"Fui encontrado na esquina", disse Fachin a alunos, ainda na Universidade Federal do Paraná, quando parabenizado pela indicação ao Supremo. A voz passiva, tão comum àqueles que disputam uma vaga para o STF — fui escolhido, fui indicado, fui chamado, fui convocado —, não combinava com os movimentos que o advogado professor fazia havia anos, desde o início do mandato do presidente Lula.

"Eu nunca vou nomear esse Fachin. Ele é basista", disse enfático Lula quando discutia com auxiliares e amigos sobre indicações que teria ao longo do mandato para o Supremo. No léxico da esquerda, basista é aquele ligado às organizações sindicais de trabalhadores rurais e urbanos. "Ministro do Supremo ligado a movimento social é o caralho. Ligado a movimento social sou eu, porra, não ministro do Supremo", disse mais de uma vez Lula ao grupo que o auxiliava na peneira para ministro do STF: o ex-deputado e advogado Sigmaringa Seixas, o ex-ministro da Justiça Márcio Thomaz Bastos e o ex-secretário-geral da Presidência Gilberto Carvalho.

Fachin era um homem de esquerda, com raízes no Movimento dos Trabalhadores Rurais Sem Terra (MST), apoiado pela Central Única dos Trabalhadores (CUT), por setores da Igreja católica e por outras organizações que davam suporte ao PT. Em 2010, ele fez campanha para que Dilma Rousseff sucedesse Lula. Foi porta-voz de um manifesto assinado por dezenas de "juristas brasileiros que tomaram lado", como ele disse. "Nós já decidimos. Dia 31 de outubro votamos Dilma Rousseff para presidente do Brasil." O vídeo no YouTube da leitura do manifesto, para um auditório lotado, registra o discurso de Fachin encimado pelo cântico petista "Olê, olê, olá, Dilma, Dilma!".

Eleita, Dilma foi também pressionada por parlamentares petistas a indicar Fachin para o Supremo. Resistiu: um de seus principais assessores disse que a presidente achava Fachin meio "porra-louca". A vez dele, no entanto, chegaria. Em maio de 2014, o então presidente do Supremo, Joaquim Barbosa, foi ao Palácio do Planalto comunicar que renunciaria ao mandato de presidente e anteciparia sua aposentadoria. Faltavam-lhe então quatro meses para deixar a Presidência do STF e pelo menos uma década para completar 70 anos e se aposentar — até 2015, a idade para aposentadoria compulsória era de 70 anos, e não 75 anos. Barbosa oficializou sua saída em julho, a três meses das eleições que dividiriam o país entre Dilma e Aécio Neves.

O Congresso já estava dominado pelo clima eleitoral. A atmosfera bélica aprofundava as dificuldades da presidente: além de escolher o substituto de um ministro alçado ao estrelato por relatar ação penal do mensalão e conduzir uma virada histórica no Supremo com a condenação de políticos graúdos pelo crime de corrupção, em especial do PT, Dilma precisava encontrar alguém que fosse imune a petardos políticos com fins eleitorais. Na avaliação interna do governo e nas sondagens com o Congresso, não havia nome viável naquele momento. Remeter uma indicação às vésperas da eleição seria armar uma arapuca suicida: dificilmente o governo fragilizado e ainda em meio à guerra eleitoral conseguiria superar os obstáculos que toda indicação pressupõe.

As circunstâncias políticas, somadas ao vagaroso processo decisório no governo, adiaram a escolha para depois das eleições. Dilma venceu a disputa contra Aécio Neves, mas as urnas deixaram sequelas. Mesmo reeleita, permanecia envolta em crise. Sua base de sustentação progressivamente se deteriorava. E a relação com os diversos setores do PMDB, principal aliado, dava sinais de decomposição. Era novembro. Faltavam menos de dois meses para o encerramento das atividades no Congresso. A legislatura caminhava para o recesso, o governo enfrentava uma crise maior que uma vaga aberta no Supremo: a demora na aprovação da Lei de Diretrizes Orçamentárias e, portanto, do orçamento de 2015. A votação não ocorreu, e Dilma iniciou seu segundo mandato com o orçamento limitado. Foi só depois de resolver essa pendenga, no dia 17 de março, que ela se voltou para a pauta da indicação.

Nesse meio-tempo, Dilma recebeu críticas dos ministros do Supremo pela demora na indicação do 11º ministro. Marco Aurélio

Mello, ante o empate no julgamento de uma ação direta de inconstitucionalidade, em fevereiro, disse: "Veja como é nefasto atrasar-se a indicação de quem deve ocupar a cadeira". Celso de Mello também criticou: "Essa omissão irrazoável e abusiva da presidente da República já está interferindo no resultado dos julgamentos".

A lentidão era inegável. Mas Cármen Lúcia, que mantinha boas relações com Dilma, inclusive com troca frequente de telefonemas, saiu em defesa da presidente numa rápida conversa com o decano. Disse que uma das razões para o atraso da indicação fora proteger o Supremo de uma escolha que as contingências políticas poderiam lhe impor — sobretudo o PMDB — e que não seriam boas para o STF.

No Senado, os recados partiam de Renan Calheiros, que no início do segundo mandato de Dilma se tornara o maior inimigo da presidente da República. Se houvesse digital do PT na indicação do novo ministro, Dilma poderia sofrer uma derrota histórica: desde a Primeira República, nunca um nome escolhido pelo tribunal fora barrado pelos senadores.

Havia um componente adicional no panorama: o então presidente do Supremo, Ricardo Lewandowski. Por seus votos no mensalão, quando se opôs a Joaquim Barbosa, ele passou a ser tratado como aliado do governo petista. Era preciso, de alguma forma, agradá-lo. Era isso que Dilma ouvia do ex-presidente Lula. No início de 2015, ela chamou Lewandowski para uma conversa no Palácio do Planalto. No STF, os próprios ministros cultuam a lenda de que eles não interferem nas nomeações para o tribunal, que são no máximo *veto-player* — alguém com poder apenas de impedir a chegada de um indesejado. Mas, discretos, entram também na gincana das nomeações. O nome de Fachin ressurgiu pela boca de Lewandowski e ganhou força.

Informado de que a candidatura de Fachin estava sendo cavalgada por Lewandowski, o presidente do Senado inicia um contra-ataque para neutralizar, na fonte, a indicação. Em encontro com Dilma no Alvorada, Calheiros argumentou contra Fachin. Segundo um assessor, a presidente sabia que o senador queria emplacar o nome de Bruno Dantas, e por isso rechaçava a sugestão. Mas Calheiros teria sido enfático: Fachin poderia trair a confiança da presidente quando ela mais precisasse. Dantas, ministro do Tribunal de Contas da União, doutor em direito e ex-consultor legislativo do Senado, reunia as credenciais para a indicação. O apadrinhamento de Calheiros, que fora um bilhete premiado nos dez anos anteriores, agora era tóxico. O senador, assim como Eduardo Cunha, transformara-se num cliente preferencial da Lava Jato.

Sem sucesso com Dilma, Calheiros decidiu ter uma conversa de "padrinhos". Pediu um encontro reservado com o presidente do STF. Não poderia ser no apartamento do ministro, na 116 Sul. Na residência oficial do Senado também não era conveniente, concluem. Decidiram se encontrar em campo neutro, onde a presença de ambos não levantaria suspeitas. Ali, dois chefes de Poder, o Legislativo e o Judiciário, tiveram um diálogo como se tratassem de uma indicação para uma diretoria subalterna de estatal.

Antes de qualquer indicação para o STF, os governos fazem consultas a senadores e lideranças. Assim, medem-se resistências, redefinem-se estratégias ou, em casos extremos, altera-se o nome a ser indicado. Aquele momento específico do governo Dilma não permitia negociações prévias. A presidente estava combalida. A base de sustentação do governo ruía. "Se a gente fizesse uma consulta, eles nos colocavam a canga. Não tinha como abrir a discussão… Era tudo ou nada… Mandar o nome e batalhar", lembraria depois José Eduardo Cardozo.

No dia 14 de abril de 2015, Dilma assinou a mensagem ao Senado, comunicando a escolha de Fachin. Agora o governo precisava contornar os obstáculos que seriam impostos à indicação e o risco real de uma derrota histórica.

Com o desmonte da base governista, Fachin enfrentou dificuldades para encontrar algum parlamentar que o ciceroneasse, que lhe abrisse as portas do Senado — fundamental para pavimentar o caminho da aprovação. Conversava com Delcídio do Amaral, mas isso não era o bastante. Alguns gabinetes lhe haviam fechado as portas por dois motivos que se somavam à insatisfação com a política de Dilma: ele havia pedido voto para a presidente e, por isso, carregava a estrela do PT ao lado de seu nome; tinha ligações com movimentos de trabalhadores sem terra, a contrapelo da bancada ruralista.

Dias antes da sabatina, o advogado Marcos Joaquim Gonçalves Alves, profundo conhecedor da liturgia do poder em Brasília, enviou, sem prévia autorização do indicado, uma mensagem para o então presidente da Câmara, Eduardo Cunha. "Vc recebe o Fachin para uma conversa?", perguntou.

Naquele momento, Cunha já acompanhava de perto a curva descendente do governo Dilma, que duraria apenas mais um ano. Acostumado a ser o centro de gravidade de um sistema, o parlamentar julgava, erroneamente, que apenas personagens satélites estavam em movimento descendente, e não todo o conjunto.

Numa resposta que embutia o desejo de, logo na largada, marcar Fachin com o signo da vassalagem, Cunha jogou duro, para proporcionar ao candidato o constrangimento de um encontro fora da agenda: "Não tenho votos no Senado. Por que ele me procura? Tenho um jantar hoje", avisou, e completou que o receberia "por volta de meia-noite".

O encontro à meia-noite não ocorreu. No entanto, deixou rastros que mapearam a trilha percorrida pelo futuro ministro do STF para alcançar a aprovação do Senado, etapa obrigatória para a nomeação.

Não é impróprio o périplo que os indicados fazem aos senadores. Em condições normais, a liturgia é até bem-vinda. Revela que o Senado não se limita a chancelar as indicações presidenciais, e que sabatina e votação são reais filtros às escolhas para o STF, mesmo que falhos. Mas os tempos não eram normais. A política estava em julgamento, e o contato entre juízes e políticos investigados no Supremo adicionava fumos de suspeição a qualquer movimento.

Fachin corria um sério risco de ser rejeitado. Naquele momento, um nome se ofereceu para ajudá-lo — Ricardo Saud, que o país saberia depois ser "o homem da mala" da gigante empresa de processamento de carnes, a JBS. Era Saud quem operacionalizava as milionárias doações do conglomerado para as campanhas eleitorais, por dentro e por fora da contabilidade. Tinha, por isso, portas abertas no Senado. E se ofereceu para ajudar Fachin a desarmar os ânimos.

Fachin jogou com as armas de que dispunha para não ver sua profícua carreira de advogado e professor ser manchada pela reprovação do Senado. Aceitar os préstimos de Saud apenas revelou o que nem sempre fica claro nos processos de indicação de ministros do Supremo: a participação de atores externos. A revista *Veja* tinha publicado uma reportagem afirmando que a Agência Brasileira de Inteligência (Abin) havia apurado que Fachin voara a Brasília no avião da JBS.

Diante da fraqueza de Dilma, que à época tinha apenas 13% de aprovação, e da resistência de Calheiros, imaginou-se que poderia se reproduzir um cenário que só ocorrera em 1894, quando o Senado rejeitou as indicações de Barata Ribeiro, Inocêncio Galvão de Queirós, Ewerton Quadros, Antônio Sève Navarro e Demóstenes da Silveira Lobo — todos escolhidos por Floriano Peixoto e os únicos vetados na história do país.

Na véspera da decisão do plenário do Senado, a capa da revista *Época* trazia: "O inimigo nº 1 do governo — O presidente do

Senado, Renan Calheiros, faz o que pode para sangrar Dilma Rousseff — e parte com tudo para barrar a nomeação de Edson Fachin ao Supremo nesta semana".

Determinado a construir todas as pontes factíveis, Fachin foi ao Supremo à procura de Gilmar Mendes — o ministro era um operador político. Acompanhado da mulher, a desembargadora Rosana Girardi, do Tribunal de Justiça do Paraná, ele foi ao gabinete de Mendes e relatou que fora abandonado pelo Planalto após a indicação — nesse momento sua mulher o interrompeu, lamentando sua declaração de apoio a Dilma. Não era falta de compromisso, mas incapacidade do Planalto de coordenar a aprovação no Congresso, disse. Tenso, emocionou-se, ficou à beira do choro e pediu ajuda.

O telefonema de Mendes aos senadores foi precedido por uma frase que em outros seria um ato falho, palavras reprimidas que escapam, mas que dele fluía naturalmente, sem remorsos. "Vou falar com pessoal do nosso campo", prometeu a Fachin. "Gilmar, eu o recebo, mas quando ele falou que era um jurista que tinha lado, do outro lado estava eu", disse Serra, que concorrera contra Dilma em 2010.

Sabatinado pela Comissão de Constituição e Justiça, aprovado pelo plenário do Senado por um placar de 52 votos favoráveis e 27 contrários, Fachin se tornou ministro do STF no dia 19 de maio de 2015. Herdou a relatoria da Operação Lava Jato e homologou a delação premiada de integrantes da JBS, inclusive de Saud. As acusações abalaram o governo Temer e custaram ao novo ministro ameaças veladas de lideranças políticas, sobretudo do PMDB, de que divulgariam imagens das câmeras de segurança do Senado mostrando Saud abrindo portas para Fachin.

Ele poderia ter homologado as delações da empresa que indiretamente o auxiliou? Deveria ter se declarado suspeito? O que separa o professor e advogado Fachin do ministro Fachin? "Aquele paninho que eu tenho em cima das costas", disse, referindo-se à capa usada sobre o terno nas sessões pelos ministros.

Foi já com o paninho preto nas costas e após tortuosa campanha para o Supremo que Fachin acelerou a investigação da Lava Jato, abrindo 76 inquéritos de uma só vez. Sigilosas, as decisões foram reveladas pelo *Estadão* em 11 de abril de 2017, uma terça-feira. "Exclusivo: A lista de Fachin — Ministro relator da Lava Jato, no Supremo Tribunal Federal, coloca o alto escalão político do país sob investigação." O vazamento desgastou Cármen Lúcia, que pediu uma investigação interna.

A equipe de informática do tribunal identificou um acesso às petições sigilosas na noite de domingo, dia 9, oriundo de um IP associado a uma máquina do gabinete de Fachin. Cruzando senhas de login, os técnicos identificaram o nome de um juiz auxiliar do ministro. "O vazamento saiu de lá", concluiu a presidente. Foi um julgamento precipitado, que se revelaria injusto — e conveniente.

Surpreendida por uma falha monumental do sistema revelada durante sua gestão, mas uma falha que ela apenas herdara, a ministra buscava um responsável. Na verdade não ocorrera um vazamento, mas a alternativa não era boa para a imagem do tribunal. Com engenho, método e trabalho braçal, o jornalista do *Estadão* apenas descobrira um bug, uma brecha no sistema de processos secretos do Supremo.

Cada decisão, petição e despacho no STF recebe um número de identificação, impresso no rodapé, e que serve para que os documentos sejam autenticados via internet. Assim, em qualquer lugar, alguém com uma decisão do Supremo em mãos pode, acessando o site do tribunal e digitando os números registrados no pé do documento, se certificar da veracidade do conteúdo. Ao digitar o número correto, o site disponibiliza o download do documento original.

Uma decisão sigilosa não é publicada, e por isso não se conhece sua identificação. Mas ela é arquivada nos servidores do tribunal. No entanto, por amadorismo, os números dos documentos eram sequenciais dentro de um mesmo gabinete. Assim, a classe das petições assinadas por Fachin, as públicas e também as sigilosas, estava em ordem numérica. Bastava localizar uma pública (a relação é publicada no *Diário de Justiça*) para, a partir dela, inferir os números das demais petições, até se chegar a uma sigilosa. Determinada ação não sigilosa com o número 800 687, por exemplo, poderia ser seguida pela petição secreta com identificação digital 800 688. Bastava digitar o número no site do Supremo destinado à autenticação de documentos para que o papel secreto baixasse seu conteúdo automaticamente, em qualquer computador. Um furo monumental na segurança do Supremo.

Na segunda-feira, a partir das oito da manhã, de acordo com técnicos do tribunal, o jornalista começou a garimpagem de petições, digitando números sequenciais no site do Supremo. E encontrou o veio de ações sigilosas que seriam conhecidas como "a Lista de Fachin". Não lhe fora passado um número original, ele apenas seguira uma estratégia que já testara com sucesso. Não houve vazamento algum, muito menos do gabinete de Fachin. Mas o clima de tensão e desconfiança entre os ministros ganhava novo capítulo. E uma nova inimizade recíproca no tribunal, que precisaria estar unido, surgia.

6. O caminho até o Supremo

Era um pedido feito por "Tango". Na tarde de 15 de abril de 2016, o ofício nº 0006/2016 — Gab/vpr chegou à mesa do então secretário de Segurança Pública de São Paulo, Alexandre de Moraes. Despachado do gabinete da vice-presidência da República, o documento informava que o e-mail marcelatemer@terra.com.br fora "raqueado". A velocidade com que um papel percorre os escaninhos da burocracia varia conforme o remetente. Nos dias que se seguiram à correspondência, 33 policiais da Equipe A da Divisão Antissequestro da polícia paulista foram mobilizados para investigar o caso. No inquérito, apenas uma menção cifrada às vítimas: "Tango e Mike solicitaram proteção".

No alfabeto fonético adotado pelas polícias, cada letra é associada a uma palavra para facilitar a soletração das mensagens ou manter o sigilo dos nomes envolvidos. Tango representava o "T", de Temer, de Michel Temer; Mike, o "M", de Marcela, a primeira-dama. Além do e-mail, os arquivos de áudio do WhatsApp haviam sido violados. Em contato telefônico com a primeira-dama, o criminoso exigiu 300 mil reais para não divulgar mensagens privadas envolvendo o casal. O ofício 0006/2016 tinha um padrinho — Michel Temer — e, do outro lado, um destinatário — Alexandre de Moraes — que agiria imediatamente.

A dois dias para a aprovação, pelo plenário da Câmara, da abertura do processo de impeachment de Dilma — uma crise germinada com a colaboração do então vice-presidente, que se afastara politicamente da mandatária —, Temer suspeitava da discrição dos canais oficiais à sua disposição — Polícia Federal e Abin. Preocupado com vazamentos e determinado a pôr um fim rápido à chantagem, Tango recorreu, sem intermediários, a Moraes, enviando-lhe o ofício confidencial. Moraes era um híbrido de político e jurista, como o próprio Temer. Passara pelo DEM e pela USP. Eram seres que se reconheciam, embora não íntimos. Em menos de um mês, os envolvidos foram presos e a gravação furtada do aplicativo da primeira-dama nunca apareceu.

Nas 1109 páginas do processo que tramitou na Justiça paulista não há sequer a transcrição do áudio. Em 12 de maio, três dias após a Polícia Civil relatar o inquérito da extorsão (cuja capa estampava duas faixas vermelhas diagonais, indicando sigilo total, de acordo com provimento da Corregedoria Geral da Justiça de São Paulo), Alexandre de Moraes foi nomeado ministro da Justiça do governo interino. Temer era o presidente em exercício.

O caminho até o STF passa por atalhos, contornos, nunca é retilíneo ou previsível. Ser ministro da Justiça não garantia acesso ao tribunal. De 28 ocupantes do cargo desde a promulgação da Constituição, em 5 de outubro de 1988, apenas quatro (Paulo Brossard, Célio Borja, Nelson Jobim e Maurício Corrêa) haviam chegado ao STF. Integrar o governo Temer, naquele momento, com data de validade quase vencida e uma reeleição considerada improbabilíssima, não fazia de Moraes um *supremável*. Mas um evento extraordinário, o alinhamento de circunstâncias especiais, alojou-o no caminho da mais alta instância do Judiciário.

A morte de Zavascki catalisou a única nomeação de Temer, que, durante o processo, revelou a aleatoriedade que permeia as indicações ao Supremo — vinculação partidária com o presidente, linhagem jurisprudencial, manifestações acadêmicas anteriores pouco são levadas em conta. "O Alexandre foi a opção natural com a morte de Zavascki. Tinha dado provas de confiança e discrição no caso do hacker e se aproximara do presidente. Só isso", lembrou um integrante do primeiro escalão do governo Temer, que acompanhou de perto o processo de escolha para o STF do então ministro da Justiça.

A análise das indicações ocorridas após a promulgação da Constituição mostra, até há pouco tempo, um processo de indicação subordinado a cálculos de política menor, a pequenos agradecimentos, idiossincrasias do presidente, ao marketing político, a padrinhos poderosos, à confiança pessoal do presidente da República na pessoa e não no perfil de quem será o julgador. Isso reduzia quase à insignificância as avaliações sobre o poder das decisões de um ministro do STF para interferir na sociedade.

A primeira indicação de Fernando Henrique Cardoso para o Supremo foi decidida numa conversa de minutos. "Escuta, Fernando, eu não sou candidato à reeleição e tal, o que é que tu acha da possibilidade de eu ser indicado para o Supremo?", perguntou Nelson Jobim no apartamento de FHC antes das eleições de 1994. "Ô Jobim, eu vou ganhar a eleição, e a primeira vaga que tiver, eu te indico", respondeu Fernando Henrique.

A ideia de uma indicação improvisada, no estalo, bem combinou com a sessão de posse de Jobim. Sepúlveda Pertence era o presidente da Corte. Capacidade administrativa nunca foi seu forte. Era um ministro desorganizado em seus papéis — até hoje ainda é — e não cuidou dos detalhes da posse. Nem do cerimonial. Quando Jobim se postou diante do púlpito para prestar o juramento regimental e ser oficialmente empossado, percebeu que não tinha à mão o texto oficial. O Regimento Interno do Supremo tem um texto específico para o compromisso formal: "Prometo bem e fielmente cumprir os deveres do cargo de ministro do Supremo Tribunal Federal, em conformidade com a Constituição e as leis da República". Jobim então olha para Pertence, que não faz menção de lhe passar qualquer bilhete que lhe servisse de cola. "Aí eu improvisei, eu inventei lá", disse o ex-ministro, rindo.

Algo semelhante aconteceu com Fachin. O cerimonial da gestão Lewandowski, que na época era o presidente, cometia algumas falhas, como não preparar uma versão do Hino Nacional para tocar numa das sessões solenes, obrigando o presidente a puxar o canto à capela. Quando Fachin foi prestar o juramento, não havia papel nenhum. Fachin viu-se obrigado a improvisar e esqueceu de jurar à Constituição: "Declaro bem e fielmente cumprir os deveres do encargo e da Justiça".

A realidade improvisada dos tempos de Jobim foi aos poucos mudando a partir da percepção dos presidentes — isso é mais claro na gestão Dilma — de que a indicação para o Supremo vai além deles, isto é, continua a gerar efeitos sobre o país mesmo depois que seus mandatos eletivos terminam. Ministro do Supremo é vitalício; presidente da República, não. E a evidente projeção do tribunal no cenário político, institucional e social fez com que o improviso fosse substituído por um planejamento — não infenso a erros, como se viu na posse de Fachin.

Uma indicação mal calculada pode levar o país para o lado oposto ao desejado. Escolher quem pode interpretar a Constituição de um ou outro modo é um privilégio e uma responsabilidade sobre os quais alguns presidentes não se detiveram muito. Não havia um projeto de tribunal constitucional na cabeça dos presidentes. Ninguém se candidata explicitando, em sua plataforma, um projeto de Supremo mais isso ou aquilo (mais garantista, mais progressista em costumes, contra o aborto, a favor das cotas raciais). Alguns nem sequer combinam suas indicações com as agendas de governo. Lula, que enviaria ao Congresso uma proposta de reforma da Previdência instituindo contribuição dos inativos, indicou Ayres Britto para o Supremo, justo um autor de artigos contra a cobrança dos aposentados.

No caso da escolha de Moraes, outra variável, além do reconhecimento pela prova de confiança dada, entrou em cena. Temer, então com 75 anos, foi o mais velho presidente a assumir o cargo. Para ser indicado ao STF, o artigo 101 da Constituição exige que o candidato tenha mais de 35 anos e menos de 65, além de notável saber jurídico e reputação ilibada. Em 1º de outubro de 2016, um mês após o impeachment de Dilma, com Temer já titular de fato do Planalto, a coluna "Direto da fonte", da jornalista Sonia Racy, no *Estadão*, publicou uma foto do presidente em almoço no restaurante paulistano Parigi, com amigos advogados (entre eles, naquela data: José Yunes, oitenta anos; Manuel Alceu Affonso Ferreira, 73 anos; e Antonio Claudio Mariz de Oliveira, 71 anos — todos, pela idade avançada, impedidos de ocupar um cargo no STF). Nesse encontro, Moraes teria sido criticado pelos amigos presidenciais. Mas nos círculos de pessoas da extrema confiança de Temer não havia candidatos aptos ao cargo. Moraes tinha 48 anos, fora fiel, conquistara a intimidade do presidente. A decisão estava tomada. Precisaria preencher os outros pré-requisitos constitucionais. Doutor em direito, ex-promotor de Justiça, professor da Faculdade de Direito do Largo de São Francisco (onde se formara e de onde saíram 55 ministros dos 167 que tiveram ou permaneciam com assento no STF desde a fundação da República até março de 2019), Moraes vendera 800 mil exemplares de seu livro *Direito constitucional*. No meio acadêmico, o livro era tratado com certo desdém, mero manual sem profundidade ou inovação, uma compilação de jurisprudência e de fatos históricos, enfim, uma obra que não expressaria "notável saber jurídico". Entretanto, o livro era constantemente citado por ministros do Supremo, STJ, desembargadores, juízes e procuradores. Bibliografia obrigatória em concursos para carreiras jurídicas.

Notável saber jurídico é um conceito aberto que se amolda ao candidato a depender da boa vontade dos avaliadores, no caso os senadores que sabatinam o escolhido. Impreciso e subjetivo, raramente o comando constitucional foi um sarrafo elevado demais para os indicados ao Supremo. A exigência constou da primeira constituição da República, de 1891, que estipulava em seu artigo 56 que o *"Supremo Tribunal Federal compor-se-á de quinze juízes,* [...] *dentre os cidadãos de notável saber e reputação".* A redação aberta permitiu que em 1893 o presidente Floriano Peixoto indicasse, durante o recesso parlamentar, o médico clínico geral Cândido Barata Ribeiro para uma vaga no Supremo. O "doutor" exerceu o cargo por quase um ano até ter seu nome rejeitado pelo Senado. A Comissão de Constituição e Justiça (CCJ) aprovou parecer contrário à nomeação por considerar que o "notável saber" a que se referia o texto constitucional era "saber jurídico", dadas as funções do Supremo. Barata Ribeiro, no entendimento dos senadores, "revelou não só ignorância do direito, mas até uma grande falta de senso jurídico" nos cargos por que passou antes de chegar ao Supremo.

A Constituição de 1934 inaugurou a exigência expressa de "notável saber jurídico". Daí em diante, todas as constituições (1946, 1967, o Ato Institucional nº 6, de 1969, e a Carta de 1988) trouxeram a expressão, que nunca deixou de ser insuficiente para mensurar conhecimentos jurídicos ou capacidade de interpretar e aplicar a Constituição. "Em certos momentos da vida republicana do Brasil, um médico [Barata Ribeiro] e dois grandes generais do Exército [Francisco Raimundo Ewerton Quadros e Inocêncio Galvão de Queirós] foram nomeados para o Supremo Tribunal Federal. Se, em verdade, não se repetiu isso, é inegável que nomeações houve, de bacharéis, que não foram, intelectual ou moralmente, melhores", escreveu Pontes de Miranda no livro *Comentários à Constituição de 1946*, como reproduzido pelo próprio Moraes em sua tese de doutorado.

Ser "doutor", o apego a títulos, se transmudou numa vacina contra alegações de falta de conhecimento para o cargo e passou a ser valorizado nas sabatinas da CCJ do Senado, a primeira peneira pela qual os indicados pelo presidente da República precisam passar, antes da aprovação pelo plenário dessa Casa legislativa. Historicamente superficiais nos questionamentos, as sabatinas ressaltavam os floreios de currículo, o charme e a empatia do indicado. Uma superficialidade que não detectou uma maquiagem de currículo.

Em 2006, por obrigação do regimento do Senado, o Planalto enviou à CCJ o currículo de Cármen Lúcia para avaliação da comissão. Assinado de próprio punho pela postulante, com sua letrinha cursiva e miúda, o documento dizia: "Doutora em direito do Estado". E durante as duas horas e onze minutos de sabatina, Cármen Lúcia foi apresentada como uma doutora em direito. Relator da indicação, o senador Eduardo Azeredo assim resumiu: "Prosseguindo seus estudos, doutorou-se em direito do Estado pela Faculdade de Direito da Universidade de São Paulo". Na fase das perguntas, os confetes habituais. O senador Pedro Simon afirmou: "É doutorada, tem todos os cursos que se possa imaginar com relação à parte jurídica e à parte constitucional". Nas oito vezes em que fez uso da palavra, Cármen Lúcia não esclareceu, não retificou a informação de que nunca completara um doutorado, título acadêmico que se obtém, em regra, após quatro anos de curso e mediante a apresentação de uma tese, trabalho com certo grau de originalidade e aprovado por uma banca. Não que o título garanta um saber superior. Conhecido pelos votos técnicos e eruditos, Celso de Mello possuía apenas graduação em direito.

Aprovada pela CCJ do Senado e depois pelo plenário, a ministra assumiu o cargo em 21 de junho de 2006. E até 2008 constou do site do tribunal o mesmo currículo: bacharel, mestre e doutora. "Cármen, não me lembro de você por lá", provocou o ministro Eros Grau, ele, sim, um doutor pela São Francisco e professor nessa escola. "Eu era professor. Nunca a vi por lá", explicava Eros, em seu apartamento, aliviado por ter se aposentado do STF. Apenas em 2009 a informação foi alterada na página do Supremo.

No caso de Moraes, o notório saber era apenas um dos quesitos constitucionais em discussão. Em editorial publicado no dia de sua sabatina, o *Estadão* reverberava uma acusação de plágio contra ele, afirmando que Moraes reproduzira uma mesma sentença do Tribunal Constitucional de España citada num livro de um autor espanhol. "Em primeiro lugar, paira sobre o escolhido de Temer uma acusação de plágio. [...] Eventual plágio seria demonstração mais que suficiente de ausência das condições que a Constituição estabelece para o cargo — notório saber jurídico e reputação ilibada. Quem copia de outro, sem citar, não tem saber jurídico nem correção moral para ir ao STF", dizia o texto intitulado "A responsabilidade da sabatina". Moraes foi aprovado por 19 × 7 na CCJ e em plenário obteve 55 votos a favor (de 41 necessários) e treze contrários.

As sabatinas, que deveriam aferir, entre outros pontos, a filosofia jurídica dos candidatos, um exame que fornecesse um mapa do comportamento dos futuros ministros em questões-chave e momentos institucionais de crise, conhecer o núcleo de convicções morais do aspirante ao cargo, estimar uma decisão diante de um caso difícil, sobre princípios em colisão, nunca funcionaram a contento.

Fux foi recebido de pé pelo plenário e aplaudido antes mesmo de começar a inquirição; a ministra Ellen Gracie, a primeira mulher indicada para o tribunal ainda no governo do presidente

Fernando Henrique, em outubro de 2000, foi aprovada em meio a comentários sexistas: "Eu já dei o meu voto, dei no meio da sabatina [ou seja, antes de formalmente iniciada a votação], dei com muita convicção a uma senhora elegante, de voz doce", disse na ocasião o senador José Agripino. Na prática, as sabatinas são, elas também, uma caixa de ressonância da popularidade do presidente e não apenas uma banca de "acadêmicos" com poderes de reprovar os candidatos que se distanciem da média ideológica da maioria da Comissão de Constituição e Justiça.

Integrante da primeira safra de nomeações do presidente Lula — que indicou três ministros de uma vez: Cezar Peluso, Joaquim Barbosa e Carlos Ayres Britto —, o professor sergipano Ayres Britto era um petista designado por um presidente recém-eleito pelo PT, bastante popular na época. Em entrevista ao jornal *Correio Braziliense*, arquivada no site do tribunal, Ayres falou sobre sua relação com o partido: "Eu sou convictamente petista. Acho que é o partido que mais tem condições de responder aos desafios do novo tempo. Uma coisa que eu admiro muito no PT é esse compromisso mais orgânico, mais visceral, com a ética administrativa. Acho isso notável do ponto de vista partidário".

No Congresso, a CCJ do Senado era presidida por Edison Lobão, do oposicionista PFL (depois rebatizado de DEM). Mas o Supremo era menos ativista, ainda visto como um poder em formação, que não absorvia nem processava como força moderadora as grandes questões políticas e sociais; a sabatina de um indicado era uma espécie de happening, um encontro social a que os senadores afluíam mas não davam tanta atenção. A de Ayres Britto, por exemplo, foi assim: "Eu não tive dificuldade nenhuma, nenhuma. Parece que estava escrito nas estrelas. Nunca vi um caminho tão pavimentado. [...] O segundo [senador a fazer questionamentos], eu acho que foi Antônio Carlos. Eu digo: 'Meu Deus! O que vai sair?'. E Antônio Carlos disse… Já me chamando de ministro. 'Ministro, o senhor é meio baiano. Sua mãe é baiana...' Sabia tudo da minha família. 'Sua mãe é baiana, o senhor faz muitas conferências na Bahia, o senhor já atuou em bancas de concurso de professores na Universidade Federal da Bahia...' Impressionante! Impressionante! 'O senhor é parente de fulano? Conheço seu parente fulano e sicrano etc. etc.' Então foi cem por cento, o Antônio Carlos Magalhães comigo, cem por cento. [...] Eu nunca vi uma coisa tão fácil. [...] Eu não tive nenhum voto contra. Eu tive um voto de abstenção".

O cenário mudou. Primeiro, devido à polarização política, com o PT num dos extremos. A oposição passou a combater — até certo ponto — as escolhas para o Supremo. "Até certo ponto" porque sabia-se ser impossível rejeitar um nome indicado por um Executivo forte. Depois, porque a opinião pública começou a acompanhar mais de perto as indicações — o que ainda não ocorre em relação a outros tribunais, como Superior Tribunal de Justiça (STJ) ou Tribunal Superior do Trabalho (TST).

Nessa esteira, as sabatinas foram aprimoradas sensivelmente. Alterou-se o regimento interno do Senado, de modo a alimentar o debate público a respeito dos predicativos dos nomes apontados. O novo texto estabelece que, depois de lido o relatório sobre a indicação, seja concedida vista coletiva para que os senadores — e a sociedade — possam avaliar a escolha. "O portal do Senado Federal possibilitará à sociedade encaminhar informações sobre o indicado ou perguntas a ele dirigidas, que serão submetidas ao exame do relator com vistas ao seu aproveitamento, inclusive quanto à necessidade de realização de audiência pública em face das informações e indagações recebidas", prevê o regimento.

Há ainda alguns entraves — a lei prevê, por exemplo, que o juiz que antecipa juízo sobre determinada causa não possa ser submetido ao julgamento dos senadores. Mesmo que alguns dos ministros passem a fazer isso depois de empossados, ao serem sabatinados, protegem-se sob esse escudo da Lei Orgânica da Magistratura e fornecem aos parlamentares respostas lacônicas, que não comprometam seu juízo a respeito da matéria. No mais, senadores têm confundido longas sabatinas com boas sabatinas. Uma sessão da CCJ que dure onze horas pode ser apenas desgastante e pouco revelar do candidato.

Consultar a sabatina a que no passado se submeteu um ministro do STF é um exercício interessante para avaliar se diante dos senadores da CCJ já não estava a mesma personalidade, com o mesmo pensamento jurídico que o indicado passou a aplicar no Supremo uma vez constituído ministro. Por mais pasteurizadas que sejam as respostas, pois o candidato se equilibra no muro para evitar conflitos, algumas evidências de sua atuação futura no Supremo já estavam presentes. Em 2002, Gilmar Mendes — combatido pelo PT — demonstrou que usaria de arsenal capaz de ampliar os poderes do STF e não escondeu sua verve pró-governabilidade. "Na minha avaliação, a visão que o dr. Gilmar Mendes tem é que a Constituição deve se adaptar aos governos, quando deveria ser o contrário", disse o líder do PT na época, José Eduardo Dutra. Nenhuma novidade, portanto, sobre o ministro Mendes de hoje.

Da sua cadeira no Supremo, Barroso, que hoje eriça parte da política ao invocar a missão de empurrar a história "na direção certa", é o mesmo que defendeu, como advogado, a união homoafetiva, a possibilidade de interrupção da gravidez em caso de anencefalia e o aborto como direito da mulher. Mais uma vez, nenhuma novidade sobre o Barroso juiz. Ele revelou claramente o que pensava e foi aprovado pelos integrantes da CCJ por 26 votos contra apenas um.

Existem também fatores incontroláveis, uma vez que os examinados são humanos. Primeiro, o direito de o indicado mudar de opinião ou de postura. Segundo, o erro de avaliação, seja do presidente ao indicar o nome, seja dos senadores ao julgarem a escolha.

Há dois problemas adicionais: a cultura jurídica brasileira não estabelece divisões rígidas de escolas, de grandes teorias constitucionais. Não há linhas que dividam trincheiras numa mesma geração de juristas. Nem temas que polarizam a sociedade — liberdade de imprensa versus privacidade, poder de polícia versus liberdade individual etc. — são capazes de mover a política contra ou a favor deste ou daquele candidato. Até no caso de aborto: Barroso foi aprovado, mesmo sendo declaradamente a favor do aborto. Ou seja, não há por aqui, como nos Estados Unidos, uma clivagem clara entre progressistas e conservadores que facilite compreender a personalidade jurídica do escolhido. Outra questão é a falta de conhecimento do histórico dos candidatos. O currículo pouco diz do pensamento generalista que um ministro do Supremo terá de expor ao longo dos anos em que vestir a toga. E o indicado então se apresenta como um árbitro neutro, que apenas aplicará as leis, transmitindo a falsa ideia de impessoalidade e absoluta fidelidade à norma.

Por essas brechas passaram temas importantes, como a expansão do Supremo. O tribunal avançava à sombra e só tempos depois, quando constatada a tentacularização de seus poderes, os escrutinadores se interessaram por temas como ativismo judicial. Em nenhum momento Britto foi questionado pelos senadores a respeito do avanço do STF sobre questões que seriam essencialmente da competência do Legislativo. Nem ele, nem Cezar Peluso, nem Joaquim Barbosa, nem Lewandowski, nem Cármen Lúcia, nem Eros Grau. A expressão "ativismo judicial" só apareceu em 2009, na sabatina de Dias Toffoli.

Sem se dar conta do poderio do STF — sintonizado com o movimento expansionista global das Cortes constitucionais —, os senadores ainda confrontavam os indicados como se fossem aspirantes a um clube — exclusivo, sim, mas de poderes limitados. E, à diferença de outros países, a primeira sessão pública de uma sabatina ocorreu apenas em 1989, quando se avaliou a indicação de Paulo Brossard — 73 anos depois da primeira audiência aberta ocorrida nos Estados Unidos, do advogado e posteriormente *justice* Louis Brandeis. Lá, de 1967 a 2018, dezoito dos 27 indicados para o tribunal foram submetidos a sabatinas que duraram pelo menos quatro dias. Não é incomum o comitê do Senado americano responsável pelas sabatinas chamar testemunhas para confronto, acareamento, até, com os indicados pela Casa Branca.

Imaturas do ponto de vista institucional, as sabatinas brasileiras eram homologatórias — momentos de confraternização, palco para o *stand-up* dos apontados. No caso de Fux, que fora indicado por Dilma — então no início de seu primeiro mandato, em fevereiro de 2011 —, após ser aplaudido de pé, a primeira pergunta que lhe fizeram não foi uma pergunta, tal como a entendemos: "Quero dizer a esse pensador jurídico, acadêmico, sereno, rápido, humanista por excelência: nós todos nos honramos estar aqui para celebrar com v. ex.ª não apenas a vitória do jovem ministro, mas a vitória da Justiça. Seja feliz, general do direito, ministro Luiz Fux", celebrou o senador Vital do Rêgo.

Bem antes, em 2006, em mais uma prova de que a ideologia do indicado e o partido do presidente pouco representavam, Cármen Lúcia, uma escolha de Lula, foi assim recepcionada por um expoente da oposição ao PT, o senador tucano Tasso Jereissati: "Apenas isso que eu queria dizer e reforçar, que quando dissemos que não seria uma sabatina, hoje seria uma conclamação a sua presença aqui hoje".

Sabatinas informais e reservadas, consultas sigilosas entre integrantes dos Três Poderes, jogo bruto, disputa entre indicados (com a produção de dossiês) definiram na largada o destino de vários indicados. Se, depois de Floriano Peixoto, o Senado nunca recusou um indicado ao Supremo, nas coxias, nomes cogitados pelo Planalto são abatidos antes de chegar aos holofotes do Congresso. Em Brasília, a decisão, o veredito sobre o candidato, ocorre nos bastidores, fora do Senado. Num jogo que poupa uma derrota ao governo.

No início de 2006, o ministro Carlos Velloso se aposentou. Mais uma vaga se abria para indicação do presidente Lula. O ambiente político tentava não sucumbir às turbulentas ondas do mensalão. No carnê de apostas para o STF, surgiam os nomes de Tarso Genro e Luiz Eduardo Greenhalgh, ambos filiados ao PT. Em entrevista aos autores, Márcio Thomaz Bastos, o MTB, contou: "Naquele momento estávamos naquela crise. E a oposição estava muito encarniçada. Eu me lembro do Antônio Carlos Magalhães ter me ligado e dito: 'Se for um sujeito partidário, não vai passar'. Eu perguntei: 'Por exemplo?'. Ele respondeu: 'Luiz Eduardo Greenhalgh e Tarso Genro não passam [ambos advogados e políticos do PT]'". Como ministro da Justiça, MTB participara ativamente de seis das oito indicações de Lula para o STF. "Eu disse que estava tudo bem. Levei isso para o presidente, que me perguntou: 'Você acha que o Lewandowski passa?'. 'Passa, passa assim, de rabo erguido.'"

Foi uma jogada política habilidosa. O governo venderia para o Senado a ideia de que estava trocando uma indicação política por uma escolha meramente técnica. Lewandowski tinha fortes ligações com a esquerda — tanto na academia como na política. Seria um juiz de esquerda em pele de ministro neutro. "Indicamos e o ACM me ligou e disse: 'Parabéns'", continuou o ex-ministro. Desembargador do Tribunal de Justiça de São Paulo, Lewandowski entrara no radar por uma indicação familiar, não profissional. Ao encontrá-lo, Lula não teve nenhuma empatia, ainda que dele tivesse referências pessoais — as famílias se conheciam. O candidato passou a maior parte do tempo falando do filósofo Epicuro, da busca pelo prazer, de *ataraxia*, termo grego para a ausência de preocupação. A impressão de arrogante se dissipou com o tempo, e o ministro sempre permaneceria na lista de ministros que "não decepcionaram" o petista.

Apenas um mês depois da nomeação de Lewandowski, o ministro Nelson Jobim se aposentou. Lula decidiu indicar uma mulher. E, de novo, entrou em cena a máquina oculta de desmonte de *supremáveis*.

A candidata que despontava no governo era a advogada tributarista Misabel Derzi, sessenta anos à época, cujo padrinho era o então prefeito de Belo Horizonte, o petista Fernando Pimentel. Professora da Universidade Federal de Minas Gerais, doutora em direito, procuradora do estado e advogada privada bem-sucedida, Derzi tinha os atributos constitucionais para integrar o Supremo. Mas nas consultas surgiu um obstáculo: "O Supremo não quer a Misabel", disse Thomaz Bastos a Lula. Não era exatamente "o Supremo", mas um de seus integrantes: Gilmar Mendes. O poder de apadrinhamento de um ministro do STF, de fazer valer sua vontade numa indicação para o tribunal, é limitado — é quando exercem seus poderes de *veto-player* que os ministros do Supremo interferem na composição do tribunal.

Em abril de 2013, então presidente do STF, Lewandowski deu números e recheio a esse poder de obstrução. Contou ter recebido 25 candidatos em seu gabinete. "Eu não indico, mas posso vetar." A capacidade de veto é tanto maior quanto mais articulada for a combinação com outras forças políticas. E Mendes as operava como ninguém. Quando advogado-geral da União no governo Fernando Henrique, lidara com os aspectos jurídicos que envolveram a disputa entre a União e o governo Itamar Franco em Minas Gerais. Em 1999 o governador decretou a moratória da dívida com a União, criando uma grave crise para o Plano Real. Coube à procuradora-geral do estado, Misabel Derzi, negociar uma repactuação com o governo federal, após um cabo de guerra com Brasília.

"Meu ministro", disse o senador Antônio Carlos Magalhães, conhecido por ACM, então integrante da CCJ, enfatizando o pronome possessivo "meu", como a frisar sua proximidade com Mendes. Segundo ACM, o Planalto ia indicar Misabel para o STF, e o senador queria saber a opinião do ministro. Mendes não a considerava a melhor indicação, e lembrou que ela quase quebrara o governo Fernando Henrique no início do segundo mandato. O encontro, que transcorria no gabinete do então senador José Jorge, de Pernambuco, também testemunhado pelo então consultor legislativo Bruno Dantas, tempos depois nomeado ministro do TCU, transformou-se numa sabatina informal de apenas dois senadores e um ministro do Supremo — e sem a presença da indicada para replicar.

"Peça a sua secretária para ligar para o Márcio", disse ACM a José Jorge. Quando lhe passaram a ligação, ele disse: "Márcio, você sabe que o Senado nunca rejeitou uma indicação para o STF. Mas não manda essa Misabel para cá porque estamos muito perto disso". Com a reprovação oficiosa de Derzi, o nome de Cármen Lúcia ganhou tração ao ser apoiado pelo primo distante, o então ministro e decano do STF Sepúlveda Pertence, amigo de Lula. "Cármen, o seu problema é que dizem que você é porra-louca", disse Thomaz Bastos à aspirante ao cargo. "É preciso compromisso com a governabilidade, com o Estado, não é possível dar uma liminar e parar uma hidrelétrica, a não ser por razões de constitucionalidade, não por conveniência", afirmou MTB, como lembrou durante gravação a estes autores. "Não, pode contar comigo. Eu tenho treino de administração. Você vai ver que não vou fazer isso", ela replicou.

Informado, Lula chamou Cármen Lúcia ao Planalto. Ela chegou cedo, antes de Thomaz Bastos. "Foi a única [entre os aspirantes ao STF] a ser recebida sozinha pelo presidente no gabinete", disse Gilberto Carvalho, então chefe de gabinete de Lula. Hábil, capaz de, quando quer, envolver o interlocutor com boas histórias e simpatia, Cármen Lúcia contou ao presidente que fora uma criança pobre, que fazia bonecas com espigas de milho. Sentimental, sem formação jurídica, Lula estabeleceu uma imediata conexão com a postulante, que deixou o Planalto já indicada. No jogo de vetos ocultos, os operadores do Senado, as lideranças da Casa que orientavam votações, não a vetariam, como mostrou sua sabatina.

O processo de construção de um nome envolve muitas variáveis — um amigo com acesso ao gabinete presidencial; um desafeto poderoso; o apoio de setores econômicos, inclusive grupos de mídia; relações familiares que catapultam um jurista sem pretensões ao Supremo. Foi assim com Rosa Weber. Em agosto de 2011, Ellen Gracie se aposentou. Para manter o equilíbrio de representatividade, a escolhida deveria ser uma mulher. O ministro da Justiça José Eduardo Cardozo preparou uma lista com dez nomes, quase todas ministras de tribunais superiores, pré-requisito da presidente, e a levou ao Palácio da Alvorada. Com os nomes anotados à mão numa folha de papel avulsa (nunca houve documentação do processo de escolha para ministro do Supremo), Cardozo começou a leitura. "Maria Thereza, Isabel Gallotti [ambas ministras do STJ], a Beth…" "Que Beth?", interrompeu Dilma. Maria Elizabeth Rocha era ministra do Superior Tribunal Militar (STM), nomeada pelo então presidente Lula, em 2007. Tinha sido subordinada da própria Dilma na pasta da Casa Civil. "A Beth", retrucou Cardozo, sem apostos ou adjetivos, espantado diante da dúvida da interlocutora. "Aquela Beth? Não, de jeito nenhum", descreveu depois o ministro a assessores o ritual de escolha do nome. Com o descarte de nomes, ficou claro que Dilma apenas realizara aquela seleção para referendar uma candidata que lhe havia sido soprada por seu ex-marido, o advogado trabalhista gaúcho Carlos Franklin Paixão Araújo. "E a Rosa, cadê a Rosa?", perguntou, referindo-se à então ministra do Tribunal Superior do

Trabalho (TST), Rosa Weber, uma gaúcha que construíra a carreira na Justiça Trabalhista. "Está aqui", respondeu Cardozo.

Weber constava daquela lista, pois preenchia um critério de Dilma, de merecimento: ser ministra de tribunal superior. Tinha o que o ministro Luís Roberto Barroso, após sua confirmação, ecoando Sigmaringa Seixas, chamou de "arqueiro" — alguém que está bem perto do alvo (o gabinete presidencial), com competência para tensionar o arco na medida certa, sem pressionar demais nem afrouxar a pressão. O arqueiro de Barroso fora o então secretário-executivo da Casa Civil, o advogado Beto Vasconcelos. Reservada, sem trânsito na política, Weber nunca fizera campanha para o Supremo — o acaso, uma amizade regional (o ex-marido da presidente), a impulsionou. Não era a regra.

Poucas lendas são mais desmentidas do que a máxima "cargo de ministro do Supremo não se pleiteia nem se recusa". A frase, pinçada de um diálogo ocorrido em 1907, até hoje é repetida com certo cinismo por aspirantes ao tribunal. Afonso Pena, então presidente da República, nomeou para o Supremo o advogado Pedro Lessa, dono de uma das mais famosas bancas de advocacia de São Paulo, no início do século XX. Lessa não fora consultado nem recebera um convite prévio. Simplesmente apareceu nomeado. Titular de uma carreira acadêmica no Largo de São Francisco e de um escritório rentável, o advogado foi ao presidente da República para agradecer a nomeação e dizer que preferia ficar em São Paulo. Afonso Pena lhe disse que, como presidente da República, cumprira sua tarefa de escolher para o Supremo o melhor nome que havia para a vaga. E ele, Pedro Lessa, que cumprisse o seu papel, que era tão somente aceitar a função em nome da pátria. Lessa foi empossado no dia 20 de novembro de 1907, permanecendo no STF até sua morte, em 1921.

O Supremo mudara ao longo de um século. Os concorrentes também. "Uma vez me perguntaram, talvez no afã de que eu não responderia para não me comprometer: 'O senhor quer ir para o Supremo Tribunal Federal?'. Eu disse: 'Eu quero. Eu sonho com isso, porque eu acho que o soldado que não quer ir para o generalato tem de ir embora do Exército'", expôs Fux em sua sabatina, em fevereiro de 2011.

Um STF que diminuía a distância do Executivo, com funções novas e ampliadas, alterou a dinâmica da competição, que ficou mais renhida, com alguns golpes baixos, pactos de bastidores — e também mais profissionalizada. Escolhido por Temer, Moraes usou a assessoria de comunicação do Ministério da Justiça para defender sua indicação. Possivelmente em razão de um ato falho, a assessoria do ministério enviou, a todos os jornalistas, um link para a nota divulgada pela Associação dos Magistrados Brasileiros (AMB) em favor da indicação de Moraes, acompanhada da mensagem: "Vamos divulgar também. Era importante fazermos chegar a todos os senadores todas as notas das entidades da magistratura, MP e advocacia". Pelo WhatsApp, o próprio indicado mandou para seu grupo: "Amigo, a AMB, Ajufe, Conamp, ANPR, APMP, AMPRS, TJ/SP, MP/SP, Iasp, entre outros, mandaram NOTAS de apoio à minha indicação. Você acha possível um envio da sua parte? Seria importantíssimo".

Em 1989, Brossard foi escolhido para o Supremo pelo presidente José Sarney e, como vimos, seria o primeiro candidato ao STF a ser sabatinado pela CCJ do Senado. Antes dele, a comissão somente votava, em sessão secreta, um parecer pela aprovação do nome. Apesar disso, Brossard não se sujeitou ao beija-mão hoje de praxe no Senado. "Naquela ocasião, não se andava pedindo para ser nomeado. Não havia listas, não havia pedidos, não havia nada", lembrava Brossard.

Os tempos a que se referia Brossard eram outros. As circunstâncias da indicação de Fachin, no tumultuado governo Dilma, exigiram novo paradigma. Fachin contratou duas empresas de comunicação para assessorá-lo no relacionamento com a imprensa, moldar seu discurso durante a sabatina e lidar com a opinião pública, que até então nunca havia se manifestado tanto sobre uma indicação pelas redes sociais. "As pessoas se motivaram a participar dessa travessia", ele disse depois. Apoiadores de Fachin passaram a atuar também nas redes sociais para se contrapor ao movimento #fachinnão e #forafachin. O #fachinsim, criado por amigos, advogados, alunos e ex-alunos, veio acompanhado de um site para divulgar os vídeos que o aspirante a ministro gravou em resposta a ressalvas à sua candidatura. Os pontos críticos levantados eram seu eventual apoio à invasão da propriedade privada e sua discordância com a formação tradicional de família. O conflito político migrava para o campo ideológico. As alegações não eram sustentáveis, mas setores da direita e de oposição fabularam esse discurso para se opor a Dilma.

Num dos quatro vídeos gravados e divulgados na internet e nas redes sociais, em campanha de comunicação inédita para um indicado ao STF, Fachin dizia que a propriedade privada era "um direito fundamental e como tal nós devemos seguramente obediência a esse comando constitucional". Noutro, afirmava que a família é "instituição realmente fundamental para a sociedade brasileira". E, para a tranquilidade dos setores conservadores, em especial os parlamentares ligados às igrejas evangélicas, disse que não defendia a poligamia. "Evidente que no direito brasileiro não há lugar para reconhecimento da poligamia e eu também não defendo a poligamia", disse. Mas Fachin passou por um dos processos de indicação mais arriscados desde Aliomar Baleeiro, em 1965, que por pouco não teve o nome rejeitado pelo plenário do Senado. Os motivos, no caso de Baleeiro, eram sua picardia e as antipatias que amealhou na vida de parlamentar.

Fachin pagou o preço por ter sido indicado por uma presidente mais tarde destituída pelo Congresso Nacional — e num novo momento de engajamento da opinião pública nas questões envolvendo o STF. Mas foi aprovado por 20 × 7 na CCJ, e em plenário do Senado por 52 × 27. Com a indicação de Fachin, por sinal, o governo Dilma corrigia um erro político que admitia ter cometido.

Quando a presidente desistiu do nome de Heleno Torres para a vaga aberta pela aposentadoria de Ayres Britto, ninguém do Palácio avisou Lewandowski — padrinho de Torres. O presidente da Corte soube por Gilmar Mendes que era Barroso o indicado para a vaga. E por isso cobrou uma resposta do governo. Como, na condição de aliado, ele podia tomar conhecimento da indicação por alguém que considerava adversário do governo? "Isso eu não posso admitir", disse Lewandowski a um auxiliar de Dilma que convocou a seu gabinete.

Dilma reconheceu o erro estratégico e chamou Lewandowski para um encontro privado no Alvorada. A partir daí os dois passaram a se falar com mais frequência. Uma dessas conversas foi arquitetada pelo ministro da Justiça, José Eduardo Cardozo, em Portugal, em 2015. Lewandowski estava no Porto, e Dilma viajaria para a Rússia para a reunião dos Brics (Brasil, Rússia, Índia, China e África do Sul). O avião presidencial pousou em Portugal exclusivamente para essa conversa. O encontro, que não constava da agenda oficial, foi descoberto pela imprensa. Mas as assessorias, em versão combinada, informaram que a reunião entre os presidentes dos dois Poderes tratou do reajuste de servidores do Judiciário. Na verdade, a pauta era uma só: a Operação Lava Jato e suas repercussões políticas.

Barroso estava no páreo havia tempos. Em meados de 2005, recebeu uma ligação de Fux. "Você é meu amigo, mas essa vaga eu vou disputar com você", disse Barroso. Ambos ainda demorariam a chegar ao tribunal.

Certeza de indicação, apenas Dias Toffoli, que em público foi muito discreto quanto à divulgação de seus planos. Com uma única derrapada. Ao sair do restaurante La Casserole, em São Paulo, onde fora jantar com amigos, registrou no livro de visitantes a presença do "futuro ministro do STF". Só que na ocasião ele ainda era ministro da Advocacia-Geral da União (AGU) de Lula.

A morte precoce do ministro Carlos Alberto Meneses Direito antecipou a indicação que era dada como certa, talvez a mais previsível de todas as escolhas do presidente Lula. Em conversas reservadas com seus assessores e demais ministros, o presidente falava abertamente, mais de um ano antes da indicação — que ocorreu em 2009 —, que faria Toffoli ministro do Supremo: "Esse vai ser o meu menino no Supremo". O sonho de Lula era que Toffoli se tornasse o Gilmar Mendes do PT, lembravam auxiliares próximos ao presidente.

Apesar disso, a indicação foi conturbada, decerto a mais problemática e contestada dos oito anos do governo Lula. A começar pela idade. Toffoli tinha 41 anos quando foi indicado. Na história, não foi o mais novo ministro do Supremo. Na República, Alberto Torres foi empossado em 1901, quando atingiu a idade mínima para ser indicado — 35 anos. No ano seguinte foi a vez de Epitácio Pessoa, aos 36 anos. Antes de vestir a toga, Alberto Torres foi deputado estadual, deputado federal, ministro da Justiça e do Interior do governo Prudente de Morais e presidente do estado do Rio. Epitácio Pessoa, que viria a ser presidente da República, fora igualmente deputado estadual, catedrático da Faculdade de Direito do Recife, uma das mais importantes do país, e ministro da Justiça do governo Campos Sales. E, mesmo com esses currículos, eles receberam alguns olhares tortos em razão da idade.

Toffoli tinha currículo modesto. Aos 28 anos, chegou a Brasília como assessor jurídico da liderança do PT na Câmara dos Deputados. O partido fazia oposição ao governo Fernando Henrique Cardoso e dispunha de poucos instrumentos para isso. E Toffoli era operador do plano B do partido na disputa com o governo — judicialização da política no STF. Seu desempenho despertou a atenção da cúpula do partido e o levou a ser convocado para defender, no Tribunal Superior Eleitoral (TSE), o candidato Lula durante a campanha de 1998.

Em 2002, Toffoli novamente o representou em processos do TSE por intermédio do recém-aberto escritório de advocacia. Três anos depois, quando veio à tona o esquema de pagamento de mesadas para políticos simpáticos ao governo, José Dirceu foi substituído por Dilma Rousseff na Casa Civil. Em algumas semanas, um bate-boca em tom de voz elevado levaria Toffoli a abandonar o governo e reabrir seu escritório de advocacia. Nascia ali uma inimizade que daria frutos.

O aparente malogro dos planos de Toffoli seria em breve desfeito. Em 2006, Lula o contratou mais uma vez para defendê-lo no TSE durante a campanha à reeleição. Vencida a disputa, o presidente o nomeou para a Advocacia-Geral da União. Toffoli cumpria assim a primeira etapa que estabelecera para chegar ao STF. Daquele dia em diante, era preciso adotar uma postura suprapartidária, desvencilhar-se, sem renegar suas origens, da nódoa de ter sido advogado do PT e de Lula por tanto tempo. Para chegar ao STF, ele também precisaria dos votos da oposição. Foi o que buscou ao estabelecer uma agenda de frequentes encontros com parlamentares da situação e da oposição e ao se esquivar de processos polêmicos que passavam pela AGU antes de serem julgados pelo Supremo. Toffoli adotou um discurso que soou atravessado a muitos integrantes do governo. Com o intuito de demonstrar uma conversão progressiva à neutralidade político-partidária, ele passou a dizer em público que a AGU era um órgão de defesa do Estado e não do governo.

Uma ADPF, ação que pode questionar a compatibilidade de uma lei anterior à Constituição de 1988 com o texto constitucional, ajuizada pelo Conselho Federal da Ordem dos Advogados do Brasil

(OAB), questionaria, em 2008, a compatibilidade entre a Lei de Anistia, de 1979, e a Constituição Federal, de 1988. Era um processo que lembrava um período conturbado da história brasileira e reavivaria o conflito entre militares e esquerda, de ontem e de hoje. Assim que designado relator da ADPF, o ministro Eros Grau pediu informações à Câmara dos Deputados, ao Senado Federal e à Advocacia-Geral da União.

À divisão da opinião pública se somariam as opiniões divergentes dentro do governo Lula. De um lado, o ministro da Defesa, Nelson Jobim, defendia a anistia para militares responsáveis pelos crimes de tortura, sequestro, assassinato e desaparecimento forçado. Do outro, os ministros da Casa Civil, Dilma Rousseff, e o ministro da Comunicação Social, Franklin Martins, queriam punição. O presidente Lula ficou no centro. Como em outros momentos de seu governo, ele evitou assumir responsabilidade em assunto tão controvertido. Optou por deixá-lo para o STF. Mas Toffoli tomou uma posição. Um ano depois, na sabatina no Senado, disse: "Fomos contrários [à revisão] da lei, que foi um pacto político e social para que o país superasse aquele momento histórico", referindo-se à ditadura militar.

Enquanto Toffoli ainda estava em campanha, notas na imprensa começaram a levantar fumaça a respeito da correção do candidato. E ele foi apurar de onde estariam brotando as informações contra sua possível indicação. Perguntou a Martins, cara a cara. Um assessor de Toffoli lembraria a resposta que o colega de governo lhe deu: "Eu vou te foder", disse Franklin, então ministro da Comunicação Social. "O dia deles vai chegar", resignou-se Toffoli, referindo-se a Dilma e Martins.

Reprovado em dois concursos públicos para juiz — o que não constitui uma excepcionalidade em se tratando de STF —, sem cursos de pós-graduação, Toffoli triplicou seu currículo com cinco páginas de referências a entrevistas que concedeu para a imprensa e dados de pareceres e enunciados por ele elaborados na condição de advogado-geral da União. Mesmo assim Lula estava apreensivo. "Porra, Jucá, estou com medo do Toffoli ser barrado", disse o presidente ao então líder do governo no Senado. "Eu garanto a aprovação", respondeu Romero Jucá, reiterando que a construção de um ministro não ocorria, nunca ocorrera, nas sabatinas. Toffoli precisaria conquistar outros atores que se opunham a sua indicação. "O Gilmar é contra sua ida para o Supremo", disse-lhe a advogada Guiomar Feitosa. O poder de veto de um ministro do Supremo é real, mas não insuperável. A determinação de um presidente popular, a do próprio candidato e a de suas conexões políticas o superam.

Lewandowski, que dissera ter poder de veto sobre indicado, certa vez referiu-se com graça a um escolhido que o desagradava, mas contra quem não podia oferecer obstáculos. Em conversa com um amigo, sempre com a discrição e lhaneza que lhe são peculiares, e sem mencionar nomes, manifestou sua inócua oposição: "Corre uma piadinha nos corredores do STF, com relação a esse favorito, que é a seguinte: se o nome dele for indicado, será preciso ter doze cadeiras no plenário, uma para ele e outra para o ego dele". O favorito era Barroso, mas Lewandowski não aludiu a seu nome.

No caso de Toffoli, Mendes era uma resistência mais poderosa. Mas o candidato era amigo de Guiomar Feitosa — importante personagem para debelar resistências. "É uma pessoa qualificada, com bom diálogo com o tribunal", disse o ministro sobre o indicado por Lula. Ele, que instava os jornalistas a escrever que Toffoli fora reprovado em concursos para juiz, virou a chave, mas ainda sem muitos adjetivos. Entretanto, foi um fato político-jurídico pós-indicação que os aproximou em definitivo.

Na semana que antecedeu a indicação, o juiz da 2ª Vara Cível da Justiça do Amapá, Mario Cezar Kaskelis, condenou Toffoli a devolver 420 mil reais aos cofres públicos do estado. O escritório de Toffoli era suspeito de conluio com o então governador do Amapá, João Capiberibe (PSB), para firmar um contrato para prestar serviços de advocacia em tribunais superiores em Brasília. O que violaria, no entendimento do juiz, a Lei de Licitações e o princípio da moralidade administrativa. A ação foi movida por um inimigo político de Capiberibe.

Na sexta-feira, 18 de setembro de 2009, a imprensa tratou a condenação de forma objetiva, aguardando a reação de Toffoli. No sábado, dia de poucos fatos em Brasília, a participação de Gilmar Mendes num evento acadêmico estaria na pauta dos repórteres de plantão. Adão Paulo de Oliveira, assessor de imprensa de Toffoli na AGU e no STF, sugeriu aos jornalistas que perguntassem a Mendes sua opinião sobre o julgamento. Uma jogada arriscada, diria anos depois Toffoli. Mas Adão Paulo sabia como Mendes reagia a eventuais tentativas do Judiciário de usar processos com fins políticos. E era esse o entendimento de Toffoli sobre sua condenação naquele momento estratégico.

"Até me surpreende que não tenha havido mais processos", disse Mendes. "Não atribuo relevo a esse tipo de questão, a não ser que surja fato grave, pois as especulações são naturais", acrescentou. Bingo. Mendes reagiu como esperado. Disse que Toffoli era vítima de conjecturas e constrangimentos indevidos. A partir desse instante, o ministro passou a trabalhar por sua aprovação e operou nesse sentido, conversando com parlamentares do DEM, como se lembraria Toffoli em 2018.

Naquela mesma tarde de sábado, Toffoli o visitou em casa para agradecer e fazer germinar uma parceria duradoura, com impactos na dinâmica futura do STF. A profecia deixada no caderno do restaurante em São Paulo após algumas garrafas de vinho se cumpriria. Embora a votação em plenário seja secreta, Toffoli obteve apoio da oposição, fato que se pode estimar pelo resultado do placar, mais alto que o número de integrantes da base aliada a Lula. Foram 58 votos a favor, nove contra e três abstenções. Na sabatina, 33 senadores fizeram questionamentos, mas apenas dois criticaram seu currículo.

As indicações para o STF não guardavam associação direta entre o indicado e a ideologia do partido do presidente. Os ministros nomeados a partir da promulgação da Constituição chegaram ao tribunal por motivos diversos, circunstanciais. As escolhas de Fernando Henrique para o STF (Nelson Jobim, Ellen Gracie e Gilmar Mendes) tiveram o propósito de reforçar na cúpula do Judiciário um padrão de deferência à governabilidade, de adesão a pontos representativos de um novo gerenciamento das contas públicas, como a preservação do Plano Real, da Lei de Responsabilidade Fiscal e de questões fiscais de modo geral. Uma composição de tribunal que, naquele momento, aprofundou uma característica de Cortes constitucionais recentes, com constituições recém-promulgadas — de deferência ao Executivo. "A lógica [das nomeações para o STF] do Fernando Henrique era uma; a do Lula foi vocacionada para criar referências, como a questão racial", avaliou o ex-ministro da Advocacia-Geral da União no governo Lula, Luís Inácio Adams. "A nossa intenção era fazer um Supremo diferente, um Supremo que não fosse um posto de fim de carreira para magistrado, mais voltado para a sociedade, para as grandes questões. Hoje tem sido protagonista de algumas das grandes questões da sociedade. A ideia era essa, criar um Supremo de cara voltada para a sociedade, com cada ministro sendo representante de alguma coisa, de um setor, de uma porção, de uma corrente de pensamento, de alguma atitude", disse cinco anos depois Thomaz Bastos. "Não havia uma estratégia clara. Era muito no varejo", lembrou Gilberto Carvalho, a respeito das primeiras indicações de Lula.

Essa estratégia de pinçar para o STF representantes de setores sociais intensificou uma dissintonia entre os indicados e a expectativa dos presidentes que os nomearam, o que não necessariamente foi ruim quando o tribunal viu-se às voltas com o julgamento das ações penais do mensalão e da Lava Jato, que atingiam a coalizão governista. "As divisões entre os ministros do STF não guardaram relação evidente com a origem política de suas indicações", registrou Jeferson Mariano Silva.

O desinteresse presidencial em predizer o comportamento dos ministros produziu magistrados com agendas próprias, às vezes moldadas pela instituição e outras tantas por suas suscetibilidades ao mundo externo. Até aparecer o mensalão, quando política e Corte se chocaram de forma inédita, Lula pouco havia se preocupado com a composição do tribunal, ou a filosofia jurídica e o perfil dos indicados — salvo se lhe rendessem ganhos de popularidade em determinados setores da sociedade. "Só depois da nomeação dos três primeiros [Peluso, Ayres Britto e Joaquim Barbosa] e do Eros, o quarto, que o presidente, eu tenho a impressão, progressivamente começou a ver a importância daquilo", analisou Thomaz Bastos.

Sob pressão do Judiciário, Lula passou a fazer uma avaliação negativa de suas indicações. "Porra, ministro meu é o Gilmar, não aqueles que o Márcio me fez indicar", disse em tom de troça o então presidente. Sua última indicação, de Meneses Direito, teria sido seu grande acerto, confessava Lula a seus auxiliares. O nome fora apadrinhado pelo então ministro da Defesa, Nelson Jobim, contra os conselhos de Thomaz Bastos, já fora do governo. Direito era um conservador, com uma agenda distinta daquela do PT em matéria de costumes, mas que impressionou Lula positivamente pela discrição e pela coragem de enfrentar a opinião pública.

Reclamar de ministro da Suprema Corte era novidade no Brasil, onde era recente a atenção dos presidentes ao tribunal. Nos Estados Unidos, o presidente Truman referiu-se assim a Tom Clark, a quem nomeara e que foi forte indutor da dessegregação racial das escolas nos Estados Unidos. "*It isn't so much that he's a bad man. It's just that he's such a dumb son of a bitch*" [Não é tanto que ele seja um mau sujeito. É que ele é um cretino filho da puta].

Quando insatisfeito com uma decisão do Supremo ou com o comportamento de um dos seus indicados, Lula dizia: "É tudo culpa do Siguinho", referindo-se ao advogado e ex-deputado Sigmaringa Seixas, falecido em dezembro de 2018. Muito próximo a Lula, espécie de embaixador do PT junto ao STF, conhecedor dos humores do Supremo e da política, da dinâmica de uma nomeação, exímio operador dos bastidores, Sig, como era conhecido nas internas, participou das oito nomeações de Lula para o STF. "Nunca levei um nome que o Lula não quisesse", disse aos autores deste livro numa série de entrevistas gravadas entre 2017 e 2018. Seixas havia cunhado o termo "arqueiro do STF", aquele que lança ao STF, como uma flecha, os aspirantes a uma vaga. Ele era o maior arqueiro pós-1988. Em entrevista à FGV, o ministro Barroso lembrou que o Seixas sempre dizia: "O seu candidato é o que entra".

Lula convidou Seixas para o Supremo insistentemente, mas o amigo alegava não estar habilitado para o cargo. O presidente argumentava dizendo que ele poderia se cercar de bons assessores e assim ter um ótimo desempenho. Não o convencia. Sua preferência pelo ex-deputado era notória. Tanto que Toffoli, quando convocado, disse a Lula que sabia não ser sua escolha do coração. O presidente soltou um palavrão e contou que o amigo não havia aceitado o convite. Portanto, era ele, Toffoli, o indicado.

Sigmaringa Seixas e Márcio Thomaz Bastos foram personagens centrais nas indicações e compuseram o Supremo nas gestões do PT. Ambos admitiam seus erros de avaliação sobre esse ou aquele ministro ou ministra. Decepcionavam-se com o que acreditavam ser uma conversão de comportamento. Não eram inocentes para acreditar piamente na disposição revelada por um(a) futuro(a) ministro(a) de desidratar o mensalão, esquema recém-descoberto e explorado politicamente em 2006 pela CPI dos Correios.

Seixas, em especial, já estava escolado. Anos depois, quando viu Fux repetir a promessa de matar o mensalão no peito — agora de forma mais explícita —, não acreditou na real disposição do indicado. O que MTB e Seixas reclamavam, com frequência e sobre personagens diferentes, era da suscetibilidade diante da opinião pública. O mesmo dizia Lula. Políticos deviam satisfação aos eleitores. O Executivo também. Mas ministro do Supremo é vitalício, dizia o ex-presidente. "Eles são os únicos caras que não têm que ter medo de ninguém. Como é que se cagam de medo assim?", perguntava aos amigos.

Presidentes podem achar que erraram em suas indicações. Como podem se arrepender por não terem nomeado figuras controversas. Ou mesmo se regozijar por não terem ido no faro de um conselheiro. Márcio Thomaz Bastos insistiu, no final do governo Lula, pela nomeação, para o Supremo, de Cesar Asfor Rocha, ministro do STJ. Asfor Rocha era figura polêmica, dominava o STJ, fazia política dentro do tribunal, construiu uma maioria sólida que lhe dava poderes de coronel nas indicações de ministros e em julgamentos importantes. Também mantinha contatos fortes com importantes aliados de Lula, em especial com o ex-presidente e então presidente do Senado José Sarney. Tinha, portanto, tudo para ser indicado. E seria.

"Lula estava empolgado com o Asfor Rocha", disse um dos assessores. "Estava de saco cheio de indicar gente que falava que ia ser legal e depois fraquejava. A bronca do Lula não era se o cara votava para um lado ou para o outro. Era a incapacidade de enfrentar a opinião pública", acrescentou. E Asfor Rocha — acreditava Lula, a partir da opinião dos padrinhos da indicação — não o decepcionaria, não se recusaria a ouvi-lo e a levar seus argumentos em consideração.

A indicação seria feita e facilmente aprovada pelo Senado. Não fossem as suspeitas — nunca provadas — de que o ministro do STJ fazia mais do que meramente política, levadas ao presidente por amigos e integrantes do governo. Em 2011, a revista *Veja* publicou que Lula não nomearia Asfor Rocha porque havia ouvido de Roberto Teixeira, seu compadre, que o candidato lhe pedira dinheiro em troca de favorecimento num processo. E não foi apenas uma fonte que declarou esse tipo de acusação ao presidente. Até um padre fez coro a essas suspeitas.

Asfor Rocha renunciou à candidatura. "Presidente, você me deixou muito mal", disse Sarney a Lula, incomodado por ter sido ele a transmitir ao ex-escolhido a informação de sua possível indicação para o Supremo, asseverando-lhe que já estava tudo acertado. Para não ficar tão mal com o afilhado, Sarney decidiu homenageá-lo numa cerimônia extemporânea, aparentemente sem motivo, concedendo-lhe a insígnia da Grã-Cruz da Ordem do Congresso Nacional, a maior comenda do Legislativo. Para não prejudicar a relação com Sarney, Lula desistiu de qualquer indicação.

A vaga — aberta com a aposentadoria de Eros Grau em agosto de 2010 — só seria preenchida por Dilma com a escolha de Fux, em fevereiro de 2011. A promessa de matar no peito enganou os petistas. Ao contrário, Fux repetiu os votos de Joaquim Barbosa pela condenação dos mensaleiros. Barbosa, indicado por Lula para o STF, nunca decepcionou o presidente. Afinal, o governo pouco esperava dele. Sua escolha não teve nada a ver com o direito, mas com o marketing da diversidade.

7. Mensalão

"Espalhem!", escreveu o ministro Joaquim Barbosa no campo "assunto" da mensagem enviada de sua conta pessoal do Gmail. "*Spread the word*", repetiu, em inglês, no corpo do e-mail com o link para uma reportagem veiculada pelo site da rede de TV Al Jazeera sobre o julgamento do mensalão. Redigido por um colaborador da emissora árabe no Rio de Janeiro, o texto "Brazil's 'Trial of the Century'" [Brasil: o julgamento do século] dizia que o destino da ação penal 470, o nome oficial do mensalão no STF, marcaria um ponto de inflexão na política brasileira. A notícia lhe fora enviada pelo amigo Jorge Lima. O julgamento do mensalão começara alguns dias antes, em 2 de agosto de 2012.

Barbosa era muito crítico em relação à imprensa brasileira, e disso não fazia segredo. Censurava a falta de diversidade nas redações (ideológica e racial), a (má) formação dos jornalistas e a linha editorial dos principais jornais. "A imprensa brasileira é muito sectária, partidária, ideológica. Só critica um lado, só abre espaço para pessoas de um determinado perfil e se mantém silenciosa quanto a abusos de pessoas que ela julga serem do seu lado", dizia a assessores do gabinete sempre que lia algo que o desagradasse "nos jornalões", como se referia ao *Estado de S. Paulo*, *Folha de S.Paulo* e *O Globo*. Por isso assinava títulos da imprensa internacional — a revista inglesa *The Economist*, o jornal *New York Times*.

"VC ESTA NO NEW YORK TIMES!", dizia outra mensagem retransmitida pelo ministro a seus contatos, tal como lhe chegara, em caixa-alta e sem acento, sem se importar que o sujeito da frase fosse ele mesmo e não aquele a quem o e-mail se destinava. A reportagem do jornal americano o retratava como um herói popular, dizia que se vendiam máscaras de seu rosto no carnaval, que memes (embora o termo não fosse usado na época) circulavam nas redes sociais, mostrando-o como um magistrado com superpoderes. A matéria ainda fazia menção à capa de *Veja* que estampara a foto de um Barbosa criança, com camisa branca de tergal da escola estadual Antônio Carlos, de Paracatu, interior de Minas, com o título: "O menino pobre que mudou o Brasil". Não havia nada de profundo em termos jurídicos na reportagem do *NYT*, só ficava na superficialidade que ele tanto lamentava na imprensa brasileira. A obrigação de sintetizar um período histórico em poucas linhas, de hipertrofiar as qualidades do perfilado e tornar a história interessante para o leitor dos Estados Unidos tornou a matéria acrítica. Barbosa aprovou.

Relator do mensalão, responsável pela condução do processo desde julho de 2005, Barbosa fora encarregado de analisar as provas e propor as penas para os envolvidos. Naquele agosto de 2012, seu relatório acabara de ser submetido ao plenário do Supremo. O ministro via o mensalão como um caso que mudaria a história do tribunal — e do país. O mensalão — um nome sintético que traduzia para o grande público o esquema montado no governo Lula de compra de apoio parlamentar em troca de postos em estatais e propinas mensais advindas de contratos públicos superfaturados —, o mensalão do PT, dizia ele, não seria solapado pelo compadrio da elite, a aliança entre políticos poderosos, empresários e magistrados. Nem por argumentos técnico-formais — ou, como costumava afirmar, por "filigranas ou chicanas processuais" — engendrados por advogados de bancas milionárias.

Incomodavam-no em especial a proximidade dos grandes escritórios de advocacia e a pressão sobre os ministros, prática rotineira do STF que o relator via como um mal maior. Na crônica jurídica, chamam-se debochadamente "embargos auriculares" as conversas ao pé de ouvido entre advogados e magistrados, exercícios de persuasão, externos ao âmbito dos autos, da tese da defesa. A expressão é uma corruptela dos embargos de declaração, divergentes e infringentes, que são recursos judiciais previstos em lei e que servem para corrigir omissões, obscuridades nas sentenças, ou para arbitrar entre decisões contraditórias ou não unânimes.

"Essa é uma prática contra a qual eu me bato desde que cheguei ao tribunal: a das audiências fechadas, a quatro paredes, entre o ministro e apenas uma das partes. Quantas informações falsas, não checadas ou de última hora são passadas ao julgador", afirmava Barbosa. "Eu insisti tanto nessa tecla que adquiri certa impopularidade entre certos tipos de advogados, mas me beneficiei de algo que poucos dentre os meus colegas dispõem: a cabeça totalmente livre na hora de decidir, sem as naturais pressões e dúvidas de última hora que o sistema de embargos auriculares propicia", emendava.

O julgamento do mensalão só ocorreu por uma conjunção de singularidades que se enfeixaram no país naquele momento. O histórico do tribunal não era de condenações de deputados, senadores, líderes partidários. Até 2001, parlamentares só podiam ser processados no Supremo depois de prévia autorização da Câmara ou do Senado. Sem esse aval, a Corte nada podia fazer.

Ao todo, a Procuradoria-Geral da República denunciara, em 30 de março de 2006, quarenta pessoas, entre as quais o ex-ministro José Dirceu, principal auxiliar de Lula, além de banqueiros e deputados. Passados seis anos em que ficou relatando o caso, Barbosa estava otimista com o julgamento, a mensagem que seria transmitida à sociedade.

Contudo, em agosto de 2007, no começo de tudo, quando o tribunal se preparava para decidir se receberia ou não a denúncia da PGR contra os investigados, o estado de espírito do ministro era outro. Receava que o plenário votasse majoritariamente contra a denúncia, fosse em sua totalidade, fosse nas partes referentes aos políticos mais importantes.

Naquela ocasião, os quatro mais novos integrantes do tribunal — Ayres Britto, Joaquim Barbosa, Cármen Lúcia e Lewandowski — compunham um grupo informal autodenominado "Republicanos". O que os unia era uma crítica ao chamado garantismo penal em favor de corruptos e corruptores poderosos.

Rótulo jurídico colado aos magistrados que privilegiam as garantias processuais e defendem limites ao poder punitivo do Estado, o garantismo, apesar de enunciar uma platitude, de expressar comandos e princípios constitucionais de aceitação ampla, adquiriu conotação pejorativa. No Brasil, havia virado sinônimo de impunidade para réus com advogados bons e caros.

Em contraposição ao modelo garantista, popularizava-se entre juízes criminais (com a simpatia de alguns integrantes do Supremo) um novo direito penal mais punitivista, determinado a oferecer uma resposta eficaz aos medos e frustrações da sociedade, mesmo que à custa de uma flexibilização de leis penais e processuais. "Queríamos imprimir uma visão mais progressista", lembrou um ministro, pedindo reserva e enfatizando que progressismo, no caso, significava levar o direito penal às elites.

Havia ainda outro impulso a unir os Republicanos: a atuação de um grupo contrário, formado por Gilmar Mendes, Cezar Peluso e Eros Grau. O recebimento da denúncia, fase que determina se haverá ou não julgamento, se as provas indicam crimes ou são frágeis a ponto de implicar absolvição imediata dos réus, seria um teste para o grupo de Barbosa.

Por três vezes, na véspera da decisão, os Republicanos se reuniram para traçar estratégias de voto, de comportamento em plenário. Algo incomum na época e que tempos depois se reproduziria na Lava Jato em momentos-chave. O último desses encontros ocorreu no gabinete de Ayres Britto, para dar alguns retoques no voto do relator e bater o martelo numa posição única. A tensão era evidente. "*Je suis l'homme à abattre*", dizia Barbosa, recorrendo a uma corriqueira expressão francesa que significa, grosso modo, "sou o alvo preferido, o homem a destruir". "Eu não posso ficar isolado", pediu aos colegas na reunião, conforme o relato desses ministros.

Barbosa sabia que contava com o apoio da opinião pública e de seu grupo, mas temia ver partes de seu voto rejeitadas, com a exclusão de figuras centrais, pelos integrantes da "Brigada da Impunidade", como o relator se referia intramuros aos adversários no tribunal. Barbosa queria certeza de ter maioria clara no tribunal em favor da aceitação da denúncia, para legitimar e dar tração à próxima fase do processo — o julgamento dos réus.

Havia uma preocupação latente. O ministro Sepúlveda Pertence seria, de acordo com a lei vigente, compulsoriamente aposentado em novembro daquele ano. Na visão dos Republicanos, a depender de quem o governo indicasse para essa vaga, o grupo adversário ganharia ainda mais força na geopolítica interna. Na prática, o bloco dos novatos e o bloco dos antípodas não formavam uma maioria coesa. Dependiam sempre dos votos de Celso de Mello, Marco Aurélio Mello e Ellen Gracie, que se inclinavam para um ou outro lado, conforme os temas.

Um evento inesperado mudou a dinâmica do julgamento de aceitação da denúncia, deixando sequelas definitivas no ecossistema do tribunal, que até então, não fossem discretas rusgas nos bastidores, funcionara como uma instituição plácida diante do desinteresse da opinião pública por sua rotina.

No primeiro dia do julgamento, 22 de agosto de 2007, uma troca de mensagens pelo computador entre Cármen Lúcia e Lewandowski foi captada pelas lentes de um fotógrafo de *O Globo*. No dia seguinte, a manchete do jornal trazia: "Ministros do STF combinam e antecipam voto por e-mail". Em outro enunciado, o texto complementava: "Ministros do Supremo especulam sobre ligação entre julgamento e sucessão na Corte". A conversa pelo sistema interno de comunicação evidenciava que os Republicanos temiam o domínio do grupo divergente e a suposta articulação para nomear o sucessor de Pertence.

"Temos ainda três anos de 'domínio possível do grupo', estamos com problema na turma por causa do novo chefe [presidente, ministro Marco Aurélio], vai ficar [ilegível] e não apenas para mim e para v. principalmente para mim, mas também acho, para os outros [Carlos e J.]", escreveu Cármen Lúcia, referindo-se a Ayres Britto e Barbosa. "O Cupido [apelido que ela dera para Eros Grau, que escrevia poemas eróticos] acaba de afirmar aqui do lado que não vai aceitar nada", ela escreveu. "Desculpe, mas estou na mesma, será que estamos falando da mesma coisa?", perguntou Lewandowski, confuso. "Vou repetir: me foi dito pelo Cupido que vai votar pelo não recebimento da den. Entendeu?", ela repetiu. "Ah, agora sim. Isso só corrobora que houve uma troca. Isso quer dizer que o resultado desse julgamento era realmente importante", completou Lewandowski.

Os dois desconfiavam que o lado de lá, mais especificamente Eros Grau, se dispusera a votar contra a denúncia e, dessa forma, fortalecer a indicação de um novo ministro do STF mais afinado a seu grupo, o de perfil garantista — o candidato mais provável, naquele momento, era Carlos Alberto Meneses Direito, ministro do Superior Tribunal de Justiça. Divulgado o episódio, Grau teve uma crise de hipertensão e necessitou de atendimento médico. "A sociedade e mesmo a imprensa não o sabem, mas o magistrado independente é autêntico defensor de ambos [sociedade e imprensa]. É mercê da prudência do magistrado independente que não resultam tecidas plenamente, por elas mesmas, as cordas que as enforcarão, as elites e a própria imprensa", afirmou, ao ler, na sessão seguinte à publicação da reportagem, um manifesto em que atacava a imprensa.

Direito era uma escolha patrocinada por Nelson Jobim, ex-presidente do STF e ministro da Defesa de Lula. Com a saída de Márcio Thomaz Bastos do governo, Jobim, ex-deputado e constituinte, liderança histórica do então PMDB, com conexões em todos os partidos, passara a ser o principal conselheiro de Lula para assuntos do Judiciário.

Lula estava preocupado com a próxima fase do mensalão, pós-recebimento da denúncia, que se ocuparia da instrução do processo e do julgamento da ação penal, podendo decretar a prisão de vários aliados petistas. E foi isso que acabou acontecendo. O presidente não confiava mais nos ministros que ele próprio indicara, e perdera os canais de diálogo com os Republicanos.

Meneses Direito, que fora filiado ao PMDB, com carreira política no Rio de Janeiro, seria diferente, garantiam Jobim e Gilmar Mendes — outro apoiador da candidatura e, naquele momento, com boa interlocução com Lula. Se nomeado, ele não se impressionaria com as pressões da opinião pública, não se deixaria levar pelas correntes.

Mesmo já fora do governo, Thomaz Bastos, que até então havia participado ativamente de todas as indicações de Lula para o Supremo, tentou interceder junto ao presidente para brecar o nome de Meneses Direito. "Porque ele é muito ligado ao Gilmar, ao Eros, ao Jobim", disse. MTB defendia a indicação de um penalista nos moldes de Pertence — mais garantista, menos linha-dura. Mas que também não saísse na largada identificado a um grupo nem se manifestasse tão conservador no campo dos costumes como Meneses Direito. Católico praticante, o apadrinhado de Jobim costumava usar como marcadores de seus livros jurídicos papéis com orações e estampas de santos. "Eu já estou comprometido com um grupo que quer o Meneses Direito", retrucou Lula.

Havia uma questão de fundo ideológico, de visão de mundo, na intervenção de MTB. Diante da reação dentro do PT ao conservadorismo do candidato, da objeção de seu ex-ministro da Justiça e da perspectiva de reforçar um grupo no Supremo sobre o qual ele teria ainda menos ascendência do que sobre os Republicanos, Lula titubeou.

Num último movimento para esvaziar o nome do ministro do STJ, o presidente chamou Pertence para uma conversa privada no Palácio da Alvorada. A primeira-dama, Marisa Letícia, viajara. O presidente estava sozinho e o convidou a seus aposentos privados — área apartada do espaço destinado a eventos sociais e oficiais. Foram duas horas de conversa — e algumas doses de uísque. Pertence notou que Lula estava em dúvida sobre Meneses Direito.

Na conversa, o presidente pediu que Pertence — que completaria setenta anos no dia 21 de novembro de 2007 — permanecesse no tribunal até o último dia. Se assim o fizesse, o nome do colega do STJ seria inviabilizado, uma vez que ele faria 65 anos no dia 8 de setembro — e, por isso, não poderia mais ser indicado para o STF, como prevê a Constituição. E assim Lula teria uma desculpa para desembarcar da indicação, sem ônus político com o grupo com o qual se comprometera. Pertence ponderou, retrucou e decidiu se aposentar três meses antes de seu aniversário, e a três semanas do aniversário do possível indicado.

Mas a luta pela "composição" do Supremo ainda teria um último capítulo, revelando em nível molecular a ação de forças atuantes numa indicação. "Depois eu dei mais uma pressionada no Lula. Ele já tinha assinado a nomeação. O Gilberto Carvalho [chefe de gabinete] me falou que tinha assinado. Eu dei mais uma pressionada: 'Presidente, coloca a mão na consciência'. Aí ele mandou sustar a publicação. Aí foi uma agonia. O próprio Direito me ligou, muitos advogados me ligaram. Eu disse: 'Tudo bem, eu não sou contra ninguém'", contou Márcio Thomaz Bastos.

"Mas tentamos até o fim", lembrou Gilberto Carvalho. Um argumento derradeiro surgiu entre os apoiadores de Meneses Direito: o presidente poderia confiar que a opinião pública não se sobreporia aos interesses do governo, e que as portas estariam abertas para conversas institucionais.

Em setembro daquele ano, em entrevista à *Folha de S.Paulo*, já empossado, Meneses Direito disse: "A nossa liberdade depende muito da nossa capacidade de separar o tribunal da opinião pública do tribunal institucional. No momento em que nos deixarmos levar apenas pelo tribunal da opinião pública, perderemos a condição de julgar com isenção. O tribunal da opinião pública é importantíssimo, mas ele deve ser subordinado ao tribunal institucional formal. Não se pode vincular a razão à emoção. Quando se julga, deve-se julgar de acordo com a lei, só com a razão".

O mensalão começara a tramitar no STF como inquérito 2245, em julho de 2005. Como envolvia personagens com prerrogativa de foro, o caso foi deslocado para investigação da PGR e julgamento no STF. Na história do tribunal, não havia precedente comparável. O caso que mais se aproximava era o do ex-presidente Fernando Collor, mas era uma equiparação forçada: quando a ação penal foi julgada pelo STF, Collor já era ex-presidente. Para afastá-lo do Planalto, a pressão da opinião pública fora exercida sobre o Congresso, não sobre o Supremo. Mesmo que estivesse em julgamento um ex-presidente da República, as atenções não eram as mesmas. O julgamento do mensalão "despertou um interesse maior do que o do Collor, na opinião pública, uma mobilização maior do que a do Collor", disse o ministro Octavio Gallotti, que deixara o STF em 2000.

O início do julgamento da ação penal 470, combinado com decisões anteriores, como fidelidade partidária e utilização de células-tronco embrionárias em pesquisas científicas, seria um marco para o desenho do Supremo Tribunal Federal atual. O STF pré-mensalão era marcado por uma máxima de Moreira Alves, uma das lideranças mais longevas e fortes do tribunal: "No Supremo, não se faz justiça quando se quer, se faz justiça quando se pode". A partir de então, uma frase constantemente citada pelo ministro Barroso ganhou força, expressão e espaço no colegiado: "Tudo o que é correto, justo e legítimo deve encontrar um caminho no direito". Aspectos morais — os valores dos ministros — estiveram sempre presentes nos julgamentos do Supremo. Mas desse momento em diante, essa corrente passou a desbordar — e mesmo a negar — o texto escrito para consolidar valores que se depreendiam de uma Constituição progressista. Mais e mais ministros começaram a utilizar uma linguagem e uma argumentação que tinham como ponto de partida princípios constitucionais abertos e poderiam servir para todo tipo de escolha político-judicial, como princípio da impessoalidade, da dignidade da pessoa humana, do republicanismo.

Em julho, um mês antes da aceitação da denúncia, Barbosa viajou para Viena, onde havia morado em 1994. Lá, num quarto de hotel, deu os últimos retoques no texto de 462 páginas que resumiam um catatau de 11 mil páginas, mil anexos, 51 volumes e milhares de documentos. O ministro pretendia encerrar o voto favorável à abertura da ação penal ainda no final de junho, antes das férias forenses (de 1º de julho a 1º de agosto). Os planos falharam. "Eu não tinha condições. Estava muito cansado. Preferi deixar para agosto", revelou tempos depois. Foi então que partiu para o autoexílio, a saída que encontrou de se livrar de qualquer vestígio de Brasil, da pressão política que vinha sofrendo e da imprensa, afoita pelo desfecho do caso. Passou três semanas de anonimato.

De volta ao país, no primeiro dia do julgamento, políticos, advogados, curiosos, estudantes, jornalistas enchiam o plenário. No dia anterior, Barbosa chamara a assessoria do tribunal para repassar a distribuição de vagas para jornalistas no palco do julgamento. O STF preparara 87 cadeiras para a imprensa — a lotação do plenário poderia chegar a 170 assentos. Barbosa também queria disponibilizar mais assentos para o público em geral, pessoas interessadas em assistir ao julgamento, mas a segurança não anuiu, preocupada com a integridade do relator diante de público tão inflado.

Naquela mesma manhã de 22 de agosto de 2007, pouco depois das dez horas, a ministra Ellen Gracie, maquiagem leve e tailleur discreto coberto pela toga negra, abriu a porta de vidro que separa o Salão Branco do plenário. Caminhava com calma em direção a seu assento, observada pelos presentes e pelas câmeras de televisão que transmitiriam o julgamento ao vivo para todo o país.

Como presidente do tribunal, encabeçava a fila dos outros ministros (Pertence já se aposentara e o quórum estava incompleto). Com os cabelos presos num coque, como sempre, anunciou o início da sessão. Estava visivelmente feliz por poder presidir o primeiro capítulo do julgamento do mensalão.

Barbosa leu seu relatório, um resumo da denúncia do Ministério Público e da defesa dos advogados. Leu de pé, defronte a um pedestal onde apoiava um calhamaço de papel com letras em fonte Arial, tamanho 16, para driblar a miopia. Era a primeira vez que um ministro votava de pé. Além da intenção de dar gravidade ao momento, o gestual era também sintoma de uma forte crise de dores na coluna e no quadril que acompanhariam Barbosa pelos anos seguintes. Em outras sessões, nas turmas, voltaria a ler seus votos de pé.

"A simbologia de ler o voto em pé era de alguém que estava com dor. A comunicação [em pé] é muito melhor. Sentado, para quem é míope como eu, dependendo do ângulo, você não lê bem, você se equivoca em certas palavras, a leitura sai meio atravancada. Em pé, com o púlpito, é tudo de uma clareza, e isso eu acho que ajudou. A minha impressão era mais clara. A dos outros era em letra tamanho 12, a minha era em 16, o que já ajudava muito", contou Barbosa em 2008, em entrevista em seu gabinete a um dos autores e à repórter Carolina Brígido, de *O Globo*.

O relator estava nervoso e cansado. Dormira mal na noite anterior e planejara, a cada intervalo do julgamento, estirar-se no sofá do gabinete — prática, aliás, que se tornaria rotineira em todos os dias do julgamento. Terminado o relato do maior esquema de corrupção que o país conhecera até ali, Barbosa acomodou-se na cadeira do plenário, desconfortável para ele.

No dia 27 de agosto, os ministros acolheram denúncia contra 37 dos quarenta acusados. Haveria agora uma segunda etapa, consequência da aceitação da denúncia: a condenação (ou absolvição) dos réus. O caminho desde a abertura da ação penal até o julgamento final dos mensaleiros, cinco anos mais tarde, em 2012, faria as onze ilhas colidirem com mais frequência, opondo até mesmo antigos parceiros.

Assim, um mês depois de o Supremo receber a denúncia, uma clara vitória interna de Joaquim Barbosa, o grupo encabeçado por Gilmar Mendes — já com seu novo integrante, Meneses Direito — imporia ao relator uma derrota. Barbosa relatava a ação penal aberta contra o deputado Ronaldo Cunha Lima (PSDB-PB), acusado de tentativa de homicídio contra o ex-governador da Paraíba Tarcísio de Miranda Buriti, em 5 de dezembro de 1993 (passados catorze anos do julgamento).

Quando o processo estava em sua última etapa, com data marcada para o julgamento final, o deputado renunciou ao mandato para evitar a condenação. Na ocasião, vigia a prerrogativa de foro, que acompanhava as ascensões e descidas de um parlamentar, independentemente do momento do crime, estendendo indefinidamente o processo — o alcance do foro privilegiado, esse sobe-desce de prerrogativa, seria limitado pelo STF em 2018.

"Esse homem manobrou e usou de todas as chicanas processuais por catorze anos para fugir do julgamento. O ato dele é um escárnio para com a Justiça brasileira em geral e para com o Supremo em particular", reagiu Joaquim Barbosa. "Ele tem direito de renunciar, mas é evidente a segunda intenção. O que ele fez foi impedir que a Justiça funcionasse", acrescentou. O ministro manteve o processo em pauta, a despeito da renúncia, e tentou convencer os colegas de que o drible do acusado configurava fraude processual e merecia resposta. O tribunal deveria ignorar a renúncia e julgar a ação penal, mudando a jurisprudência da Corte de que a renúncia do parlamentar suspendia imediatamente o foro no STF.

"Não sei se ele se sentiu entusiasmado com o apoio da opinião pública, pela imprensa. Ele, que já exagerava na dose, passou a exagerar ainda mais", afirmou em entrevista Marco Aurélio Mello. Ao final do primeiro dia de julgamento do caso da tentativa de homicídio, tudo indicava que Barbosa venceria. Contudo, um detalhe, até então não revelado pelo relator, serviu de pretexto para o grupo majoritário derrotá-lo.

Em 20 de setembro, Cunha Lima havia pedido que seu processo fosse remetido para julgamento no Tribunal de Justiça da Paraíba. O pedido seria negado, pois não cabia ao STF escolher o foro do parlamentar. Mas Barbosa não informou aos colegas dessa primeira requisição, que denotava transparência do réu, apesar de igualmente revelar uma manobra.

Quando o pedido feito inicialmente por Cunha Lima veio à tona, durante os debates entre os ministros, o grupo majoritário enfraqueceu a tese de fraude ao Supremo. "Ele foi um filho da puta", disse Meneses Direito a Gilmar Mendes, Peluso e Eros Grau na saída do plenário, já descendo as escadas após a sessão.

Ficava evidente que Barbosa enfrentaria resistências por suas posições, por seus êxitos e sobretudo por seus defeitos — que já apareciam e se tornaram mais evidentes nas discussões que travara até ali e protagonizara em plenário.

Por que o relator ocultara o pedido de Cunha Lima? Para ele, aquele movimento não passava de uma chicana, uma mera tentativa de fugir do Supremo e, mais prospectivamente, aquele precedente poderia vir a permitir sabotagens contra o mensalão. "Meu temor é de que a jurisprudência Cunha Lima vá detonar um processo. Eles vão me deixar trabalhar até a última hora. Na hora do julgamento, renúncia coletiva. É o que vai acontecer", desabafou o relator aos demais integrantes dos Republicanos. Com a renúncia coletiva, todo o trabalho feito para levar a ação a julgamento poderia ser frustrado pela renúncia daqueles réus que tivessem foro privilegiado.

Mas havia um obstáculo mais imediato. O Supremo precisava de uma saída para não ser vencido pelo mensalão. Processos criminais são particularmente lentos no STF, mesmo com um, dois ou três investigados, o que dizer de quarenta, como era o caso. A presidente Ellen Gracie determinou a digitalização de todos os volumes dos autos para facilitar o acesso dos advogados e evitar que as defesas estivessem sempre retirando o processo do tribunal, atrasando o trâmite do caso.

A ministra, que promovera a modernização do sistema de informática do tribunal, convocou uma sessão administrativa e aprovou, em 28 de novembro de 2007, por unanimidade, uma mudança regimental que alteraria a dinâmica dos julgamentos para sempre, com reflexos importantes na Lava Jato tempos depois: a convocação de juízes para auxiliar os ministros. Um deles, já na fase final do mensalão, seria o então juiz Sergio Moro, que assessorou criminalmente a ministra Rosa Weber.

Naquela época, havia apenas dois juízes federais assessorando a Presidência do Supremo — Leandro Paulsen e Salise Monteiro Sanchotene. Barbosa precisaria de ajuda para levar adiante a ação penal do mensalão. Seu acervo de processos era o maior e mais caótico do tribunal, herança do centralizador e meticuloso Moreira Alves. "Desde 2005, em razão desse processo do mensalão, o meu número de processos aumentou em 6 mil por absoluta falta de tempo para cuidar deles. Os meus colegas sabem disso", contou Barbosa. Ellen Gracie indicou Sanchotene, uma juíza de sua confiança e com experiência criminal, para ajudar o relator a instruir o mensalão em meio aos milhares de processos amontoados no gabinete, alguns espalhados pelo chão.

No final de 2011, quase quatro anos após a aceitação da denúncia, Peluso — então presidente do STF — estava incomodado com as sucessivas licenças médicas de Barbosa. A ausência de um ministro prejudica os trabalhos da Corte — impede que processos com pedido de vista do ministro ausente sejam julgados, paralisa a tramitação de casos sob sua relatoria, aumenta o risco de empate em julgamentos polêmicos e sobrecarrega os demais, pois o ministro licenciado por mais de trinta dias não recebe processos novos que chegam à Corte.

No gabinete de Peluso, alguns assessores, instigados pelo chefe a arrumar uma saída para a situação de desequilíbrio no tribunal, sugeriram que o relator do mensalão fosse obrigado a passar por uma perícia médica a fim de avaliar suas condições de saúde. Como resultado, ou voltava ao trabalho ou era aposentado por invalidez.

O problema de saúde de Barbosa era sério. Em junho daquele ano ele havia sido submetido a uma cirurgia de quadril para atenuar dores provocadas por uma "região pélvica detonada", como confidenciou. Em conversas reservadas, o relator se queixava de Peluso, que exercia sobre seu calendário uma pressão que ele julgava indevida.

O regimento interno do STF, ele criticava, não previa solução para casos como o dele, de ministros que adoeciam e que precisavam de um mês ou mais para se recuperar. Os processos, nesses casos, ficavam necessariamente paralisados. Ou seja, os ministros do Supremo seriam os únicos agentes estáveis do Estado para os quais não se previa nenhum tipo de substituição em caso de doença por período prolongado.

Barbosa pensou em consultar o decano Celso de Mello para saber como o tribunal se comportara em situações semelhantes à dele no passado, isto é, de ministros que se afastaram por tempo relativamente longo para tratamento de saúde. Preferiu não expor detalhes de seu estado de saúde. Reclamava da relevância que a imprensa dava a 45 dias de licença médica, sem computar os 38 anos de carreira pública.

Pelo regimento do STF, o julgamento tinha um relator e um revisor, que, pela regra, acabou sendo o ministro que ingressou no tribunal logo depois de Barbosa: Lewandowski. Mas uma entrevista que o revisor do processo deu ao jornalista Fernando Rodrigues em 14 de dezembro de 2011 desencadeou uma reação em cadeia que deixaria o clima no STF ainda mais tenso. Lewandowski afirmou que, devido ao decurso do tempo, alguns dos réus não seriam punidos, que haveria prescrições. Como presidente, por conta das ausências do colega, Peluso já havia determinado a retirada de dois processos que estavam parados no gabinete de Barbosa e mandara redistribuí-los.

Com a publicidade negativa dos riscos de prescrição do mensalão, Peluso enviou no mesmo dia da publicação da entrevista do revisor um ofício para o relator, pedindo que liberasse, na íntegra, os autos do processo para todos os ministros e, com isso, facilitasse o julgamento. Peluso fazia uma cobrança direta que, passada para a imprensa, se tornou pública. Nada sutil.

"Tendo em vista a necessidade de preparar e não retardar ainda mais o julgamento de causa de maior complexidade, ponha incontinenti, tão logo finda sua licença médica, à disposição de todos os demais ministros, em mídia eletrônica, cópia integral da AP 470, ou que autorize a Secretaria Judiciária da Corte a extrair e distribuir, por meio eletrônico, tal cópia, em caráter sigiloso, o que, como é óbvio, facilitará o árduo trabalho de elaboração dos votos e evitará riscos inerentes à inevitável delonga do processo", escreveu o presidente da Corte.

O relator protestou. Disse que o ofício era um lamentável equívoco, pois ele, Barbosa, havia proposto que todos os ministros tivessem acesso permanente aos autos desde o recebimento da denúncia, em 2007. Mas o tribunal preferira deixar o acesso restrito aos advogados e ao Ministério Público. Sugeriu que se fizesse "a mais singela consulta ao *docket* criminal desta Corte" para averiguação de ações cuja tramitação tivera início na mesma época, contando com apenas dois ou três réus, e que ainda não estavam prontas para julgamento.

Nos bastidores, Barbosa criticava o clima de cobrança. Dizia que conseguira o "feito inédito" de levar a termo a instrução de um processo "gigantesco e complexo", em um prazo recorde para a dimensão do caso. "Qualquer que seja o padrão que se analise, nacional ou internacional, foi muito rápido." E dizia aos mais próximos: "Não podemos esquecer de que eram inicialmente quarenta acusados, muitos deles defendidos pela fina flor da advocacia criminal, cujo objetivo principal, num processo com uma pesada carga política, era impedir que a ação se concluísse".

O relator se enxergava numa batalha, e se ressentia do cerco que Peluso lhe impusera. "É desnecessário mencionar o poder de fogo desses réus. A colheita de provas foi dificílima, para não dizer quase inviável em prazo razoável, pois elas se espalhavam por mais de vinte cidades em quase dez estados diferentes. Provas no exterior foram requeridas, perícias foram solicitadas", explicava. Quando foi cobrado pela imprensa a acelerar a tramitação, desabafou: "Apresentei as alegações finais antes de completados quatro anos do recebimento da denúncia, e não é que surgiram alguns comentaristas irresponsáveis para dizer que houve muita demora e que o julgamento deveria ocorrer imediatamente? Meu Deus, quanta má-fé". Entretanto, passou recibo da cobrança. Ao final do ofício encaminhado a Peluso cinco dias depois de provocado, o ministro anunciava seu relatório de 122 páginas. "Tenho a honra de informá-lo de que, não obstante a última alegação final da AP 470 tenha sido protocolizada nesta Corte em setembro de 2011, no dia de hoje apresentei o relatório da AP 470 e encaminhei os autos ao eminente revisor."

Formalmente, a partir daí, a definição do timing do julgamento passou para o revisor. A polarização relator-revisor, um arranjo burocrático e rotineiro no STF, oporia, em tese, dois Republicanos, ambos indicados por Lula e ideologicamente associados à esquerda, no espectro político tradicional. Mas o magnetismo que envolveu aquele julgamento, inoculado por uma até então inédita pressão popular, somado ao temperamento de Barbosa, daria nova dimensão à metáfora das ilhas. Com o mensalão, haveria confronto a céu aberto, com agressões verbais e exposição dos ministros, submetidos ao juízo público e a rótulos maniqueístas.

Lewandowski não estava preparado para viver num Supremo devassado pela opinião pública e que exigiria dele um rompimento com o governo Lula e a ideologia que representava, ruptura a que ele não estava disposto, mas que o cargo obrigava. Em seu desconhecimento das engrenagens da imprensa, esperava que fosse julgado pelo conjunto da obra, quando ele mesmo sabia que, no tribunal, os ministros viviam um constante movimento pendular: num dia, elogiados; noutro, criticados. "Algumas pessoas acham que vão continuar eternamente na ribalta; ignoram que a fama é fugaz", dizia.

Nem a imprensa nem a sociedade julgariam o juiz pelo conjunto da obra. Os árbitros seriam os historiadores. O Supremo fora desenhado para o julgamento de casos objetivos, as chamadas ações de controle concentrado, em que não há um personagem evidente interessado na solução do processo; a partir do mensalão, o tribunal se veria diante de uma nova realidade: os processos teriam nome e sobrenome. O STF julgaria pessoas e atrairia as paixões dos casos chamados subjetivos, com sujeitos. E Lewandowski seria julgado pelo presente. Se não amealhasse capital quando seus votos coincidissem com a opinião pública, seria hostilizado quando estivesse contra ela. Ninguém se lembraria dos votos que proferiu, como relator, contra a prática do nepotismo e, como presidente do TSE, a favor da Lei da Ficha Limpa. Lewandowski não entendia essa lógica. Mais do que isso: ele não se conformava, não a admitia, brigava contra ela — e perdia.

Retrocedendo no tempo: em 2009, por exemplo, quando o Supremo julgou a extradição do italiano Cesare Battisti, Lewandowski reclamava da postura dos jornais. "Mas você há de convir que a mídia representou um papel relevante nesse jogo de pressões ao tomar clara posição em favor de um dos lados para tentar influir no resultado do julgamento. Ela foi ao mesmo tempo atriz e observadora desse drama judiciário. E isso está se tornando cada vez mais frequente… Será que é bom para a democracia?", questionou. "Lamento, não pelos integrantes do STF, que são passageiros. Minhas preocupações voltam-se à própria sociedade brasileira, que ficará totalmente desamparada se o Judiciário se tornar 'permeável' à opinião pública ou, como querem alguns, à opinião publicada", disse o ministro. Por não saber lidar com essas pressões, ele se enrolava cada vez mais em suas declarações.

Cezar Peluso não nutria simpatia por Lewandowski — a recíproca era verdadeira —, mas tampouco aprovava a postura de Barbosa, que desde o recebimento da denúncia mostrara ter um temperamento beligerante. Em 2009, sentado ao lado direito de Barbosa no plenário, Peluso levou as mãos ao rosto quando o relator protagonizou com Gilmar Mendes um bate-boca inédito no STF, numa ação de baixa repercussão sobre a votação de embargos de declaração envolvendo a aposentadoria de notários.

Em determinado ponto da discussão, Barbosa resumiu os novos tempos, atribuindo valor a um elemento que era estranho aos ministros do STF: a aprovação das ruas. "Vossa excelência está destruindo a Justiça deste país e vem agora dar lição de moral em mim? Saia à rua, ministro Gilmar. Saia à rua, faça o que eu faço." Diante de todos os embates, Peluso se mantinha impassível. Era a discrição em pessoa.

Contudo, já em 2012, com o mensalão em sua fase de julgamento e à véspera de sua saída do tribunal, Peluso cometeu um "erro infantil", como ele classificou. Concedeu uma entrevista ao site Consultor Jurídico e falou mais do que o habitual — recebeu os jornalistas em sua casa para a conversa, que durou cerca de cinco horas. "Ele é uma pessoa insegura, se defende pela insegurança. Dá a impressão de que tudo aquilo que é absolutamente normal em relação a outras pessoas, para ele, parece ser uma tentativa de agressão. E aí ele reage violentamente", disse Peluso sobre Barbosa. "A impressão que tenho é de que ele tem medo de ser qualificado como arrogante. Tem receio de ser qualificado como alguém que foi para o Supremo não pelos méritos, que ele tem, mas pela cor", acrescentou.

Um de seus principais assessores disse que na verdade Peluso tentara defender o colega de críticas. Mas isso não atenuava seu erro estratégico de comunicação. "Eu errei. Eu sou um homem muito discreto. Isso era algo que eu jamais falaria para fora", lamentava no dia seguinte. Ciente do equívoco cometido, Peluso, assim que chegou ao tribunal no dia da publicação da entrevista, dia 19 de abril de 2012, procurou por Barbosa. O relator não estava. Mais tarde ele telefonou para o gabinete de Barbosa, na expectativa de ser transferido para falar diretamente com ele e lhe pedir desculpas. Nada. Recado anotado.

Peluso então ligou para o celular do ministro Ayres Britto, que poderia fazer a ponte com o relator. Britto não atendeu. Estava se preparando para a posse como presidente da Corte naquele mesmo dia. Peluso insistiu e, enfim, conseguiu falar com "Carlinhos" — chamava o colega, de 1,58 metro, pelo diminutivo, como, aliás, os demais colegas. Desculpou-se, lamentando deixar uma crise para ele resolver. "Em termos técnicos, citando Pontes de Miranda, foi uma cagada", brincou Peluso, pedindo que Ayres Britto conversasse com Barbosa. O relator, que soubera da entrevista pelos jornalistas, primeiro disse que a imprensa queria fazer futrica entre ele e Peluso. Depois, ao ler a íntegra da entrevista, reagiu. "Ele bebeu?", questionou. Sim, de acordo com assessores de Peluso, o ministro havia convidado dois jornalistas para um jantar e tomara vinho durante a conversa. Mas não era esse o motivo das críticas, muito menos a desculpa para as declarações.

"Peluso é um interiorano. Ele nunca saiu de Itaquaquecetuba", continuou, referindo-se a uma cidade do interior paulista que julgou fosse a terra natal do ministro (Peluso é natural de Bragança Paulista). Depois, em entrevista ao jornal O *Globo*, mais adjetivos: "ridículo", "brega", "caipira", "corporativo", "desleal", "tirano" e "pequeno". Peluso admitia: o erro fora seu, não podia cobrar comedimento de Barbosa. Os dois se encontraram no salão contíguo ao plenário minutos antes do começo da sessão solene para a posse de Ayres Britto.

Na frente dos colegas, Peluso pediu desculpas a Barbosa, que disse para deixarem o assunto para trás. Apertaram-se as mãos. E seguiram para a sessão, que terminou sem nenhuma homenagem ao presidente que deixava o cargo. Peluso, que tomara posse com dores, disfarçando as sequelas de uma operação de vesícula dias antes, despediu-se do Supremo apontando para uma ferida social que acompanhava Barbosa — a de que teria sido escolhido para o STF por ser negro. No livro *História do Supremo Tribunal Federal*, Pedro Lessa, ministro entre 1907 e 1921, é descrito como "mulato claro". Conhecedor da história do STF a ponto de requisitar no Rio de Janeiro, na antiga sede do tribunal, móveis do Império para ornar a Presidência, Peluso sabia onde punçava quando chamou Barbosa de arrogante e inseguro. Lessa era descrito como ríspido e arrogante.

"O presidente Lula me chamou e disse: 'Eu quero um negro para essa primeira nomeação'. Eu falei: 'Eu acho ótimo, vamos procurar', relatou Thomaz Bastos. A ideia fora soprada a Lula pelo publicitário Duda Mendonça ainda na campanha presidencial de 2002, e Lula, que desconhecia o potencial do STF, seus mecanismos e funções, que o via apenas como um clube de elite de velhos juristas (não sem razão), comprou a ideia."

Os nomes iam surgindo. A intenção de Lula nomear um negro mobilizou o petismo, entidades, sindicatos. "Eu chamava todo mundo e fazia uma checagem com o sujeito. Um dia me trouxeram o nome do Joaquim Barbosa, que estava naquele momento em Stanford, nos Estados Unidos. Eu disse: 'Chama esse cara e vê se ele quer conversar comigo'." Barbosa, filho de pai pedreiro e mãe dona de casa, formou-se em direito em Brasília, pós-graduou-se também na capital federal, tornou-se doutor na Sorbonne, em Paris, e, em 2002, estava em Los Angeles, onde era professor visitante da Universidade da Califórnia. Falava fluentemente inglês e francês, e "com desenvoltura", como ele próprio descreveu, o alemão.

De volta a Los Angeles, depois de passar a virada do ano em Brasília, onde acompanhou a posse do presidente Lula, Barbosa abriu sua caixa de e-mail e leu que Márcio Thomaz Bastos queria conhecê-lo. Naquele instante soube qual seria seu destino. De volta ao Brasil, foi ao Ministério da Justiça. "Eu fiquei com uma excelente impressão dele, conversei, fiz um escrutínio de duas horas. Conversando, perguntando, vendo como ele era, peguei o currículo dele, que é sensacional", contou Thomaz Bastos. "A diferença era muito gritante em relação aos outros candidatos."

Mas para que vingasse sua indicação, ainda seria preciso enfrentar um obstáculo. Circulava pela cidade um dossiê com a informação de que a ex-mulher de Joaquim Barbosa o acusava de agressão. Dali a pouco a *Folha de S.Paulo* publicou a história. Para que Lula não soubesse pelos jornais, Márcio Thomaz Bastos o preveniu.

"Um dia estava vindo de carona com o presidente [de São Paulo para Brasília] e disse: 'Presidente, tem essa coisa, tem essa história. Eu preciso te contar, porque vai sair no jornal, estão espalhando, tem um dossiê por aí e tal'. Ele disse: 'Mas então eu não posso nomear'. Eu respondi: 'Pode, porque isso é uma besteira, uma desavença entre casal'. Ele falou: 'Pô, mas eu vou ficar mal com as mulheres…'."

O governo temia uma repetição do caso Anita Hill, que marcou a indicação de Clarence Thomas, um negro, para a Suprema

Corte dos Estados Unidos, em 1991. Acusado de assédio sexual, ele quase foi rejeitado pelo Senado após uma sabatina que se transformou num espetáculo televisivo.

"Mandei chamar o Joaquim de novo", disse Toffoli, então subsecretário de assuntos jurídicos da Casa Civil. A ideia era falar, informalmente, sobre o ocorrido. "Aconteceu ou não?", perguntou Toffoli. "E qual sua relação com sua ex-mulher, hoje?" "Excelente", respondeu Barbosa. "E se ela escrevesse uma carta para o Jobim…" "Ela vai me defender."

A carta chegou a Jobim e então a Lula. Diante da operação bem-sucedida de saneamento da biografia, a indicação foi confirmada.

Barbosa era um fato único, produto do marketing petista, do faro de Lula — mas também de sua própria qualificação. Calhou de naquele ano de 2003 alguns fatores contribuírem para sua indicação. Em 1994, ao publicar um livro na França, *La Cour suprême dans le système politique brésilien*, perguntaram-lhe sobre suas chances de integrar o Supremo: "Nenhuma!".

Indicado, Barbosa foi com Toffoli e um amigo advogado de campanhas eleitorais do PT ao Bar Brasília, restaurante cuja decoração se inspira em um bar carioca dos anos 1950. Ali, numa mesa com chope, Barbosa comemorava a indicação quando foi abordado por um freguês, negro também. "Parabéns, o senhor vai nos representar lá", ele disse. O futuro ministro esperou o cliente sair e, de acordo com seus acompanhantes, disse aos companheiros de mesa que não seria representante de coisa alguma, seria ministro.

Mas Barbosa sabia que aquele era um momento único: "O que eu acho muito interessante nessas nomeações do Lula é que ele teve a determinação de botar um negro, botar uma mulher. É isso aí que podemos chamar de uma ação deliberada de um governo de mudar uma instituição, mudar o curso da história. Nos Estados Unidos foi a mesma coisa".

Joaquim Barbosa não escondia dos colegas as críticas pela forma como o tratavam. O racismo se manifestava nas pequenas coisas, ele costumava dizer. Gestos corriqueiros, olhares, posturas. Independentemente disso, depois de sua nomeação, o PT veiculou em sua propaganda institucional que Lula foi o primeiro presidente a indicar um negro para o Supremo. Barbosa não foi consultado para a peça publicitária.

Três anos depois, numa cerimônia no tribunal, Barroso, procurando elogiar Barbosa, ambos colegas da Universidade Estadual do Rio de Janeiro, disse: "A universidade teve o prazer e a honra de receber um professor negro, um negro de primeira linha vindo de um doutorado de Paris". No dia seguinte, teve de se explicar em plenário e negar qualquer cunho racista do comentário sobre Barbosa. "Gostaria de pedir desculpas às pessoas a quem possa ter ofendido ou magoado com essa afirmação infeliz. Gostaria de pedir desculpas, sobretudo, se, involuntária e inconscientemente, tiver reforçado um estereótipo racista que passei a vida tentando combater e derrotar", disse com a voz embargada.

Em abril de 2012, Ayres Britto tomou posse na presidência do tribunal para o biênio que naquele momento se iniciara, mas todos sabiam que, tendo em vista sua aposentadoria compulsória em novembro daquele ano, seu mandato seria curto. Ao longo dos próximos sete meses, porém, ele estava determinado a deixar insuportável a situação de Lewandowski. Queria que o ministro revisor liberasse rapidamente o processo — e, portanto, que o julgamento ocorresse ainda durante sua gestão. Ex-petista, Ayres Britto, um poeta de sotaque nordestino carregado, distanciara-se do PT e de Lula.

Como presidente do TSE, cargo atribuído por rodízio aos ministros do Supremo, Lewandowski procurou o colega para dizer que qualquer movimento brusco poderia desequilibrar as eleições municipais — um cálculo político que interessava ao PT. Depois, numa segunda conversa, sugeriu que Britto poderia colocar em pauta vários processos interessantes, com apelo social, e assim coroar sua gestão. Por que insistir no julgamento do mensalão, uma ação que ia tomar toda a sua gestão na Presidência? Por que engessar o plenário e ser o presidente que julgou um único processo durante seu mandato? E por que julgar esse tema em ano eleitoral? Ou melhor, por que não pautar o processo para depois de outubro?

Britto não se deixou influenciar. Se postergasse o julgamento para depois das eleições, a ação penal seria decidida por um tribunal desfalcado — sem "dois juízes experimentados", pois Peluso e ele mesmo teriam se aposentado. Outro problema era permitir que o julgamento fosse presidido por Joaquim Barbosa, que assumiria a Presidência em novembro. "Ele não tem experiência de presidir", afirmou Britto.

Questões de ordem interna, a dinâmica do tribunal e a avaliação psicológica de seus integrantes entraram na análise, claro. Mas não eram a variável-chave. Havia a pressão externa como justificativa. "O que a sociedade quer? O que a imprensa quer?", perguntou Britto, retoricamente, para logo responder: "O julgamento do mensalão. Se não julgarmos, quem será condenado seremos nós". Numa dessas conversas a portas fechadas com Lewandowski no TSE, ele ofereceu três vagas adicionais para o gabinete do colega, a fim de que juízes auxiliares o ajudassem no estudo do processo e na produção do voto. "O Supremo está sangrando", insistiu o presidente. Os dois, que cinco anos antes, na véspera do oferecimento da denúncia do mensalão, se diziam integrantes daquele clube secreto de apenas quatro sócios, os Republicanos, agora se sentavam à mesa em lugares opostos. Enquanto um ecoava os argumentos do Palácio do Planalto — de que o STF não deveria julgar o mensalão em ano de eleições —, o outro trabalhava para acelerar o processo, inclusive junto a Joaquim Barbosa.

No dia 22 de maio de 2012, Britto convocou uma sessão administrativa em seu gabinete, no terceiro andar do edifício principal. Todos compareceram, menos Lewandowski. O presidente propôs que, para encurtar o julgamento, houvesse sessões pelas manhãs e à tarde, todos os dias da semana. E mencionou o precedente do caso Collor, quando o STF julgou o processo em sessões seguidas. Se preciso, ele sugeria, os ministros poderiam se reunir inclusive nos finais de semana e no recesso de julho. Pelos cálculos feitos por Anthair Edgard Valente e Gonçalves, seu assessor, seria possível terminar o julgamento em aproximadamente um mês.

Barbosa alegou não ter condições físicas para tantas sessões seguidas. Propôs que se julgasse o mensalão em reuniões às segundas, quartas e quintas, o que, pelas contas dos ministros, consumiria ao menos seis semanas. Britto também sugeriu que cada ministro proferisse seu voto na íntegra, de ponta a ponta, sem margem para grandes discussões envolvendo cada um dos réus. Ao final, os votos seriam contados e pronto.

Mais uma vez Barbosa não concordou. "Seguir a divisão por itens da denúncia facilita o julgamento, evita 'esquecimentos' e confusões sobre o que disse o relator. Simples, não? Foi o mesmo procedimento que adotei em 2007 [no recebimento da denúncia, quando o STF fez a primeira análise sobre o caso e admitiu a instauração da ação penal], e ninguém chiou, todos aceitaram tranquilamente", ele explicou. Numa rodinha informal à porta do plenário, antes de iniciada a sessão, disse que fizera "uns cálculos meio na base do chute" e, por suas contas, talvez desse "para o Peluso participar até o item 5" da ação penal. Ou seja, Peluso, prestes a se aposentar, não participaria da parte final — a mais sensível — do julgamento. Segundo Barbosa, apesar do antipetismo conhecido, Peluso era um garantista. "O voto do Peluso pode surpreender muitos desses analistas que estão loucos para que ele vote!", alertou o ministro.

Britto não se conformava. Sua ideia era iniciar e terminar o julgamento com o quórum completo, ainda na sua gestão. Acompanhado de um assessor, foi ao apartamento funcional de Joaquim Barbosa, na Asa Sul. Queria convencê-lo da urgência de ler o voto na íntegra, medida que abreviaria o julgamento. O dono da casa, sentado no sofá, os pés sobre um descanso, insistiu: "Lerei meu voto de forma fatiada". O que isso significava? Na denúncia oferecida em abril de 2006 por Antonio Fernando de Souza, então procurador-geral da República, ele separou em três grupos as pessoas investigadas, conforme sua participação no esquema: núcleo político, núcleo publicitário e núcleo financeiro. Para o PGR, tal divisão permitia uma melhor organização da narrativa. Ao fatiar seu voto, tratando separadamente de cada núcleo, Barbosa podia definir a ordem de votações de modo a permitir que o julgamento se desenrolasse de maneira didática, possibilitando melhor compreensão do encadeamento dos fatos e do vínculo entre os diversos acusados. O julgamento do mensalão seria também uma disputa pelo engajamento do público — um cálculo novo no tribunal. A voltagem política do processo aumentava a preocupação com a clareza e a comunicação, para facilitar recapitulações e não deixar fios soltos na história.

Alguns dias depois dessa conversa, Britto encontrou-se com Gilmar Mendes no apartamento da ministra Eliana Calmon, do Superior Tribunal de Justiça, que oferecia um jantar por ocasião de sua despedida do Conselho Nacional de Justiça (CNJ), onde fora corregedora. Britto relatou a Mendes a conversa que tivera com Barbosa. "Deixa ele votar como quiser", respondeu o interlocutor. Na cabeça dele, eram firulas que em nada mudariam a conclusão do processo.

Se Barbosa estava inamovível, então faltava convencer Lewandowski a não emperrar o caso — era ele a outra ponta com potencial de atrasar o julgamento. Lewandowski dizia que o relator tivera quatro anos para estudar o caso — desde 2007, quando a denúncia contra os mensaleiros fora aceita pelo tribunal —, e que ele também precisaria de tempo. As pressões internas eram injustificadas, reclamava. "Não vou deixar que o Gilmar e você me pautem pela imprensa." Mas ele também sentia a pressão em casa — até sua esposa, seu filho e um padre amigo da família recomendavam que o relatório ficasse disponível o quanto antes. "Libera logo o voto, pai", disse-lhe um dos filhos.

Os ministros haviam decidido, intramuros, em sessão administrativa, que o julgamento começaria em agosto. Assim, o revisor deveria entregar o processo até o final de junho — a tempo de notificar os advogados e o Ministério Público, como exigido em lei. "Colocamos o guizo no gato", assim resumiu o ministro Gilmar Mendes após aquela reunião administrativa convocada por Britto, da qual não participara o revisor.

Na sessão do dia 21 de junho de 2012, uma quinta-feira, depois de antecipar o voto no julgamento sobre o poder de investigação do Ministério Público, Lewandowski deixou o plenário e foi viajar. Um de seus filhos se casava em Campos do Jordão e ele precisava pegar o avião para São Paulo. Britto enviou um capinha para interceptar o ministro e informar que o presidente queria falar com ele. Lewandowski deu de ombros, estava com voo marcado. "Mas eu encerrei a sessão logo depois [da saída dele do plenário]", reclamou Britto. "Era questão de aguardar alguns minutos, e a pedido do presidente."

O clima entre os dois só piorava. Um se sentia indevidamente pressionado e o outro dava a entender que o colega estava sendo leniente. "Ele anda arredio, com ares de perseguido", revelou Ayres Britto, que então ligou para o gabinete do colega, em vão. Decidiu redigir um ofício em que notificava Lewandowski da necessidade de devolver seu voto revisado até o fim daquele mês de junho de 2012, para que o mensalão fosse julgado a partir de agosto. O clima de cordialidade desaparecera, dando lugar a uma pequena batalha entre os gabinetes. A demorada tramitação do processo no tribunal, as idiossincrasias de Barbosa, a pressão da mídia acabaram por desencapar os fios de colegialidade que ligavam os ministros uns aos outros. Uma desconexão com efeitos duradouros.

Na sequência desses acontecimentos internos, um fato externo permanecia ensombreado. Uma reunião informal fora do Supremo que, revelada à imprensa por um dos participantes, insuflaria a opinião pública a cobrar o julgamento da ação penal.

O ex-presidente Lula desembarcaria em Brasília no dia 26 de abril de 2012. Na agenda dele, o primeiro encontro seria com Nelson Jobim, ex-ministro de seu governo e ex-presidente do STF. Gilmar Mendes, amigo de Jobim, queria ver Lula, a quem não havia podido visitar em São Paulo, quando de sua internação para tratar de um câncer. Mendes então pediu a Jobim que organizasse uma reunião a três. Jobim topou, Lula também. O encontro se deu no escritório de advocacia do ex-ministro, situado a cerca de cinco quilômetros do aeroporto, no Lago Sul.

Na casa de três andares havia uma entrada formal pela frente — próximo a uma piscina dos tempos em que o imóvel era residencial — e uma entrada pelos fundos, escondida e sombreada por uma velha mangueira. Nos dias que antecederam o encontro, foram pensados os preparativos para a reunião. Se a imprensa descobrisse a agenda de Lula e houvesse fotógrafos no portão, ele deveria entrar pelos fundos. Como ninguém soube do encontro, ele pôde entrar pela porta da frente; subiu um lance de escadas, virou à direita, atravessou um curto corredor, viu os quadros com fotos e caricaturas de Jobim — dos tempos de poder — e fechou-se com o anfitrião e Gilmar Mendes.

O ministro do STF mantinha o costume de conversar com Lula desde os tempos da Presidência da República. Ia ao Alvorada para prosear e, vez por outra, tomar uísque com o presidente — sempre encontros fora da agenda. Na reunião a três, levou um presente que sua mulher comprara para Marisa Letícia. A conversa correu normalmente. Lula sondava Mendes para se atualizar sobre determinados assuntos e, claro, sobre o julgamento do mensalão.

"Ele veio com aquele cerca-lourenço", contou o ministro no dia 21 de maio de 2012, menos de um mês depois do encontro, com isso querendo dizer que o presidente investigava o assunto sem perguntar diretamente. "Foi uma conversa de bar, como diria a Guiomar", ele arrematou. Lula estava preocupado com o julgamento em ano de eleições municipais, era evidente que o PT seria prejudicado. Mendes disse que era necessário julgar o caso logo, pois dois ministros estavam se aposentando e seriam substituídos por nomes indicados por Dilma Rousseff, o que poderia comprometer o resultado. Fora isso, nada mais chamou a atenção do ministro do Supremo.

Terminada a reunião, Mendes saiu antes de Lula e Jobim. Todos riam, o clima era amigável. O ministro do Supremo esqueceu seu iPad e precisou voltar para buscá-lo. Lula e Jobim continuaram a conversar. O ex-presidente dizia a Jobim que queria se aproximar de Fernando Henrique Cardoso, queria que o instituto que montara se juntasse ao instituto de FHC para discutir questões importantes para o país.

Um mês depois, o encontro estaria nas páginas de *Veja* — não da forma como Lula imaginara. No Congresso, a CPI criada para investigar as operações do contraventor Carlinhos Cachoeira comprometia a delicada situação política do senador Demóstenes Torres — um parlamentar que empunhava a bandeira da ética, trabalhava pelo endurecimento da legislação penal, porém às escondidas atuava como ponta de lança de Cachoeira.

Torres e Mendes eram muito próximos. Quando o senador impôs dificuldades à recondução de Roberto Gurgel à Procuradoria-Geral da República, foi Mendes que aparou as arestas, marcando um encontro entre Torres e Gurgel na sua casa. Eles conversaram, as resistências baixaram e o procurador foi reconduzido para o segundo mandato como procurador-geral da República. A proximidade entre Torres e Mendes passara a ser politicamente explorada por petistas durante as investigações da CPI.

Os jornais começaram a procurar o ministro para falar do assunto, deixando-o intrigado. Quem estaria plantando informações contra ele? O PT — o ministro descobriu em telefonema a duas jornalistas da Rede Globo, Silvia Faria e Cristiana Lôbo. Daquele momento em diante, Gilmar Mendes mudaria sua percepção dos fatos — e a versão sobre o encontro que ele pedira com Lula e Jobim.

Aproveitando as atenções da imprensa para o julgamento do mensalão, que se avizinhava, afirmou que fora constrangido por Lula e por Jobim. O ex-presidente o teria questionado sobre uma viagem à Alemanha que fizera com Torres, pois havia suspeitas de que teriam voado no avião particular de Cachoeira, o que o senador fazia com alguma frequência. Mendes negava e, diante dos questionamentos da imprensa, passou a dizer que era Lula quem alimentava a central de boatos, com o intuito de fragilizá-lo.

Antes da publicação da matéria da *Veja*, depois de uma sessão plenária Mendes conversou com Ayres Britto no elevador privativo, relatando o encontro com o ex-presidente. Disse que Lula teria lhe contado que procuraria o advogado Celso Antônio Bandeira de Mello para que intercedesse junto a Britto — Bandeira foi um dos responsáveis pela indicação do então presidente do Supremo e tinha sobre ele certa ascendência.

Britto contou que toda aquela conversa lhe acendera uma luz amarela, alertando-o para o risco da demora no julgamento do mensalão. A frase também foi parar na revista, mas não pela boca do ministro, que, desconfiado, telefonou para Jobim. O ex-colega de tribunal lhe disse que nada do que Mendes dizia tinha de fato acontecido, mas que preferia ter aquela conversa pessoalmente, não era assunto a ser tratado por telefone.

A repercussão do encontro — ou da nova versão de Gilmar Mendes para a reunião — foi imediata. Lula estaria se movimentando para comprometer o trabalho do Supremo, adiar o julgamento e garantir impunidade aos mensaleiros, diziam os intérpretes da fabulação que o ministro contara a seus interlocutores no tribunal e fora dele.

O Supremo reagiu, mas com certa cautela. Afinal, ninguém fora forçado ao encontro. Ayres Britto, presidente do STF, diria que era preciso aguardar a confirmação dos fatos, uma vez que Jobim negara a história contada por Mendes. E Lula ainda não tinha se manifestado.

O fato — ou a interpretação dele — engrossou o caldo do julgamento que se aproximava. Jobim, que estava na região serrana do Rio de Janeiro, soube da publicação e enviou uma mensagem de SMS para o celular de Gilmar Mendes.

"Li a Veja. O relato é falso e atribuem a você. Me liga"

"Nelson, a materia interpreta o que foi relatado por terceiros. Mas, como vc sabe, ela nao eh falsa e eu confirmei o que você presenciou."

"Que terceirois se eram so nos?"

"Nelson, falei do encontro com sig [Sigmaringa Seixas], com Agripino [José Agripino, senador do DEM], com silvia faria [da TV Globo], com cristiana lobo [TV Globo], com katia abreu [senadora] e com reinaldo azevedo [jornalista], com adams [Luís Inácio Adams, advogado-geral da União], com gurgel [Roberto Gurgel, PGR] e com o britto [Ayres Britto]. Silvia me disse que era o próprio lula que eu estava envolvido com o esquema. E eu então contei a ela do encontro. O mesmo se deu com cristiana. Se continuar essa confusão, vou chamar uma coletiva. Vcc sabe que não tenho historico de mentira. Gilmar"

"Nunca recebi mensagem tão longa", lembraria Jobim. Gilmar Mendes lhe disse que os blogs sujos, como costumava classificar sites que recebiam recursos do governo petista, estavam alimentando versões contra ele. E que conversara com as jornalistas Silvia Faria e Cristiana Lôbo, e com o advogado Sigmaringa Seixas. Depois das conversas, resolveu falar. "Foi a indignação trinta dias depois", ironizaria Nelson Jobim. Com a versão que corria na imprensa, Mendes acabou rompendo uma relação profissional e pessoal de décadas com Jobim, que inclusive fora convidado pelo ministro para um projeto de memória da Constituinte. O ex-ministro já dera um primeiro depoimento na faculdade de direito de Mendes — o IDP —, e o segundo estava marcado para aquela semana, dia 28 de maio. Jobim cancelou o evento.

Nelson Jobim levou Gilmar Mendes para o Ministério da Justiça em 1995; para a Câmara dos Deputados, durante a revisão constitucional entre 1993 e 1994; contribuiu para que ele fosse conduzido à Casa Civil no governo Fernando Henrique Cardoso; para a Advocacia-Geral da União, e depois para o Supremo. "O Jobim está fazendo um papel ordinário", Mendes dispararia diante das negativas do antigo amigo para a versão que ele contava do encontro.

Negativas que eram partilhadas por quem viu os três conversando animadamente logo depois da reunião. Lula estaria nessa cruzada, ameaçando-o, Mendes diria, para proteger José Dirceu. Jobim e Mendes só voltariam a se encontrar em 2018. Toffoli, recém-empossado presidente do STF, marcou um evento no Supremo com a participação dos ex-ministros. Jobim foi. Gilmar Mendes estava no gabinete do presidente quando Jobim chegou, e Toffoli, percebendo a oportunidade, saiu e deixou os dois sozinhos.

O mensalão tornou-se o centro de gravidade da política em 2012. No dia de início do julgamento, o site do STF informou: "Jornalistas, advogados e cidadãos em geral [...] poderão acompanhar as sessões plenárias da AP 470 pela TV Justiça (canal 53-UHF, em Brasília; SKY, canal 117), pela Rádio Justiça (104.7 FM, em Brasília) e também pela internet, como habitualmente ocorre". A instituição queria audiência, visibilidade. Iria enfrentar a política.

A publicidade era parte de um mecanismo que até ali atuara a favor da construção tardia de um novo poder que por décadas existiu quase à sombra. A presença do STF na mídia crescia. Publicado em 2013, o estudo "O STF e a agenda pública nacional: de outro desconhecido a supremo protagonista?", de autoria dos professores Joaquim Falcão e Fabiana Luci de Oliveira, mostraria o impacto do mensalão: "Analisando as páginas eletrônicas de notícias, assim como o jornal impresso *Folha de S.Paulo*, constatamos que, do período de 2004-2007 para 2008-2011, o número total de notícias sobre o tribunal quase dobrou, aumentando em 89%. E se considerarmos apenas o ano de 2012, o volume de notícias é ainda maior, sendo 1603 na página eletrônica da *Folha* e 3338 em *O Globo*, volume que se deve em grande parte ao julgamento da ação penal 470 (conhecida como o caso 'mensalão')".

No primeiro dia do julgamento, em 2 de agosto, Lewandowski aprofundou seu isolamento. O ex-ministro da Justiça e advogado no caso, Márcio Thomaz Bastos, suscitou uma questão de ordem: pedia o desmembramento do processo, remetendo para as instâncias inferiores as acusações contra réus que não tinham foro privilegiado.

Nenhuma das personagens centrais do esquema tinha foro, a começar por José Dirceu. O voto de Lewandowski em favor do desmembramento da ação penal durou mais de uma hora. Fatiar o processo naquele momento seria catastrófico para a imagem do Supremo, passaria a impressão de que o tribunal havia capitulado diante dos figurões do esquema — o desmembramento atrasaria em anos o desfecho do caso, que desceria para a primeira instância da Justiça. E ainda havia uma contradição: o tema fora discutido por três vezes no plenário do STF. E em todas elas Lewandowski votara contra o desmembramento.

Apesar de já ter conhecimento prévio do voto do colega, Barbosa reagiu. A partir daquele momento, os "vossa excelência" e os "data vênia" soariam como mera e falsa cortesia nos diálogos que travariam até o fim do julgamento. "Ministro Lewandowski, vossa excelência me permite?", interrompeu Joaquim Barbosa na primeira sessão. Lewandowski gaguejou e pensou em negar o aparte, mas por centésimos de segundo, como recordaria depois. "Pois não." "Vossa excelência é revisor deste processo. Dialogamos ao longo desses dois anos e meio em que vossa excelência é revisor. Causa-me espécie vossa excelência se pronunciar pelo desmembramento do processo, quando poderia tê-lo feito há seis, oito meses, antes que preparássemos toda essa… Vossa excelência poderia ter me dito, eu traria em questão de ordem", avançou Barbosa. "Nós não teríamos perdido um ano de preparação desse julgamento", continuou. "Causa-me espécie que vossa excelência, eventualmente, queira impedir que eu me manifeste, não é?", reclamou Lewandowski. "Parece-me deslealdade, como revisor. É deslealdade", disparou Barbosa.

Começava aí a sequência de ataques abaixo da linha de cintura, que se tornariam cada vez mais comuns no tribunal. "Eu acho que é um termo um pouco forte que vossa excelência está usando. E já está prenunciando que este julgamento será muito tumultuado", reclamou Lewandowski. Já em seu gabinete, o revisor recebeu um telefonema. Yara, sua mulher, dizia que a filha assistira à sessão e não parava de chorar. Ficaria pior. No dia 16, depois de defesa e acusação apresentarem seus argumentos, os ministros passariam a julgar os réus. Barbosa queria dividir o julgamento por itens, seguindo a lógica da acusação. Lewandowski compreendia que, dessa forma, o julgamento ficava desequilibrado, afinal os ministros seriam guiados pela estratégia argumentativa da Procuradoria-Geral da República.

Nas entrelinhas, Barbosa estava convencido de que Lewandowski queria desconstruir a acusação e absolver boa parte dos réus; e Lewandowski dizia que o relator ia "bater carimbo" na acusação, bastando homologar a condenação de todos. "Na minha compreensão, [...] o eminente relator, que tem uma ótica relativamente ao que se contém na denúncia, deverá ler seu voto e esgotá-lo", disse Lewandowski. "Isso é uma ofensa. Não venha vossa excelência também me ofender."

Relator e revisor voltaram a discutir na retomada da sessão de julgamento do item 6 da denúncia. A mordacidade com que Barbosa censurou as divergências abertas por Lewandowski foi tal que os demais ministros precisaram intervir. "Policie a sua linguagem, ministro!", disse Marco Aurélio. "Vamos respeitar os colegas. Vossa excelência não está respeitando a instituição." Lewandowski absolvera alguns dos réus e afastara imputações por lavagem de dinheiro, por concluir que a PGR não identificara condutas que justificassem a condenação. Em reunião administrativa dos ministros após a sessão, da qual o relator não participou, Marco Aurélio disse em entrevista coletiva: "O relator parte de uma premissa de que neste colegiado, embora de nível muito elevado, todos têm que aderir, talvez cegamente, ao que é colocado por sua excelência. Isso é muito ruim". A irritação de Marco Aurélio era tanta que ele cogitou não votar em Barbosa para a presidência do Supremo no final do ano. Mera formalidade — sempre unânimes, as eleições, embora com urna e cédulas, são previsíveis.

No dia seguinte, a TV Justiça levou ao ar as reprimendas de Marco Aurélio a Barbosa. A colegialidade implodia. O relator não admitiu figurar numa edição que o deixou em má situação e então redigiu uma nota para ser publicada no site do Supremo. Às 22h50, ele a enviou para a assessoria de Ayres Britto. O presidente vetou a divulgação. "Ou seja: eu fui atacado por um ministro da Casa via TV Justiça e em seguida fui censurado pelo presidente da Corte. Grandes democratas!", desabafou aos mais próximos. E emendou, em mensagem encaminhada a um dos autores: "Britto só tem um tipo de solução para mim: que eu tome porrada em silêncio".

Lewandowski seria alvejado com mais contundência um ano depois, em 2013, já na fase do julgamento dos recursos movidos pelos condenados do mensalão. Numa das sessões, ele sugeriu interromper a discussão e deixar para o dia seguinte um dos recursos, sobre o qual havia divergências entre ele e o relator. Barbosa rejeitou a proposta, tentando acelerar o julgamento. "Presidente, nós estamos com pressa de quê? Nós queremos fazer justiça", Lewandowski afirmou. "Nós queremos fazer nosso trabalho. Fazer nosso trabalho e não chicana", disparou Barbosa. Lewandowski pediu uma retratação, que obviamente não veio. Nesse dia, em seu gabinete no quarto andar do Anexo II, o revisor estava transtornado. Pensou em renunciar. O filho telefonou. O garçom serviu um café que Lewandowski tomou de um gole só. Suas mãos tremiam ao segurar uma folha de papel. Naquela ocasião, pensou em trocar as palavras pelas atitudes. "Se não fosse pelo tribunal...", disse, fechando a mão, diante dos assessores. Na semana subsequente à discussão entre relator e revisor, ministros aportaram no gabinete de Lewandowski e de Joaquim Barbosa. Celso de Mello, como decano, exerceu a função de pacificador e conversou com ambos.

O julgamento propriamente dito da ação penal do mensalão teve quatro temporadas.

1. Condenação de 25 réus e absolvição de doze (três outros réus tiveram destinos diferentes: um deles, Sílvio Pereira, fez acordo com o Ministério Público para prestar serviços em troca do trancamento da ação; outro morreu no transcurso do processo, José Janene; um terceiro teve o caso remetido para a primeira instância, Carlos Alberto Quaglia, dono de uma corretora suspeita de lavar dinheiro para o esquema). Nesta fase, a composição do plenário foi alterada com a aposentadoria de Peluso e, mais tarde, de Ayres Britto. No clima de desconfiança fomentado pelo mensalão, Britto, Lewandowski e Barbosa, os outrora Republicanos, agora conjecturavam diferentes versões a respeito da demora do julgamento. Barbosa já havia comentado com colegas que, segundo seu cronograma, Peluso não participaria do julgamento até o fim, mas não havia feito as contas sobre a participação de Britto. Para ele, o culpado pela demora era o revisor, com seus longos votos e o revolvimento de questões já decididas pelo Supremo. Lewandowski, por sua vez, atribuía o alongamento do processo a Barbosa e seu voto dividido por núcleos. E Britto também desconfiava do relator. Sobretudo depois que ele se ausentou por uma semana, quando viajou à Alemanha, interrompendo o julgamento.

2. Na segunda etapa, foram julgados os embargos de declaração daqueles que foram condenados. O recurso serve para contestar contradições, apontar omissões ou pedir o esclarecimento

de pontos obscuros. A composição do tribunal era outra, com a chegada de Teori Zavascki e Luís Roberto Barroso. A indicação de Zavascki havia sido retardada pela oposição a Dilma no Senado — receavam alguns senadores que o PT estivesse plantando seu nome no tribunal visando a absolvição de alguns dos integrantes da cúpula do partido. Por isso seu nome só foi aprovado depois da condenação dos réus. E Barroso foi indicado para o cargo em maio de 2013. Nessa fase, apenas três recursos de réus coadjuvantes levaram à redução da pena ou conversão de pena de reclusão em prestação de serviços à comunidade.

3. A terceira temporada, com novos contornos, novas personagens e repetidas estratégias de pressão via imprensa, teve como roteiro o cabimento ou não dos embargos infringentes, um recurso adicional para os réus que foram condenados mas tiveram a seu favor os votos de quatro ministros. O Regimento Interno do Supremo previa o recurso — e ele nunca fora alterado. Uma corrente do tribunal, no entanto, argumentava que uma lei editada em 1990 (lei 8038), que regulava os processos no Supremo, não previu a existência desse tipo de recurso. Portanto, ele estaria tacitamente extinto. Além de encompridar o julgamento por mais alguns meses, adiando a prisão dos condenados, o Supremo permitiria, ao admitir o recurso, que parte dos réus tivesse direito a novo julgamento e com nova composição de juízes — sem Peluso e Ayres Britto, com Zavascki e Barroso.

Gilmar Mendes tomou a frente na estratégia contra os infringentes, alimentando a imprensa e colocando-se como porta-voz contra a existência desse recurso — ou era inútil, se as condenações fossem mantidas, ou servia tão somente para manipular o julgamento. "Quer dizer, o objetivo de mudar de voto ou tentar obter uma mudança geral com a mudança de composição da Corte. Qualquer dessas práticas não é elogiável", disse.

Ao final de três sessões, em setembro de 2013, o tribunal estava rachado: cinco ministros votaram pelo cabimento dos recursos (Barroso, Zavascki, Lewandowski, Toffoli e Rosa Weber) e outros cinco rejeitaram a possibilidade de novo julgamento (Barbosa, Fux, Marco Aurélio, Gilmar Mendes e Cármen Lúcia). Faltava apenas o voto do ministro Celso de Mello ao final da sessão de quinta-feira, dia 12 de setembro de 2013.

Antes que a terceira sessão começasse, os assessores de Lewandowski o aconselharam a resumir seu voto — dez minutos no máximo, cinco, o ideal. Se falasse demais, estenderia a sessão e o julgamento poderia ser interrompido por Joaquim Barbosa — e assim o decano ficaria exposto à pressão da opinião pública, figurando na capa de todas as semanais.

Embora a sessão já se alongasse demais — duas horas e 55 minutos de duração —, Celso de Mello, chegada sua vez, fez um sinal pedindo a Barbosa que o deixasse votar: estava disposto a resumir seus argumentos. Barbosa o ignorou e encerrou a sessão com o empate. Todos sabiam que o decano era a favor dos embargos. Ele já havia se manifestado sobre isso em 2012, durante outra fase do mensalão. Mas com a sessão interrompida por Barbosa numa quinta-feira — o próximo encontro do plenário seria apenas na semana seguinte —, o decano se sentiu pressionado. "Sinalizamos para a sociedade brasileira uma correção de rumos visando um Brasil melhor pelo menos para os nossos bisnetos, mas essa sinalização está muito próxima de ser afastada. Cresceu o Supremo, órgão de cúpula do Judiciário, junto aos cidadãos, numa época em que as instituições estão fragilizadas. Mas estamos a um passo, ou melhor, a um voto — que responsabilidade, hein, ministro Celso de Mello", disse Marco Aurélio Mello em plenário. O futuro do julgamento estava no seu voto, conforme martelavam as manchetes e editoriais dos principais jornais do país.

Então há 24 anos no Supremo, Celso de Mello já tinha visto de tudo. Não se surpreendia com certos estratagemas ou comportamentos. Tinha consciência do que quiseram fazer com ele. Com sua ironia peculiar e seu senso de institucionalidade, deixou registrado que a sessão fora interrompida com segundas intenções, e não mudou seu entendimento em razão das pressões que vinham de fora. "O encerramento da sessão do dia 12 de setembro, quinta-feira, independentemente da causa que o motivou, teve, para mim, senhor presidente, um efeito virtuoso, pois me permitiu aprofundar, ainda mais, a minha convicção em torno do litígio ora em exame e que por mim fora exposta no voto que redigira — e que já se achava pronto — para ser proferido na semana passada", disse logo no início de seu voto na quarta-feira, depois de seis dias de suspense artificial sobre o resultado. A decisão de Celso de Mello em favor da possibilidade de um novo julgamento deu sobrevida ao seriado.

4. O julgamento do mensalão ganhou mais um ano de vida com os novos recursos à disposição dos réus: o Supremo iniciaria 2014 com o caso em pauta. Mas havia um componente novo: pelo regimento, os embargos infringentes — na prática, um novo julgamento — não podem ser relatados pelo mesmo ministro que ordenou o processo original. Ou seja, Joaquim Barbosa não poderia ser o relator dos novos recursos. Luiz Fux foi o sorteado. De garantista no Superior Tribunal de Justiça, tornara-se punitivista no Supremo, acompanhando Joaquim Barbosa em todos os votos no mensalão. Ele, contudo, não seria o protagonista do novo capítulo. Barroso, fazendo as vezes de anti-herói, assumiria o papel e levaria o tribunal a mudar o rumo de alguns dos principais condenados.

Dois pontos foram centrais no voto de Barroso. Primeiro, ele julgava que os réus não haviam formado quadrilha para cometer os crimes, no que foi seguido pela maioria dos ministros. O esquema perdia, ao final, esse elemento argumentativo que reforçou a narrativa da Procuradoria-Geral da República e que constou dos votos mais contundentes contra Dirceu e companhia ("Trata-se de uma quadrilha de bandoleiros de estrada, cuide-se, como, no caso, de verdadeiros assaltantes dos cofres públicos", disse Celso de Mello em seu voto). Mais que isso, o voto de Barroso absolvendo parte dos acusados da acusação de quadrilha provocava a redução das penas e levava para regime semiaberto a cúpula política do mensalão — José Dirceu e Delúbio Soares, ex-tesoureiro do PT.

Em segundo lugar, ele procurou demonstrar que as penas impostas pelo tribunal aos condenados por esse crime foram artificialmente infladas para driblar a prescrição, argumento reverberado também por outros ministros e que levou Barbosa a confessar que, sim, fizera cálculos para evitar que o crime ficasse impune. Numa situação normal, diria Barroso, depois, a incontinência de Barbosa seria um escândalo.

O mensalão terminava de forma menos apoteótica, já distante do clímax atingido pela condenação dos réus em 2012. Foi um marco no combate à corrupção — "um ponto fora da curva", como disse Barroso durante sua sabatina —, que transformou o tribunal. Ainda quando advogado, Barroso enxergava o mensalão como "mais do mesmo em termos de práticas políticas". Tinha sido uma forma mais barata, ele pensava, de comprar deputados e senadores e compor a base de sustentação do governo Lula. Duvidava que Dirceu estivesse no comando, talvez tivesse entrado de gaiato. Depois, no Supremo, mudou de opinião. Pela primeira vez o STF exercia de fato sua jurisdição penal no julgamento de figuras proeminentes da política.

Foi um passo decisivo. O Supremo mudou. O garantismo do passado não tem vez no STF de hoje, pós-mensalão, permeável à opinião pública, e que se outorgou o encargo de combater a corrupção no país (mesmo que para isso tenha de mudar sua jurisprudência) e consertar a política. A Lava Jato e as outras operações de combate à corrupção que desaguaram no Supremo são frutos do tribunal que julgou o mensalão. Mas o julgamento da ação penal deixou outro legado. Internamente, a tradição secular que diz que cada ministro é um ser independente evoluiu para uma percepção de que o decoro institucional da Suprema Corte pode se perder facilmente na guerra interna — e sem precedentes — que saltava aos olhos. As alianças são conjunturais. "Aqui é cada um por si", concluiria Lewandowski.

O julgamento do mensalão não se resumiu a colocar pela primeira vez na cadeia políticos influentes. Foi a largada para um Supremo conflagrado, confirmou-o como um tribunal atento e reativo à opinião pública, catapultou a imagem de ministros, tornou-os personas públicas e instigou até mesmo as ambições políticas. O roteiro que Barbosa preparou fez do mensalão um seriado com muitos capítulos, deixando sempre um gancho para capturar a atenção da imprensa — nacional e internacional — e da opinião pública. Na primeira temporada, foram 53 sessões que consumiram quatro meses e meio da pauta do plenário. Na segunda, quando foram julgados os embargos infringentes, foram mais dezesseis sessões. No total, o julgamento se alongou por um ano e meio. Quando começou, o STF era um. Terminou com outro bem diferente.

8. Suprema entidade

Fux se acomodou sem esforço à posição *seiza* — a postura de descanso dos lutadores de artes marciais. Sentado sobre os calcanhares, os pés em cruz um pouco atrás da coluna ereta, o rosto num ângulo de noventa graus em relação ao solo. Em japonês, *seiza* significa "sentar-se corretamente". Quem não é oriental ou lutador sente uma fisgada nos músculos da coxa, dor nas articulações do tornozelo ao quadril. Faixa preta de jiu-jitsu, Fux estava confortável e meditativo. Vestia branco. Camisa social, calça de sarja e sapato branco. Tinha os olhos vendados. Abrigado num pequeno gabinete — um dos vários cubículos que ladeavam o corredor que desembocava num salão simples, pintado de azul e branco, sem luxo, com algumas cadeiras —, o ministro esperava o chamado da entidade.

Naquela fase do atendimento, antessala do passe espiritual, a Entidade determinava que os olhos permanecessem fechados e proibia braços e pernas cruzados. Na Casa Dom Inácio de Loyola, as consultas espirituais ocorriam às quartas, quintas e sextas, por ordem de chegada. Naquela quarta-feira, 31 de janeiro de 2018,

Fux desembarcara pouco depois das seis da manhã. Deslocara-se para Abadiânia, cidade goiana a cem quilômetros de Brasília, para uma sessão com o médium João de Deus, que dizia incorporar uma entidade curadora que era quem ditava as ordens ali.

Poucos metros atrás, de pé numa fila, impaciente, sem vendas nos olhos, ao arrepio do protocolo, embora todo de branco — à exceção do mocassim preto, calçado sem meias —, Gilmar Mendes também esperava. Um não sabia da presença do outro. Os ministros viajaram em carros separados, em horários distintos. Mendes chegou por volta das 6h45.

Os motivos espirituais, as crenças que conduziram simultaneamente dois ministros do STF ao centro de um médium são de foro íntimo. Havia, porém, uma sincronia de calendário, um impulso terreno que desencadeara aquelas visitas: no dia seguinte, 1º de fevereiro, o Supremo voltaria do recesso e iniciaria os trabalhos de 2018.

Fux foi o primeiro judeu a tomar posse no Supremo e exteriorizou sua fé afixando na porta de seu gabinete um mezuzá (pequeno pergaminho com passagens da Torá). Mendes era um sincrético.

Cerca de dois meses antes, em dezembro de 2017, João de Deus, alcunha de João Teixeira de Faria, estava na primeira fila na cerimônia de posse dos ministros Rosa Weber e Luís Roberto Barroso. Sentara-se ao lado do filho da ministra, no setor destinado aos familiares dos ministros. Fora convidado por Barroso, que deixou a fila indiana na entrada a fim de cumprimentar o amigo.

O médium, que no final de 2018 seria preso, denunciado pelo Ministério Público de Goiás por estupro de vulnerável e violência sexual mediante fraude, costumava receber a visita de quatro dos ministros do STF daquela composição (Barroso, Fux, Gilmar Mendes e Toffoli). Quando a defesa de João de Deus impetrou habeas corpus no STF, o pedido foi distribuído, primeiro, para Mendes, que se declarou suspeito para julgar. Novo sorteio foi realizado — Fux foi escolhido relator e também alegou suspeição. Na terceira rodada o relator sorteado foi Lewandowski, que negou o habeas corpus.

"Você tem um problema de fundo de olho, fundo do olho direito", disse o médium a Toffoli, quando da posse dos ministros. Com lentes de oito graus, o ministro é assíduo frequentador dos consultórios oftalmológicos. Por via das dúvidas, procurou seu médico. Descobriu que estava com catarata. Interpretou como um triunfo da ciência sobre a crença: catarata não é problema de fundo de olho. Semanas depois, porém, quando se preparava para a sessão plenária do STF, sofreu um descolamento de retina — este, sim, um problema sério e de fundo de olho. "Ele tem poderes", lembrou Toffoli ao comentar o episódio.

Quem puxou a fila do Supremo em direção a Abadiânia foi o ministro Carlos Ayres Britto — vegetariano, adepto da ioga e autodeclarado deísta. "As religiões, sob a forma de confissões, ou seitas, elas existem para a gente não fechar com nenhuma, transitar por todas, holisticamente, e procurar uma linha direta, para quem acredita em Deus, com o Criador, sem a mediação de nenhuma seita e nenhum sacerdote", disse certa vez. Numa ocasião, para sustentar seu voto em favor do reconhecimento das uniões entre pessoas do mesmo sexo, recorreu a Chico Xavier e a um poema por ele psicografado.

Dos ministros, o mais próximo de João de Deus era Barroso. "Ele tem um poder inexplicável", dizia. Mesmo depois do escândalo que envolveu o médium, manteve em seu gabinete o cristal que ele lhe dera. Atribuía ao goiano parcela importante de seu bem-sucedido tratamento contra um câncer do esôfago, curado antes de seu ingresso no Supremo. Diagnosticado, ouviu palavras alentadoras e um vaticínio do místico: "Você não vai morrer; você tem uma missão a cumprir".

A declaração do médium se adequou como uma luva ao éthos filosófico e jurídico de Barroso. Como advogado e professor e, depois, como ministro, atribuíra-se uma missão. Na Corte, tratava de fazer do STF o rebocador da história, uma força capaz de empurrar o país para um novo patamar civilizacional.

E os tempos favoreciam essa cosmovisão. O STF estava no centro do sistema político brasileiro, muito pela inércia deliberada do Congresso em enfrentar certos temas incômodos como o aborto de fetos anencéfalos ou a união estável entre pessoas do mesmo sexo. O Supremo, com seus poderes sobre a vida, personificava uma nova e poderosa entidade na arquitetura política e social do país.

Em 26 de fevereiro de 2004, uma quinta-feira depois do carnaval, Joaquim Barbosa recebeu um habeas corpus urgente em seu gabinete. Gabriela de Oliveira Cordeiro tinha dezenove anos quando descobriu, no quarto mês de gravidez, que seu feto não tinha cérebro. Iniciou uma batalha judicial para interromper a gestação — começou na primeira instância do Rio de Janeiro, passou pelo Tribunal de Justiça do estado e pelo Superior Tribunal de Justiça (onde o processo tramitou de novembro de 2003 a fevereiro de 2004), até chegar ao Supremo graças à atuação contrária do grupo católico Pró-Vida, de Anápolis (GO).

Joaquim Barbosa levou o tema ao plenário, leu as 23 páginas de seu voto (favorável), mas ao final uma das organizações que acompanhavam o caso o informou que o processo perdera sentido: a gestante entrara em trabalho de parto. A criança nasceu e, sete minutos depois, morreu. O presidente do STF na época, Maurício Corrêa, comunicou o fato à Corte. "Estou tomando conhecimento e não sei se tem procedência que a criança nasceu e morreu." "É, bem...chegou-me [ao conhecimento]", disse Barbosa fora do microfone. E depois confirmou a informação: "Meu gabinete entrou em contato com uma das organizações impetrantes do habeas corpus, que informou que efetivamente a criança nasceu e viveu apenas sete minutos. Também falei pessoalmente com a promotora que atuou no caso e ela confirmou a informação", relatou. "O que vossa excelência propõe?", questionou Maurício Corrêa. "Está prejudicado [o processo]", lamentou Barbosa.

A ação daquela mulher poderia fazer o Supremo enfrentar uma questão que ia além de um caso concreto. Mas o retardo do Judiciário, cujos processos em geral demoram mais que uma gestação, frustrou o pedido. O ministro queria aproveitar a oportunidade para avançar sobre o tema e afirmar uma tese em favor da interrupção da gestação naqueles casos. Seus colegas, entretanto, não tinham pressa. Seria lamentável, disse Sepúlveda Pertence, que o Supremo se batesse entre teses distintas — e o julgamento estava em alta temperatura — apenas para "uma tertúlia", sem qualquer efeito prático.

Quatro meses depois, a Confederação Nacional dos Trabalhadores na Saúde ajuizou uma arguição de descumprimento de preceito fundamental (ADPF), idealizada pelo então advogado Luís Roberto Barroso, pedindo ao Supremo que firmasse a tese de que não configurava crime interromper a gestação em caso de anencefalia. Barroso alegou que a criminalização do aborto nesses casos violava os princípios da dignidade humana, da legalidade, atentava contra o direito à saúde — e comparava à tortura a obrigação da mulher de levar a gestação até o fim. Contrapunha a proibição legal, inscrita no Código Penal, a princípios constitucionais. O artigo 128 do CP só livrava de punição o médico que praticasse o aborto quando não houvesse outro meio de salvar a vida da gestante ou se a gravidez fosse resultado de estupro.

A causa chegou ao gabinete do ministro Marco Aurélio no dia 17 de junho de 2004, e foi liberada para julgamento sete dias depois, e a uma semana do recesso de julho.

Em apenas sete dias o processo não seria pautado pelo presidente e o julgamento ficou para depois do recesso. Entretanto, Marco Aurélio Mello, considerando o tema urgente, adotou um procedimento inédito, que ele repetiria em outros casos polêmicos: esperou o último dia de trabalho antes das férias e concedeu a liminar (para o plenário não cassar a decisão). Nesse caso, suspendeu todas as ações contra mulheres que haviam interrompido a gestação de bebê anencéfalo, e reconheceu a elas o direito constitucional de abortar. Era mais uma decisão do ministro que se tornou o desbravador do exercício — sem rédeas — de alguns dos poderes individuais que marcam o Supremo de hoje, como o monocratismo e a desinibição dos julgadores diante de temas que terão de decidir.

Em 1996, Marco Aurélio suspendeu, com uma liminar, a tramitação da reforma da Previdência do governo Fernando Henrique Cardoso. Quando o assunto foi a plenário, foi derrotado de forma acachapante pelos dez colegas. Meses depois, ainda no mesmo ano, também liminarmente, suspendeu a emenda constitucional que estabelecia a cobrança da Contribuição Provisória sobre Movimentação Financeira (CPMF), proposta pelo governo federal. Mais uma vez a suspensão criou empecilhos para as reformas estruturantes que o governo FHC promovia. A cobrança do tributo era, para o governo, essencial para o fechamento das contas públicas. Quando a liminar foi submetida ao plenário, o voluntarismo de Marco Aurélio foi de novo rejeitado.

Na esfera administrativa, o monocratismo foi combatido pelo Supremo. O exemplo de Marco Aurélio é simbólico. Num tribunal sempre sensível a assuntos importantes para a governabilidade, especialmente quando estão em jogo as contas públicas, liminares voluntaristas foram abatidas. Mas Marco Aurélio não recuou. Apesar de seu histórico, suas liminares continuavam a surpreender, pois alargavam os limites da atuação individual dos ministros do STF. Sua decisão de autorizar o aborto de fetos anencefálicos era uma extravagância naquele colegiado que ainda guardava certa deferência aos demais Poderes.

No entanto, quando o tribunal voltou do recesso e a liminar foi submetida ao plenário, mais uma vez o Supremo barrou os atrevimentos de Marco Aurélio, com o explícito protesto de Joaquim Barbosa contra a decisão isolada em assunto tão grave. "A posição jurídica que eu adoto há muito tempo é de que não cabe a um ministro individualmente tomar decisão dessa natureza. Seria o equivalente a um membro do Congresso editar pessoalmente uma lei", protestou o ministro ao final da sessão. Favorável ao teor da decisão mas contrário ao método empregado pelo colega, Barbosa começava, neste julgamento, sua trajetória de embates com colegas em plenário. A temperatura subiu: foi nessa sessão que Marco Aurélio disse que, fosse em outros tempos, os dois poderiam resolver as divergências num duelo do lado de fora do tribunal.

Depois de ter sua liminar cassada, Marco Aurélio manteve o tema longe do plenário por oito anos. Ao longo desse período, a sociedade debateu a questão em mais profundidade e encontraram-se algumas alternativas para permitir a interrupção de uma gravidez inviável. No Distrito Federal, por exemplo, o Ministério Público firmou acordos para não processar médicos ou pacientes.

Em 2012, o momento parecia propício para retomar a análise do tema. "Quando cassaram a minha liminar, eu percebi que a concepção era contrária ao pano de fundo. Então coloquei o processo na prateleira, porque não envolvia interesses subjetivos. Quando o Tribunal liberou as pesquisas com células-tronco, muito embora por um escore muito apertado de 6 × 5, eu entendi que era a hora, e o resultado foi muito satisfatório.[...] Nós temos sempre um termômetro. Aí devemos atuar no campo político-institucional", disse Marco Aurélio em depoimento a uma pesquisadora da UNB que preparava sua tese de doutorado em antropologia. Tratava-se de exemplo notório do manejo do tempo em favor da tese do ministro.

A maioria do tribunal julgou inconstitucional criminalizar a interrupção da gravidez nos casos de anencefalia. Na prática, adicionaram um tópico novo à lei, uma excludente não prevista pelo legislador.

Os poderes do Supremo se ampliavam, mas os demais atores políticos — Congresso, especialmente — ainda não se manifestavam à altura do ativismo do STF. Ciente dos prognósticos de uma vitória, Barroso, como advogado, tentou avançar e levar o tribunal a descriminalizar o aborto de forma total. Da tribuna, sem que o pedido estivesse no processo, defendeu que criminalizar o aborto até a 12ª semana de gestação violava o direito das mulheres, sua autonomia da vontade e liberdade. "Nós estamos atrasados. A criminalização é um fenômeno do subdesenvolvimento. Nós estamos atrasados e com pressa", disse. Em matéria de direito comparado, tinha razão. Na Europa ocidental, apenas Polônia e Irlanda, além dos minúsculos Liechtenstein, Malta, Mônaco, Polônia, San Marino, Andorra e Vaticano, possuíam legislações restritivas.

Na tribuna dos advogados, Barroso acrescentou algo que o perseguiria no futuro: "Quando o processo histórico emperra, é preciso que uma vanguarda iluminista faça com que ele avance. E este é o papel que o Supremo poderá desempenhar no dia de hoje". A frase, proferida enquanto advogado, foi duramente criticada quando o já magistrado Barroso diria que a função do STF seria empurrar a história "na direção certa". "Em nome dos seus direitos reprodutivos este será um dia para não esquecer.

Será o marco zero de uma nova era para a condição feminina no Brasil." O argumento, porém, constrangeu alguns ministros. Depois da sessão, Peluso disse aos demais: "Quase o chamo para se sentar conosco", como a dizer "quem é ele para ensinar padre a rezar missa".

Barroso forçara a barra, disseram alguns ministros. Forçaria anos depois, já como ministro, numa sessão da Primeira Turma do Supremo, quando liderou o julgamento do habeas corpus 124 306 em favor de cinco pessoas detidas pela polícia do Rio de Janeiro numa clínica clandestina de aborto. Em seu voto, seguido por Rosa Weber e Edson Fachin, afirmou que a criminalização do aborto era incompatível com os direitos fundamentais, entre eles os direitos sexuais e reprodutivos e a autonomia da mulher, a integridade física e psíquica da gestante e o princípio da igualdade. A decisão era incomum, extravagante. Uma deliberação sobre assunto com repercussões profundas na sociedade, numa turma, com maioria de três votos, sobre tema não amadurecido.

O Congresso, que já se articulava para impedir o aborto em qualquer circunstância, inclusive as previstas na legislação (como em casos de estupro ou risco para a vida da mulher), reagiu à tentativa de parte do tribunal de descriminalizar o aborto pela via judicial. E obteve o apoio de outros ministros, como Gilmar Mendes.

Com a eleição de Jair Bolsonaro e a mudança na composição do Congresso em 2019, de extração mais conservadora, ganhou impulso a tramitação de uma proposta de emenda à Constituição (pec) destinada a proibir o aborto mesmo nas hipóteses em que estava previsto por lei. Ao alargar sua zona de ação, o stf atingira o núcleo de deliberação do Poder Legislativo e sofreria contragolpes, algo raro de acontecer na primeira década deste século.

Em fevereiro de 2019, parlamentares ligados a Bolsonaro entraram com pedido contra Celso de Mello, Fachin, Alexandre de Moraes e Barroso porque votaram por equiparar a homofobia ao crime de racismo. Em abril, havia doze pedidos de impeachment contra todos os ministros do tribunal.

Nem sempre o Supremo empurrava a história contra a vontade de um Legislativo conservador. Às vezes, como no caso da aprovação de pesquisas com células-tronco embrionárias, o tribunal chancelou a constitucionalidade da Lei de Biossegurança aprovada pelo Congresso.

O debate que levou à aprovação da lei era monopolizado por uma questão: a liberação ou não de transgênicos. Os ministérios da Agricultura e do Meio Ambiente travavam uma briga interna no governo Lula quando um grupo de cientistas procurou uma empresa de RelGov (Relações Governamentais), a Patri, com uma questão: enquanto todos debatiam um ponto apenas, outro estava ficando ausente das discussões e da lei — as pesquisas com células-tronco embrionárias. Uma estratégia política e de comunicação foi montada para, na fase final da tramitação, incluir o tema na lei e regulamentar o assunto.

O enredo visava permitir aos cientistas a utilização de células-tronco embrionárias obtidas de embriões humanos produzidos por fertilização in vitro para pesquisas e terapias. Assunto lateral nos debates legislativos, mas que se tornou a pergunta mais difícil a ser feita ao Supremo: quando começa a vida? O procurador-geral da República, Claudio Fonteles, católico e com fortes relações com a Igreja, que levava no peito a cruz de madeira dos franciscanos, questionou a lei em maio de 2005 porque considerava que "a vida humana acontece na, e a partir da, fecundação". As pesquisas com células-tronco embrionárias, portanto, violariam o princípio constitucional da dignidade da pessoa humana.

O Supremo teria então de julgar se os embriões eram constitucionalmente protegidos, caso em que as pesquisas violariam a vida humana. Ayres Britto foi sorteado para ser o relator da ação e convocou a primeira audiência pública da história do tribunal — uma abertura do Supremo para ouvir argumentos técnicos que ajudassem a Corte a formar sua convicção sobre temas complexos. Tais audiências posteriormente passaram a servir para que diferentes correntes da sociedade se manifestassem sobre temas controversos, não necessariamente usando argumentos meramente técnicos. Ou, numa subversão da ideia inicial, para que ministros ganhassem tempo até o julgamento — marcar e realizar audiências são tarefas que demandam tempo. Ou simplesmente para que se abastecessem de argumentos supostamente técnicos para justificar posições já consolidadas.

De toda forma, ao abrir-se para audiências públicas, o tribunal lançava mais uma ponte de contato com a sociedade. No julgamento sobre células-tronco, organizações não governamentais levaram claques para as audiências no Congresso, ganhando os jornais com imagens de cadeirantes fotografados dentro do plenário. A ideia era sensibilizar os ministros e mostrar que uma discussão teórico-jurídica tinha rosto, que as pesquisas poderiam um dia beneficiar aquela parcela da sociedade. O caso estava nas ruas, e naquele momento a pauta científica superava resistências desarticuladas de grupos religiosos conservadores.

"Eu parti de uma intuição: 'Sobre o início da vida, a Constituição é de um silêncio de morte'. [...] Aí me veio à cabeça o seguinte trocadilho: 'Não confundir embrião de pessoa humana com pessoa humana embrionária'", assim analisou Ayres Britto sua metodologia no voto sobre pesquisas com células-tronco, conforme depoimento para o projeto de História Oral do Supremo. O ministro, frasista nato, produziu as tiradas mais célebres do STF. "Você só sabe falar com trocadilho", provocou Jobim tão logo o colega chegou ao tribunal. Slogans de apelo fácil ao público mais amplo do Supremo, frases que incomodavam os colegas em algumas ocasiões. Como no julgamento da Lei da Ficha Limpa, já citado, quando travou uma batalha argumentativa e de bastidores com parte do tribunal e referiu-se a uma interpretação proposta por Peluso como "salto triplo carpado hermenêutico" — numa alusão à pirueta executada pelos ginastas, de um contorcionismo ímpar. Ou quando, no julgamento sobre união homoafetiva, referiu-se ao orgão sexual como um "plus", um bônus, um regalo da natureza.

Mas, se agradavam o público, suas tiradas não impressionavam os colegas, longe disso. Assim, diante da pressão da opinião pública e dos argumentos de Britto — que seus adversários consideraram frágeis e rasos —, Meneses Direito pediu vista do caso. Conservador e católico, ele queria atenuar a pressão aplicada sobre o STF e evitar que se criasse um clima para discussão sobre o início da vida — e, por conseguinte, sobre o aborto em sentido amplo. A manobra, verdadeira obstrução, era a contraface do voluntarismo decisionista de outros ministros. Uma ou outro tendo por efeito o sacrifício da colegialidade. De qualquer maneira, o movimento do ministro não podia ser classificado de emboscada.

Admirador do processo decisório da Suprema Corte dos Estados Unidos, Meneses Direito compartilhava votos e opiniões com os colegas. "Como isso aqui é mais difícil do que eu pensava", disse sobre a desunião dos ministros. Agregador — desfilava na Sapucaí antes de se tornar ministro do STF —, foi o responsável por incluir no calendário do tribunal o almoço natalino. Guardava consigo um exemplar do livro *The Nine: Inside the Secret World of the Supreme Court* e repassava trechos aos demais sobre como eram construídos nos Estados Unidos os acórdãos dos casos difíceis, como aborto ou união homoafetiva. Ou mesmo sobre a dinâmica da Corte: lá, quem redige a opinião do tribunal, após a apuração dos votos em sessão secreta, é um dos *justices* designados pelo *chief* (caso ele esteja na corrente vencedora) ou o ministro mais antigo; uma vez pronto, o texto circula entre todos os juízes, vencidos e vencedores no debate prévio, para ser aprimorado.

Meneses Direito estabelecia laços com os ministros. Com Jobim, já aposentado, formou um grupo de filosofia que estudava de Kant a Wittgenstein ("Passamos um ano lendo Hume", contou Jobim). Com Eros Grau, que vira e mexe estava em seu apartamento em Paris, conversava em francês. Atento aos rituais do Supremo, internado para um tratamento de câncer no pâncreas que viria a matá-lo em 2009, dois anos após sua nomeação, o ministro vestia terno no quarto do hospital e acompanhava os debates pelo sistema interno de comunicação dos ministros, o GAIN. "A dor é tão grande que os processos são um bálsamo", disse em pleno tratamento. Escrevia seus votos fora do Supremo e os levava salvos num pendrive para imprimir no tribunal em fonte Arial vermelha e azul, sublinhando os trechos a serem enfatizados.

Com a morte do colega, o então presidente do tribunal Gilmar Mendes propôs que o corredor subterrâneo que dá acesso ao prédio principal do STF fosse batizado Espaço Cultural Ministro Meneses Direito. Nenhum outro setor era batizado com nome de ministro. Os bustos que são colocados no hall de entrada passam por votação em sessão administrativa e dependem da aprovação unânime. "O Direitão foi minha melhor indicação", disse Lula, que titubeara sobre sua indicação, mas que depois passara a admirá-lo. Ao devolver a ADI 3510 ao plenário, Meneses Direito julgava a ação procedente, mas apenas em parte, e, em posição minoritária, afirmava: "As células-tronco embrionárias são vida humana e qualquer destinação delas à finalidade diversa que a reprodução humana viola o direito à vida".

O pedido de vista, além de baixar a fervura do julgamento, serviu para Meneses Direito preparar um voto que tentasse harmonizar argumentos jurídicos com suas convicções religiosas, sugerindo ao tribunal que estabelecesse condicionantes para a manipulação dos embriões. Essas restrições não foram acatadas. Fé e razão — *Fides et ratio*, como a encíclica papal de João Paulo II sempre lembrada por Meneses Direito — nunca fora uma dicotomia tensa para os ministros. Fux passou o Rosh Hashanah de 2017 (o ano judaico, naquele ano celebrado numa quarta-feira 20 de setembro) com o rabino Leib Rojtenberg na Beit Chabad, um lugar simples então situado na decadente W3 Norte, entre oficinas mecânicas, restaurantes a quilo e barbearias. Questionado sobre o voto na anencefalia em 2012, disse que de fé e moral entendia o rabino, mas que de justiça sabia ele. Em sua coluna na *Folha*, o jornalista Janio de Freitas escreveu sobre o julgamento: "STF consagra uma concepção de liberdade que ataca aos poucos os conservadorismos que fizeram a história do país". De modo mais retórico, Celso de Mello tratou o episódio como "aurora de um novo tempo". O Supremo se transformara numa entidade que, vez por outra, se colocava acima dos demais Poderes — e isso teria reflexos.

O movimento do Supremo em direção a uma "aurora" começara anos antes, como vimos, quando deixou de ser a Corte contida da década de 1990 e se transformou "num ser diferente", nas palavras de um ministro da velha guarda. A mutação ficou evidente no julgamento de um habeas corpus, em 2003.

Sigfried Ellwanger era um editor do Rio Grande do Sul que em 1987 publicou um livreto mal formatado, com fotos tortas e em preto e branco, negando a ocorrência do Holocausto. Foi processado e, para contornar a prescrição, a Justiça gaúcha tratou o caso como racismo — um crime imprescritível. De outro modo, em razão dos prazos e entraves processuais, o réu não poderia mais ser punido. Seus advogados recorreram alegando que judeu não era uma raça, e portanto não haveria discriminação racial no ato de seu cliente. O processo chegou ao STF no dia 12 de setembro de 2002.

No sorteio do relator, o caso foi distribuído para o ministro Moreira Alves. Nos Estados Unidos, a Suprema Corte se divide em períodos conforme os *justices* que presidem o tribunal. O presidente marca uma era conforme os casos que pauta e a direção que define para a jurisprudência em sua gestão. Lá não há mandato finito para os presidentes (o *justice* indicado para comandar a Suprema Corte permanece no cargo até que decida se aposentar ou até o fim da vida), nem aposentadoria decorrente da "bengala". Por aqui, a regra, desde o início, foi o presidente permanecer por prazo definido no cargo — com um período de exceção: o governo Vargas.

O Supremo brasileiro, na comparação com a Suprema Corte americana, só teve uma liderança capaz de batizar um período: Moreira Alves. Nomeado por Ernesto Geisel em 1975, o ministro permaneceu no STF por 28 anos, servindo de esteio para a Corte e se caracterizando como uma força conservadora. Foi professor de Gilmar Mendes e de Joaquim Barbosa na UNB.

Quando o caso Ellwanger chegou a suas mãos, para fazer um primeiro estudo do caso ele designou um assessor que preparou uma pesquisa com precedentes do Supremo americano. Lá, o debate tinha por centro o conflito entre o princípio da dignidade da pessoa humana e a preservação da liberdade de expressão. Moreira Alves rejeitou esse caminho. Seu voto discutiria se a conduta de Ellwanger configuraria racismo, sendo um crime imprescritível, ou preconceito e discriminação, sobre os quais recai o instituto da prescrição. Para tanto, Moreira Alves pediu a ajuda informal de Jobim. Precisava de um embasamento teórico a respeito de os judeus serem ou não uma raça, queria indicações de leitura. Enfim, após estudar o que cinco rabinos diziam, concluiu que nem mesmo os judeus se reconheciam como uma raça específica. "E essas cinco opiniões [de rabinos] eram no sentido de que judeu não é raça. O judeu ser considerado raça, isso tem um aspecto até ruim, tendo em vista justamente a perseguição racial. Eu, portanto, sustentei que era raça branca... O que a Constituição dissera fora justamente tratando da raça negra", disse mais tarde o ministro.

Tão acostumado a ditar os rumos dos debates no plenário com seu jeito pesadão, sarcástico, sua argumentação lógica e objetiva, sua retórica contundente — às vezes intimidadora —, o relator estava assistindo a uma mudança de geração. Os procedimentos e os argumentos já não batiam mais com o seu Supremo. Maurício Corrêa, por exemplo, pediu pareceres sobre o tema a algumas personalidades. Era como se chamasse professores e acadêmicos a atuarem como assistentes de acusação, comparou Moreira Alves. O procedimento, em se tratando de um recurso da defesa, era absolutamente incomum.

Um dos pareceres foi assinado pelo professor e ex-ministro das Relações Exteriores do governo FHC, Celso Lafer, um intelectual judeu. Em seu texto, afirmou que, pela argumentação da defesa de Ellwanger, racismo seria um crime impossível por não haver distintas raças. "Interpretar o crime da prática do racismo a partir do conceito de 'raça', como argumenta o impetrante [Ellwanger], exprime não só uma seletividade que coloca em questão a universalidade, interdependência e inter-relacionamento, que compõem a indivisibilidade dos direitos humanos [...]. Representa, sobretudo, reduzir o bem jurídico tutelado pelo direito brasileiro, o que não é aceitável como critério de interpretação dos direitos e garantias constitucionais", escreveu Lafer.

Moreira Alves afirmou que o voto de Maurício Corrêa praticamente repetia as palavras de Lafer. Pela tese de Corrêa, que também estava no parecer de Lafer, em outras palavras: "Não resta dúvida, portanto, que o preceito do inciso XLII do artigo 5º da Constituição aplica-se à espécie, dado que todos aqueles que defendem e divulgam ideias dessa mesma natureza são, deliberadamente, racistas, e em consequência, estão sujeitos às sanções penais [...]". As similitudes, na visão de Moreira Alves, e sua menção a essas semelhanças geraram uma áspera discussão entre ambos. Corrêa interpretou que o colega o acusava de apenas reproduzir os argumentos do parecerista, como se em seu voto não houvesse nada de novo, mera reprodução do parecer. "O senhor foi descortês comigo", reclamou Corrêa. "Diga-me uma frase que comprove a descortesia. Vou sair daqui a dias. Estou há 27 anos no tribunal. Nenhum colega nunca me disse que sou descortês", retrucou o relator. "Vossa excelência deu tanta importância a meu voto que passou o tempo todo conversando", seguiu Corrêa. "Não levo para casa desaforo", acrescentou. "Isso aqui não é uma casa de vaidade", respondeu Moreira Alves. Como relator do processo, diante da divergência de Maurício Corrêa, ele fez uma intervenção que fugia do seu tom habitual, conforme alguns de seus assessores na Corte. Demonstrava preocupação com a recepção externa de seu voto: "Farei considerações que reputo oportunas, porque, em face do voto discordante, poderia ter-se a impressão de que seria eu um inimigo do povo judaico, desprezando o seu sofrimento na guerra para ater-me a uma interpretação quase nazista, quiçá também fascista". Foi então que o mundo exterior, a opinião pública, começou a pressionar o Supremo e dele nunca mais se afastou.

Moreira Alves e Maurício Corrêa "manejaram os critérios literal, histórico e sistemático" da Constituição, como escreveu Fernando Leal, "para sustentar resultados opostos para a mesma questão". O relator perdeu — só viu a derrota depois de aposentado, pois o julgamento foi sucessivamente interrompido por pedidos de vista. Não teve o voto daquele que o ajudou com bibliografia — Jobim. E viu o Supremo alargar a concepção de racismo, estendendo a proteção prevista na Constituição também para os judeus, e negando caráter absoluto para a liberdade de expressão. "Configura atitude manifestamente racista o ato daqueles que pregam a discriminação contra judeus, pois têm a convicção que os arianos são a raça perfeita e eles a antirraça", conforme voto de Corrêa.

Os votos falaram muito ao público externo, como se a preocupação maior fosse com a mensagem que os ministros mandariam extramuros, e não com os argumentos jurídicos que solucionariam o caso concreto — a TV Justiça ainda era uma novidade e estrearia as transmissões ao vivo exatamente com esse julgamento. "Porque o problema não era o antissemitismo, era você estimular os antis. Aí, era antitudo. Se o antissemitismo era legítimo, era legítima a fobia, o diabo a quatro. Aí, tu não segura mais", analisou Jobim, mais tarde. Num ciclo de quinze anos, o ecossistema político em que os ministros estavam imersos mudaria — e a opinião de magistrados de que homofobia equivalia a racismo acabaria por desencadear pedidos de impeachment no Congresso contra ministros do STF, em 2019.

"Quero ir é mais além", disse Britto a seu principal assessor no gabinete, Anthair Edgard Valente e Gonçalves. Católico, mais antigo assessor do tribunal e um legalista, o funcionário toureava o ministro para tentar, com pequenos estímulos ou induções (sempre às claras e percebidas por Britto), restringir o alcance da decisão sobre estender a casais do mesmo sexo os direitos concedidos aos heterossexuais em união estável. Para ele, o texto da Constituição não dava margem a outra interpretação. "Vamos além." Nessa toada, o voto de 49 páginas de Ayres Britto demorou três anos para ser concluído. E em maio de 2011 foi apresentado com escopo ampliado, e com suas indefectíveis metáforas: "Em suma, estamos a lidar com um tipo de dissenso judicial que reflete o fato histórico de que nada incomoda mais as pessoas do que a preferência sexual alheia, quando tal preferência já não corresponde ao padrão social da heterossexualidade. É a perene postura de reação conservadora aos que, nos insondáveis domínios do afeto, soltam por inteiro as amarras desse navio chamado coração". Ayres avançara a fronteira estabelecida pelo próprio pedido original, que arguía a constitucionalidade de um decreto-lei do Rio de Janeiro, de 1975, sobre servidores desse estado.

"Para surpresa minha, homoafetividade foi dez a zero", revelou Ayres Britto ao projeto de história oral do Supremo. "Para surpresa, a [da] anencefalia passou com votos vencidos, mas [a das] uniões homoafetivas passou com unanimidade. Até brinco aqui dentro que eu, como advogado, reparei que, pela linguagem corporal, uns três votos estavam desconfortáveis ali, votando com a maioria, mas houve unanimidade", registrou Barroso, que fora advogado também dessa causa.

As fronteiras entre conservadores e liberais no STF são fluidas, seus traçados dançam a depender das forças que incidem sobre os ministros — e é até impróprio identificá-los com rótulos, em simetria com o paradigma americano. Não que nos Estados Unidos seja incomum esse movimento de ministros ao longo do espectro ideológico. Lá chama-se de *swing vote* o *justice* que balança entre os dois lados, determinando a fração vencedora no debate. Em geral, um dos ministros assume oficiosamente esse posto — a partir dos anos 1980, a função coube a Sandra O'Connor e, depois, a Anthony Kennedy, ambos indicados pelo republicano Ronald Reagan, mas que, vez ou outra, se alinhavam aos ministros nomeados por presidentes democratas em causas que ampliavam a proteção aos direitos humanos.

Por aqui, as unanimidades por vezes se dão em temas que dividem a opinião pública. A unanimidade ocorria no STF, na esmagadora parcela da opinião veiculada pela imprensa, mas não no público em geral. Os filtros habituais empregados pelos ministros — a mídia tradicional, as universidades, o meio social deles — apontavam a anuência da decisão. No próprio Judiciário, decisões de instâncias inferiores haviam concedido proteção às relações homoafetivas. Em julho, o Ibope foi às ruas ouvir a opinião da sociedade: a decisão do STF foi reprovada por 55% dos entrevistados. Se considerados os brasileiros com cinquenta anos ou mais, 73% eram contrários à união homoafetiva.

"Supreendeu, supreendeu", disse Fux depois do julgamento. Foi a decisão que até então mais desafiara a vontade majoritária e que mais atendia aos direitos humanos, na qual o STF usara a ponderação entre princípios da Constituição em colisão para contornar o parágrafo do artigo 226 que fala que a união civil é entre homem e mulher. "Até que ponto o Supremo Tribunal Federal é obrigado a dar uma resposta que a sociedade não está preparada para recebê-la. [...] Então, nós tínhamos que, por exemplo, proferir uma decisão que fosse exemplar para eliminar essas cenas de homofobia a que nós estávamos assistindo. Aquilo veio com esse escopo, entendeu? Só que, no dia seguinte, 60% da população desaprovou a decisão do Supremo. Por quê? Porque havia um desacordo moral mais do que razoável na sociedade, um desacordo moral tendente a não aceitar aquilo", continuou Fux.

Naquele momento, o desacordo foi uma pressão tênue, desorganizada, diferente do que viria nos próximos anos. A união estável entre pessoas do mesmo sexo sedimentou-se na sociedade com uma decisão do STF que foi além da proposta original. Mais do que reconhecer os mesmos direitos às uniões estáveis homoafetivas, o Supremo autorizou o casamento de pessoas do mesmo sexo: em 14 de maio de 2013, o Conselho Nacional de Justiça, sob a presidência de Joaquim Barbosa, editou uma resolução que determinou que os cartórios realizassem, sem embaraços, o matrimônio entre pessoas do mesmo sexo.

Mas nenhuma decisão de Suprema Corte é final se a nação continua em disputa e dividida sobre a questão constitucional. Aborto, descriminalização do porte de droga para consumo pessoal, prisão após segunda instância, entre outros temas, continuavam na agenda. Em abril de 2019, referindo-se a decisões do STF no âmbito da Lava Jato, Barroso, em palestra na Universidade Columbia, em Nova York, disse: "Uma Corte que repetidas vezes toma decisões com as quais a sociedade não concorda e não entende, aí se tem um problema". A explosão das redes sociais, com seus consensos instantâneos, em avalanche, passaria a pautar temas novos ou já decididos, alterando a própria compreensão dos ministros sobre o que seria o consenso público, exacerbando o dilema da Corte constitucional — até onde ir? Ou, mais importante e adequado à natureza de um Supremo Tribunal: por que seguir adiante?

"Fizemos bobagem", reconheceria tempos depois o ministro Gilmar Mendes. A "bobagem", no caso, havia sido uma decisão tomada pelo plenário com a intenção de aprimorar, de fora para dentro, o funcionamento dos partidos políticos. Durante uma sessão, uma breve conversa entre Mendes e Marco Aurélio, longe do microfone mas em voz alta, deu a senha para o início do processo em que o Supremo criou uma causa nova para a cassação do mandato de deputados.

Em dezembro de 2006, o STF julgava a constitucionalidade da emenda que estabeleceu uma cláusula de desempenho para os partidos políticos. Os de menor representatividade não receberiam recursos do fundo partidário e teriam limitações de funcionamento no Congresso. Era uma estratégia para reduzir o número de legendas e, com isso, fortalecer os partidos tradicionais. Marco Aurélio Mello e Gilmar Mendes comentavam que a derrubada da cláusula de barreira poderia dar a ilusão de que os partidos conseguiriam manter seus parlamentares e evitar a fuga para outras legendas. Marco Aurélio então ressaltou que a fidelidade partidária estava prevista na Constituição. Admar Gonzaga, advogado do PFL (que mudou de nome cerca de quatro meses depois para DEM), sentado metros atrás de Mendes, ouviu a fala do ministro. Telefonou para o então presidente do partido, Jorge Bornhausen, e sugeriu uma ação. Mas, antes, pediram uma audiência no Supremo para medir a receptividade de uma tese em favor da fidelidade dos políticos eleitos. "O tribunal verá com bons olhos esse tema", disse tão somente Marco Aurélio, que presidia a Corte.

O PFL fez uma consulta ao TSE: "Os partidos e coligações têm o direito de preservar a vaga obtida pelo sistema eleitoral proporcional, quando houver pedido de cancelamento de filiação ou de transferência do candidato eleito por um partido para outra legenda?". Em outras palavras, o partido perguntava de quem seria a vaga de um deputado que, eleito pelo PFL, depois de empossado trocasse de partido: do deputado ou do partido?

Era comum que depois das eleições partidos que integravam a base do governo inchassem. Parlamentares eleitos por legendas de oposição migravam para partidos da base em busca de verbas e cargos. A vida no governo é mais fácil que na oposição. E, no governo petista, foi desbaratado o esquema de compra de apoio parlamentar por meio da distribuição do que ficou conhecido como mensalão. Esse contexto seria determinante para o resultado do processo. O TSE, em resposta à consulta, afirmou que o mandato pertencia ao partido, não ao deputado eleito, e baixou uma resolução definindo os critérios e as exceções à regra.

O assunto desaguou no Supremo, que, por nove votos a dois, manteve a resolução do TSE. A decisão pela fidelidade partidária integra um conjunto maior de processos para os quais o Supremo foi chamado — e atendeu ao convite — a fim de sanear os costumes da política. Mas o tribunal não mediu as consequências da combinação de algumas dessas decisões. Em alguns casos, ao mexer numa roldana do maquinário político, provocou consequências deletérias e não previstas pelo próprio tribunal.

Exemplo principal foi a combinação das decisões sobre fim da cláusula de barreira com o entendimento sobre fidelidade partidária. A cláusula de barreira foi a tentativa do Congresso de reforçar e empoderar as legendas, coibindo o surgimento de partidos nanicos, legendas de aluguel. Ao derrubá-la, o STF anulou esses efeitos. E, na decisão sobre fidelidade partidária, julgou que o deputado não é o dono do próprio mandato, não podendo trocar de partido livremente. Seu mandato, conforme decidiu o Supremo, pertence à legenda pela qual se elegeu. Contudo, e aí que a decisão provocou efeitos negativos, entenderam os ministros que deputados poderiam trocar de agremiação se estivessem migrando para um partido recém-criado. Na soma, o Supremo criou um estímulo para a criação de partidos e não impediu o troca-troca partidário. Vários ministros reconheceram, com o fato consumado, o erro que cometeram. Em vez de ser solução, o tribunal foi parte do problema.

Nem sempre o Legislativo acompanhava quieto os movimentos do Supremo. Um caso aparentemente menos conflituoso mostrou — e não seria a última vez — que, quando tem visão míope da sociedade, o STF sofre reveses. A ADI 4983 tornou-se um espantalho a alertar os ministros com a mensagem: "Daqui não passem".

Em outubro de 2016, o plenário declarou a inconstitucionalidade da lei do Ceará 15 299, que fora editada três anos antes. O texto legalizava a vaquejada como atividade desportiva e cultural do estado. Para aquela composição do STF, a mesma desde outubro de 2013, sem nenhum nordestino entre os onze, a vaquejada ("evento de natureza competitiva, no qual uma dupla de vaqueiro a cavalo persegue animal bovino, objetivando dominá-lo", segundo a descrição da lei estadual) era uma "crueldade intrínseca". Nove meses depois, em velocidade anormal, o Congresso promulgou a emenda constitucional 96, adicionando ao artigo 225 da Constituição o § 7º com este comando: "Não se consideram cruéis as práticas desportivas que utilizem animais, desde que sejam manifestações culturais". A vaquejada estava abrigada — e agora protegida — pela Constituição.

Mesmo alguém como Barroso, imbuído de uma missão idealista, escolhia quando parar. Em 11 de setembro de 2015, um dia depois de proferir voto no julgamento do RE 635659 (em que se discutiu a constitucionalidade do artigo 28 da lei de drogas, a 11343/06, que tipifica como crime o porte de drogas para consumo pessoal), Barroso recebeu um vídeo com uma montagem que o mostrava fumando um cigarro de maconha durante um jantar. A imagem o divertiu. O ministro conhecia suas balizas. O processo em questão era um recurso extraordinário que envolvia o consumo pessoal de maconha. Segundo ele, a decisão de descriminalizar a maconha já tinha um forte caráter contramajoritário. Não havia nos autos informações consistentes sobre cocaína ou crack. "Por qual razão deveria o STF ir além da situação específica, para decidir em tese a descriminalização de outras drogas, sem debate ou informação suficiente? Não adianta avançar rápido demais e não conseguir maioria, ou ter que retroceder. Acho que a descriminalização da maconha — e futura legalização, como me parece o correto — é um passo à frente. Um passo de cada vez, é assim que a gente avança sem cair", disse, quando indagado sobre o julgamento.

Por outro lado, mesmo ministros que têm visões mais conservadoras sobre determinados temas se vergam diante de determinadas circunstâncias. A decisão unânime em favor da criação de cota racial para o ingresso de alunos nas universidades públicas, por exemplo, não refletia com exatidão a pluralidade de posições dentro do tribunal. Nenhum dos ministros expressou, em seu voto, a controvérsia que alimenta críticas à reserva de vagas para minorias. Gilmar Mendes, orientador de mestrado da advogada Roberta Fragoso, que contestava a política de cotas estabelecida na Universidade de Brasília, revelava suas ressalvas àquela política mas não se manifestou contrário às cotas raciais. Nem Peluso, que declarou suas ressalvas posteriormente: "Eu achei que era uma solução beirando a uma solução inteligente [...]. Ela seria inteligente se ela fosse associada ao critério do fator econômico. Isto que ficou faltando na decisão sobre as cotas. E, depois, eu me arrependi de não ter aprofundado isso, devia ter aprofundado".

Mas, na visão dos colegas, houve motivo para o 11 a 0. Foi na semana anterior à citada entrevista de Peluso, em que ele dizia que Barbosa teria "receio de ser qualificado como alguém que foi para o Supremo não pelos méritos, que ele tem, mas pela cor". As declarações, rebatidas por Barbosa, geraram mal-estar na Corte a oito dias do julgamento sobre cotas raciais. Qual seria o clima para o debate? Britto respondeu, na época: "Será uma boa oportunidade para o tribunal mostrar que não é racista". As cotas raciais nas universidades foram mantidas por unanimidade.

O primeiro banheiro feminino no Salão Branco, saguão que se liga ao plenário e de acesso restrito aos ministros e convidados, só foi construído após o ingresso de Ellen Gracie no tribunal, em 2000. O Supremo ainda permaneceria um clube predominantemente masculino por muito tempo. No aniversário de oitenta anos do ministro aposentado Sepúlveda Pertence, em novembro de 2017, o ex-ministro do TSE Fernando Neves organizou um jantar na Trattoria da Rosario, um restaurante italiano no Lago Sul. Apenas homens foram convidados, cerca de quarenta. Passaram por lá os ministros Marco Aurélio, Toffoli, Fachin e Mendes, que desembarcara de uma viagem ao Chile e fora direto ao evento. Barroso estava no exterior; Lewandowski, com a costela quebrada. De Paris, o também ministro aposentado Eros Grau mandou uma mensagem por e-mail, que foi lida por Toffoli.

No Supremo, como na Academia Brasileira de Letras, os ministros ocupam a cadeira de um antecessor definido. Toffoli mantinha em seu gabinete um cartaz preso à parede com um pedigree de ministros, uma árvore genealógica de todos os integrantes do tribunal em mais de um século que indicava quem "descendia" de quem — Toffoli herdara a cadeira de Pertence. Com o jantar transcorrendo — que só terminaria às quatro da madrugada —, Cármen Lúcia ligou para o celular do aniversariante, um dos principais responsáveis por sua indicação ao Supremo. Nem ela fora convidada. "Isso é um clube do Bolinha", reclamou. A explicação foi prosaica, mas sexista e démodé: argumentaram que as mulheres dos amigos de Pertence, em sua maioria septuagenários, poderiam não gostar de presenças femininas no local.

Mesmo tendo em sua composição duas mulheres e comandando revoluções nos costumes da sociedade, o STF, internamente, não parecia livre de preconceitos. Em fevereiro de 1984, o jornal *O Globo* publicou uma reportagem intitulada "Agora, mulher pode usar calças compridas no STF". O texto dizia: "A Diretoria Administrativa resolveu permitir que mulheres tenham acesso a algumas dependências localizadas no primeiro andar trajando calças compridas. A medida, entretanto, não revoga a portaria que proíbe o acesso de mulheres trajando calças compridas nos gabinetes dos ministros, secretaria, salas de sessões e outras dependências. Permite apenas que visitantes circulem nas agências do Banco do Brasil e dos Correios". Em 2007, Cármen

Lúcia foi a primeira ministra a usar calça comprida em plenário, fazendo o Supremo se adaptar a uma nova realidade. Em abril de 2016, terminada a sessão do STF em que o tribunal julgava embargos de declaração na ação penal do então senador Ivo Cassol, Cármen Lúcia, saindo pela garagem, avistou de longe Fux. "Ô Fux, ô Fux…" Ele se virou e ela prosseguiu. "Você me traiu", e avisou, em tom de piada, que ele se lembrasse "de quando ele pede voto para ela em plenário". E disse que "homem não lhe dá as costas duas vezes". Ela era relatora e não fora seguida por Fux em seu voto. Era uma cena, sem dramas, desempenhada na frente dos jornalistas que a seguiam naquele dia, mas que revelava uma disposição para fazer valer de fato uma máxima latina que os ministros citam com gosto, que ali no tribunal não havia *primus inter pares* — "primeiro entre iguais" ou, numa tradução livre porém mais apropriada, "uns mais iguais do que outros".

Em duas reportagens, extensas e ricas de informações de bastidores e do funcionamento do STF, o jornalista Roberto Pompeu de Toledo, da *Veja*, obteve registros dessa desigualdade de tratamento. "Um amigo de Ellen Gracie ouviu-a queixar-se de um tratamento, da parte dos colegas, que ia de observações descuidadas a invasões de seu gabinete para lhe dar lições. Essa circunstância teria pesado em sua decisão de ir embora", escreveu o jornalista. "Nós mulheres trabalhamos mais para chegar ao mesmo lugar", disse-lhe Cármen Lúcia. Em artigo publicado após o julgamento do HC de Lula, em abril de 2018, no qual o Supremo por maioria apertada de 6 × 5 o manteve preso, a jornalista Giuliana Vallone, da *Folha*, registrou a insistência e hostilidade das interrupções feitas por Marco Aurélio e Lewandowski durante o voto de Weber e as classificou como *mansplaining* (situação quando um homem fala de forma condescendente com uma mulher, assumindo incorretamente que ele sabe mais do que sua interlocutora a respeito de algum assunto). "[Weber] Cometeu o erro grave de discordar dos ministros Marco Aurélio Mello e Ricardo Lewandowski, e logo foi interrompida por eles, que decidiram explicar a Rosa que essa não era a melhor decisão a se tomar. 'Não, querida, você não está sendo coerente, deixe-me explicar a você', isso era o que eles gostariam de ter dito." No artigo, lembra que a ministra Cármen Lúcia citara em plenário um ano antes um estudo sobre relações de gênero na Suprema Corte americana. O levantamento mostrava que os homens interrompiam mulheres três vezes mais do que interrompiam seus colegas.

Inspirada naquele estudo, Juliana Cesario Alvim, Rafaela Nogueira e Diego Werneck Arguelhes pesquisam desde então a relação do STF com suas ministras e chegaram a dados reveladores. De acordo com o levantamento, compartilhado em sua versão inicial, embora em extensão os votos de ministros homens e mulheres fossem semelhantes no número de páginas, ao lê-los os homens falavam 50% a mais do que elas em plenário.

O banheiro feminino fora construído, sim, muito embora Rosa Weber e Cármen Lúcia se incomodassem que no intervalo das sessões seus nove outros colegas masculinos desprezassem a indicação de gênero na porta e o utilizassem também. O Supremo, que avançara na reforma de alguns costumes da sociedade, ainda engatinhava em sua própria reforma.

9. Supremo conflito

Renan Calheiros chegou de carro oficial, identificou-se no portão guardado por dois seguranças armados e entrou pelo gramado na casa de Marco Aurélio Mello. Abrigada num terreno de 12 mil metros quadrados com quadra de tênis, campo de futebol, criação de galinhas, pássaros soltos, a casa tem ares de chácara. É lá que o ministro costuma despachar às segundas e sextas, quando não há sessão no tribunal. Aquele dia era uma sexta-feira, 25 de novembro de 2016. O senador do então PMDB pedira uma conversa reservada — e foi recebido fora do tribunal, fora da agenda, fora do protocolo.

Em 1º de dezembro, dali a uma semana, o STF julgaria a denúncia da Procuradoria-Geral da República contra o presidente do Senado. Motivo: peculato, no exercício do mandato, por suposto desvio de verba de representação com o propósito de custear despesas para pagar pensão alimentícia da filha que ele teve fora do casamento. O ministro ouviu os argumentos do parlamentar.

No dia do julgamento, Marco Aurélio votou pelo recebimento da denúncia, alinhando-se a outros sete ministros. Calheiros tornara-se réu, o primeiro senador a, no exercício da Presidência da Casa, responder a uma ação penal no Supremo. Por si só, o ineditismo já valia uma nota de rodapé na crônica política do período da Lava Jato. Um ano antes, outro senador, Delcídio do Amaral, fora preso cautelarmente. O caso do peculato (acusação da qual Calheiros seria absolvido pelo Supremo em setembro de 2018) era de menor potencial ofensivo. Mas naquele momento o senador era o vórtice de uma delicada questão constitucional. Ele estava na linha de sucessão da Presidência da República.

Pela Constituição, em caso de impedimento ou vacância do presidente e do vice, são chamados a assumir o cargo os presidentes da Câmara, do Senado e do STF, nessa ordem. Meses antes, em maio daquele mesmo ano, o partido político Rede ingressara no tribunal com uma ADPF, ação objetiva manejada para discutir questões institucionais sensíveis, que tinha como alvo o então presidente da Câmara, Eduardo Cunha.

Na ação, que na ocasião fora distribuída por sorteio a Marco Aurélio, o partido pedia que réus em ações criminais no Supremo fossem impedidos de assumir a função de substituto do chefe do Poder Executivo. E defendia como medida cautelar que Cunha fosse imediatamente afastado do cargo de presidente, antes de uma decisão sobre o mérito da ADPF, que não teria prazo para ir ao plenário. A ação da Rede se esvaziou quando, em inquérito da Lava Jato, o então relator Teori Zavascki determinou, antecipando-se a Marco Aurélio, o afastamento de Cunha, medida referendada pelo plenário. O caso esfriou e a tese central da ADPF — se um réu poderia ocupar cargo que estivesse na linha sucessória da Presidência da República — só seria enfrentada quando a conjuntura política se impusesse mais uma vez — e ela se imporia.

Se os tempos fossem outros — e outro também o personagem —, a questão passaria por seu estágio nas prateleiras, como dizia Marco Aurélio. Mas havia mais um nome na capa da ADPF, o de Calheiros. No dia 5 de dezembro, às 11h16, chegou ao gabinete de Marco Aurélio, relator original da ADPF, novo pedido da Rede, desta vez para que o senador fosse afastado do cargo, pois, uma vez réu, não teria mais condições de permanecer na linha sucessória. Às três da tarde, de seu escritório, em casa, o ministro determinou que Calheiros fosse afastado. A decisão provocaria uma disputa jurídica e política sem precedentes na centenária história do STF, que colocava Legislativo e Executivo em choque com o Judiciário. Um encadeamento de fatos e deliberações que acabou por provocar instabilidade na relação entre os Poderes, convivência nem sempre harmônica e em que as responsabilidades pelas crises devem ser compartilhadas.

Na Primeira República, no início do século XX, o recurso ao Supremo era um costume na disputa entre as oligarquias. A intervenção do Judiciário no processo político era uma alternativa estratégica. Mas as decisões judiciais não cumpriam seu papel pacificador, pois as disputas continuavam — em certos momentos, com descumprimento aberto da decisão judicial. E, já naquele tempo, quem saía derrotado no julgamento costumava atacar a interferência do Judiciário — ou de juízes ligados a determinadas forças políticas — em questões que seriam da seara política.

A Constituição de 1988 alçou o Supremo ao posto de moderador dos conflitos da República, não apenas das contendas de caráter político-eleitoral ou na disputa pelo exercício do poder, como no passado. O STF passava a exercer missão mais ampla — na disputa pelos rumos do Estado e na efetivação dos direitos e garantias fundamentais inscritos na nova Constituição. Missão a ser exercida com prudência e visão estratégica. O tribunal também saíra fortalecido pelos constituintes que, de olho no passado recente, o período militar, buscaram proteger de governos arbitrários os compromissos firmados na Assembleia. Como parte dessa missão, a Constituição abriu as portas do tribunal para os partidos políticos — além de sindicatos, confederações e associações — contestarem a constitucionalidade das decisões e deliberações dos outros Poderes por meio das ADIS ou ADPFS. Houve efeitos colaterais. A política voltou a se servir do Supremo como segundo turno para as disputas travadas no Congresso, fenômeno que se tornou mais evidente no governo Fernando Henrique Cardoso, quando 39% das ADIS vinham das legendas partidárias, sobretudo pelas mãos do maior partido de oposição, o PT.

Naquela época, a liderança do partido havia contratado um jovem assessor jurídico — José Antonio Dias Toffoli — e iniciara sua estratégia de oposição sistemática, manobrando os regimentos internos da Câmara e do Senado e recorrendo ao Supremo sempre que possível. O objetivo não era necessariamente ganhar no Judiciário, como admitiria aos autores, tempos depois — e já ministro do Supremo —, o próprio Dias Toffoli. A finalidade era elevar ao máximo o desgaste do governo e marcar posição junto à opinião pública — como mostrariam pesquisas importantes sobre o tema.

Além da visibilidade que a refrega judicial proporcionaria à oposição, havia sempre a perspectiva de um bônus: a possibilidade de uma vitória judicial, embora nem sempre fosse esse o objetivo primário dos partidos. "Você está mais no Supremo Tribunal do que na Câmara", disse o então ministro Sepúlveda Pertence ao amigo e parlamentar Jamil Haddad (PSB-RJ), ao encontrá-lo no tribunal. O parlamentar retrucou com uma frase da qual Pertence se recordava anos depois, uma lembrança que era continuamente avivada a cada novo episódio de partidos batendo às portas do Supremo apenas para atrair holofotes. "Um partido pequeno como o meu, na Câmara, não consegue coisa alguma. Um partido como o meu, de quatro ou cinco deputados, consegue mais resultado aqui no Supremo Tribunal do que na Câmara", disse Haddad.

Há uma diferença patente, contudo, entre o Supremo de hoje e aquele da década de 1990. No passado, decidiam-se com mais vagar essas disputas transpostas do Congresso para o tribunal, que comandava seu tempo e não se deixava acelerar, como regra, pela emergência da política. Não era um pronto-socorro para intervenções rápidas. O STF de Moreira Alves, Pertence, Néri da Silveira, Octavio Gallotti e companhia decidia — coletivamente — o passado, os fatos pretéritos, as questões políticas que haviam ficado para trás. Deixavam esfriar os conflitos do presente para, só então, decidirem a causa. Como ocorreu com o confisco da poupança pelo presidente Fernando Collor.

Como estratégia para combater a hiperinflação, o governo baixou o Plano Collor i e bloqueou o dinheiro dos correntistas, limitando os saques a um determinado valor — 50 mil cruzados novos, equivalentes, em valores de abril de 2019, corrigidos pelo INPC, a 10 390,36 reais, com o desbloqueio do saldo remanescente em parcelas iguais e sucessivas por doze meses. A ideia era enxugar a liquidez do mercado, retirando dinheiro de circulação e diminuindo a pressão inflacionária. Para tanto, o governo editou, em 15 de março de 1990, uma medida provisória com o pacote.

A reação foi instantânea. Pessoas com problemas médicos, dívidas vencidas e protagonistas de tantos outros casos correram ao Judiciário para reverter o bloqueio de suas contas. Surpreendido pela reação incipiente, mas que poderia adquirir escala industrial, o governo editou nova MP, dessa vez proibindo a concessão de liminares pelo Judiciário. No final daquele mês de março, o Partido Democrático Trabalhista (PDT) questionou no STF a constitucionalidade daquele ato restritivo, com pedido de concessão de liminar para remover de imediato a nova norma do ordenamento, antes do julgamento do mérito.

Poucos dias depois, no início de abril, ao julgar o pedido do PDT, prevaleceu entre os ministros a tese de deixar que o pacote econômico fosse implementado para ver, a partir das consequências, se o bloqueio das contas era ou não razoável. "Vai que dava certo", lembrou Pertence em entrevista aos autores. Se o plano ajudasse o Brasil a vencer a "insustentável situação econômica a que o país chegou", dizia Moreira Alves, "por que o Supremo atrapalharia?". A saída encontrada, proposta por Pertence, foi deixar o barco correr. O tribunal negou o pedido do PDT, mas ratificou o poder de concessão de liminares pelo Judiciário, instando, porém, os juízes de primeiro grau a aferir a real necessidade de conceder ou não a liminar requerida, analisando as circunstâncias concretas de cada caso, de cada correntista.

A engenharia acarretava consequências: juízes e tribunais federais ficariam sobrecarregados pelos milhares de ações, mas podiam fazer justiça a conta-gotas, sem impactar o núcleo do pacote anti-inflacionário. O governo Collor temia uma sabotagem do Judiciário, que não aconteceu. O plano naufragaria por apenas arranhar a superfície do problema — o consumo. O Supremo saiu de campo, foi para a arquibancada e de lá assistiu ao desenrolar dos fatos. Cerca de dois anos depois do bloqueio, o governo liberou os saques e as ações no Supremo perderam sentido. Essa opção do STF de apenas testemunhar o ocorrido custou-lhe um preço e é comum ouvir os ministros de hoje criticarem tal postura — deferente em excesso, para alguns, ou institucionalmente covarde, para os críticos mais duros.

O Congresso, e também o Supremo, ainda estavam se acostumando à nova realidade criada pela Constituição de 1988. Havia, dizia o ministro Octavio Gallotti, uma demanda reprimida por acesso ao Supremo. E mais: as crises pelas quais o país passara, associadas à facilidade de acesso ao tribunal, foram os fatores — externos — que fizeram com que um STF invisível aparecesse no noticiário com mais frequência. Afinal, a atuação do Supremo é em boa parcela desenhada pelas causas que lá chegam. "As crises que se sucederam nesse período levaram o tribunal a dar decisões em casos de grande destaque político. Em parte, a Constituição de 1988 ampliou as possibilidades de decisões políticas do STF", disse Gallotti. E fez uma ressalva importante: "Mas o tribunal mudou menos que o país", concluiu em entrevista aos autores.

O país mudava, e o Supremo era fundamental nesse processo. E isso gerava atritos. Que aumentariam quando o tribunal passasse a intervir para conter supostos abusos cometidos pelas comissões parlamentares de inquérito. O Supremo, com essas decisões, formou uma jurisprudência sobre o que pode e o que não pode fazer uma CPI. E isso lhe custou muitas críticas por parte dos políticos.

No início de 1997, o senador Antônio Carlos Magalhães se tornou presidente do Senado. Pertence presidia o Supremo, com mandato até maio daquele ano. Estava em curso no Senado a CPI dos Precatórios — que investigava irregularidades relacionadas a títulos públicos emitidos por várias administrações estaduais e municipais. Os integrantes da comissão quebraram o sigilo telefônico de um dos investigados, e, em abril, o ministro Carlos Velloso, liminarmente, suspendeu a decisão. "Temos os meios de fazer com que o Supremo faça cumprir as nossas leis e possa interpretá-las como elas devem ser interpretadas. Acho que não deve haver confronto entre os Poderes, mas, em havendo, evidentemente não é o Legislativo que vai perder", reagiu ACM. Pertence, em plenário, retrucou, lendo uma carta em resposta ao presidente do Senado: "Sempre haverá os nostálgicos dos tempos idos. E, no regime democrático, até a nostalgia da ditadura é livre". E continuou: "Desde Napoleão, a ninguém mais ocorrera proibir o juiz de interpretar as leis". Conforme noticiário da época, ACM contestou: "O que acho [...] é que não está certo esse debate público de ministros do STF. A tribuna política é o Congresso e até mesmo o Executivo. O juiz julga nos autos. O juiz não fica discutindo na imprensa. É um hábito errado do STF".

O Supremo terminou, a despeito dos conflitos, criando uma jurisprudência sólida — e respeitada pelo Congresso — sobre os limites de atuação das CPIs. A Corte do início dos anos 1990 buscava se manter ao abrigo dos holofotes, retraindo-se para interferir o menos possível no processo político. Ao longo dos anos 2000, esse tipo de contenção deixou de ser habitual.

Em 2007, o PSOL recorreu ao Supremo para manter sua estrutura de funcionamento, dispondo de um gabinete para a liderança da legenda. O regimento da Casa estabelecia que só partidos com no mínimo cinco parlamentares poderiam ter liderança. O PSOL, na época, contava com apenas três deputados. O ministro Eros Grau concedeu a liminar, prescrevendo que o presidente da Câmara, Arlindo Chinaglia (PT-SP), revogasse sua determinação de extinguir a estrutura (gabinete, funcionários, verbas) que ficava à disposição da legenda socialista. Chinaglia, contudo, ignorou a decisão do ministro, considerando que ela interferia na economia doméstica da Câmara. Grau, indignado com o descumprimento de sua ordem, procurou seu antigo aluno na Universidade de São Paulo, o então advogado-geral da União. "Toffoli, eu sei que você é amigo daquele filho da puta. Diga pra ele que eu vou mandar prendê-lo." Toffoli conhecia a cabeça dos deputados e sabia que era justo aquilo que Chinaglia queria: ser mártir de uma interferência do Judiciário na política. "Mande ele me prender que eu viro herói na Câmara", respondeu o deputado quando Toffoli levou a ele o recado, relatou mais tarde Eros Grau.

Peluso passou por situação semelhante, antes mesmo de completar um ano de Supremo. Na véspera do depoimento do empresário chinês naturalizado brasileiro Law Kin Chong na CPI da Pirataria, Peluso proibiu a entrada de gravadores, câmeras e máquinas fotográficas na sala em que ocorreria a sessão. O então presidente da Câmara João Paulo Cunha (PT-SP) pediu que o Supremo reconsiderasse a decisão, retardando o início da sessão da CPI até que o plenário do tribunal julgasse a liminar de Peluso. Enquanto isso, Chong ficou numa sala da Câmara, guardada por seguranças da Casa. Às 13h45, antes da sessão do Supremo, Cunha ignorou a liminar, a CPI abriu a sessão e câmeras de TV e gravadores das emissoras de rádio foram autorizados a entrar.

Só depois o STF derrubaria a liminar de Peluso, por sete votos contra dois. Derrotado, o ministro pediu providências à Procuradoria-Geral da República "diante do fato público e notório" do descumprimento da liminar e do alegado "cárcere privado" a que foi submetido o empresário. A PGR nada fez. Ficou por isso mesmo.

O Supremo atual paga um preço alto por sua postura. Como avaliou Moreira Alves, "o Supremo de hoje não tem nada a ver com o do passado". Há um fator adicional: a pauta criminal tornou-se também fonte de desgaste entre o STF do presente e o mundo político, o que não existia antes. Até 2001, um parlamentar só podia ser investigado e processado no Supremo se previamente autorizado pela Câmara ou pelo Senado. Algo que, por corporativismo, não ocorria.

Mas a realidade dos processos criminais contra parlamentares mudou. De 1988 a 2001, seis ações penais tramitaram no Supremo. De 1996 e 2001, nenhum processo dessa natureza foi aberto. Depois da emenda constitucional e até 2018, 661 ações penais foram instauradas no STF. O tribunal, provocado pela Procuradoria-Geral da República, passava a exercer verdadeiramente sua competência criminal, e isso provocaria atritos entre os dois Poderes.

As tensões se avolumavam até que, em novembro de 2016, o Supremo começou a julgar o mérito da ação da ADPF movida pela Rede. Não havia, de imediato, ninguém a ser atingido pelo julgamento, pois nem o presidente da Câmara nem o do Senado eram réus no STF. Em menos de uma hora de sessão, seis ministros julgaram que políticos que respondem a ações penais não poderiam ocupar a Presidência da República caso presidente e vice se ausentassem do país. Toffoli pediu vista e adiou a conclusão do julgamento.

Um mês depois, quando o Supremo recebeu a denúncia e abriu ação penal contra Calheiros, a Rede mais uma vez pediu a Marco Aurélio, que era relator da ADPF, uma liminar diante do risco mais concreto de um réu ser chamado a assumir o mais alto cargo do país. "Defiro a liminar pleiteada. Faço-o para afastar não do exercício do mandato de senador, outorgado pelo povo alagoano, mas do cargo de presidente do Senado o senador Renan Calheiros", decidiu o ministro. Baseara-se na maioria dos votos proferidos na ação até então, mas em julgamento ainda não encerrado.

Gilmar Mendes estava no ônibus que o levaria do portão de embarque no aeroporto de Lisboa até o avião para Estocolmo, na Suécia, quando recebeu um telefonema. Era o vice-presidente do Senado, Jorge Viana, que lhe passava a notícia do afastamento de Calheiros. Analisaram que a relação entre Judiciário e Legislativo estava desgastada — pelas ações do Ministério Público e da Polícia Federal, pela prisão de parlamentares e o afastamento de outros, pela interferência no processo de impeachment, pela falta de diálogo da então presidente do tribunal Cármen Lúcia com a política. Mas nada se comparava a essa decisão. Viana disse a Mendes que entendia ser esse um típico caso em que o Senado deveria enfrentar o Supremo. E lembrou a tese de que o ato que invade a separação de Poderes não deve ser cumprido. "É minha posição desde sempre, no mínimo não se deve cumprir liminar", respondeu Mendes. A ligação caiu quando a porta do avião se fechou. Ao aterrissar, quatro horas e quinze minutos depois, Mendes estava ansioso. Telefonou para pessoas próximas a Calheiros (o senador não usava WhatsApp e sabia que, alvo de investigações, seu telefone não era seguro) e compartilhou uma ideia-chave: o Senado não deveria cumprir a decisão até que o plenário do Supremo se manifestasse.

Às 21h30 daquele dia, um oficial de justiça foi à casa de Calheiros para notificá-lo da decisão. O portão foi aberto e o servidor do STF caminhou poucos metros até a porta de entrada da casa. "Por entre os vidros transparentes laterais da porta visualizei o sr. José Renan Vasconcelos Calheiros se despedindo do deputado Rodrigo Maia. Ato seguinte, quando da saída do deputado, uma assessora veio ao meu encontro e afirmou que [o] senador Renan Calheiros não se encontrava na residência. Ato imediato, afirmei que a informação não corresponderia à verdade, uma vez que conseguiria apontar para a figura do senador caminhando em sentido oposto ao meu, no que me foi respondido ilogicamente que o senador não estaria na residência", relatou o oficial de justiça. A mesma assessora disse que a notificação poderia ser entregue no dia seguinte, às onze horas, na Presidência do Senado. No dia seguinte, ele compareceu na hora marcada e tomou um chá de cadeira até as três da tarde. "Fui submetido a toda ordem de tratamento evasivo dos assessores, que ora se revezavam em afirmar que o senador estaria em reunião, ora me deixavam sem nenhuma informação concreta, a aguardar em uma sala de espera."

Minutos antes das quinze horas, os jornais já publicavam em seus sites que a Mesa Diretora do Senado decidira não cumprir a decisão de Marco Aurélio e aguardar o julgamento da liminar. Até lá, as atividades parlamentares permaneceriam suspensas. "Eu posso tê-los encorajado", admitiu Gilmar Mendes. O ministro alternava telefonemas para parlamentares e jornalistas. Para um deles, o repórter e colunista Jorge Bastos Moreno, de *O Globo*, passou uma frase que atacava diretamente Marco Aurélio: "No Nordeste se diz que não se corre atrás de doido porque não se sabe para onde ele vai".

Com a crise instalada e o Senado parado à espera de uma definição do Supremo, Cármen Lúcia pautou para o dia seguinte — 7 de dezembro — o julgamento da liminar. Jorge Viana foi ao Supremo e se reuniu com a presidente, expôs o mal-estar com a decisão e explicou as razões do Senado para aguardar uma posição do plenário. A ministra entendia as ponderações do senador e, embora tivesse críticas a Marco Aurélio, avaliava que uma liminar de um ministro do Supremo não poderia ser descumprida. Ela sugeriu que Calheiros assinasse a notificação e Jorge Viana assumisse o cargo por um dia, até o plenário do STF derrubar a liminar. Viana voltou ao Senado e levou a ideia a Calheiros, que a rejeitou: se aceitasse cumprir o despacho isolado de Marco Aurélio, estaria aberto um precedente perigoso e o Senado sairia enfraquecido. Viana concordou com o colega e disse a Cármen Lúcia que se recusava a assumir a presidência do Senado nessas circunstâncias.

Nesse quadro engessado, em que o Senado não arredava pé, Celso de Mello propôs uma solução de compromisso para o embate entre os dois Poderes: Calheiros não se afastaria da presidência do Senado, mas, na condição de réu, não poderia exercer o cargo de presidente da República na ausência de Temer e do presidente da Câmara. Com isso, resolvia-se o problema.

O conflito entre Judiciário e Legislativo atingira um novo ápice. E o processo de impeachment de um ministro do STF pelo Senado (única forma de um integrante do Supremo ser tirado do cargo) passou a ser cogitado, para fazer frente aos avanços — e desacertos — do Supremo.

Os presidentes do Senado arquivavam sumariamente os pedidos de impeachment que costumavam vir de fora do parlamento. Quando José Sarney comandava o Congresso, ele freou um pedido de impeachment que um advogado protocolou contra Gilmar Mendes. Insatisfeito, o sujeito recorreu ao Supremo. O relator do processo, Ricardo Lewandowski, rejeitou o pedido, mas teve de levar o assunto ao plenário. E tentou fazê-lo com pés de lã, na maior discrição possível. Quando o processo foi chamado a julgamento, não citou o nome das partes e foi telegráfico ao descrever o assunto. Num voto expresso, mantinha o arquivamento do processo, no que foi seguido por todos os colegas. À exceção de Marco Aurélio Mello, que ao pedir vista jogou luz sobre o caso.

Mendes, ausente do plenário por ser parte interessada, enfureceu-se. A relação entre Marco Aurélio e Mendes era turbulenta havia muito, remontava aos tempos em que o segundo nem era ministro. Na condição de advogado-geral da União, durante o governo Fernando Henrique Cardoso, Gilmar Mendes enviou uma carta ao Supremo — endereçada ao então presidente Carlos Velloso — em que criticava ministros que concediam entrevistas sob a condição de anonimato. "Não é legítimo um juiz falar em off sobre matéria que será objeto de análise no tribunal", disse Mendes à *Folha de S.Paulo* em 2001. "Não sei qual é a melhor solução, mas é preciso haver regras definidas", acrescentou. Marco Aurélio protestou. A atitude do AGU era incompatível com o Estado democrático de direito. "Tenho como inadmissível esse tipo de ingerência", reagiu. Anos depois, o ministro se notabilizaria por suas declarações em on, como os jornalistas identificam as declarações de fontes não protegidas pelo anonimato; e Gilmar Mendes manteria com a imprensa uma relação baseada em offs, informações dadas por fontes cujos nomes são preservados.

A convivência no plenário os afastaria progressivamente. Até culminar no rompimento absoluto. Por cerca de quinze anos, a advogada Guiomar Feitosa foi a principal assessora de Marco Aurélio. Com trânsito em Brasília, passagem pelo Executivo e parentes na política, depois de sair do gabinete de Marco Aurélio ela se casou com Gilmar Mendes. Foi ela quem levou ao irmão, o então deputado Chiquinho Feitosa, o projeto de lei escrito no gabinete de Marco Aurélio para criar a TV Justiça. Projeto aprovado pelo Congresso e depois sancionado por Marco Aurélio, que assumira interinamente a Presidência da República na ausência de Fernando Henrique Cardoso.

A colisão com Mendes não foi a única. Em 2000, outro caso quase fez com que Marco Aurélio fosse alvo de um pedido de impeachment. O estopim da crise fora o voto do ministro no julgamento de um habeas corpus contra a possibilidade de execução da pena após a condenação em segunda instância. Washington Vieira da Silva era tenente-coronel da reserva da Força Aérea Brasileira e fora acusado de tráfico de drogas por ter tentado transportar para a Europa quase 33 quilos de cocaína num avião da Aeronáutica. Preso em agosto de 1999, em fevereiro de 2000 ele pediu a liberdade ao STF. Marco Aurélio deu a liminar e depois levou o caso para referendo da turma.

Participaram do julgamento apenas dois ministros além de Marco Aurélio: Ellen Gracie e Nelson Jobim. E os dois referendaram a decisão de soltar o tenente-coronel. Mas havia um porém, que os dois ministros só perceberam depois. Em sua liminar, mantida pela Turma, Marco Aurélio embutiu, sem alarde, a tese de que só poderiam ocorrer prisões após o julgamento de todos os recursos, inclusive no STJ e no STF.

A dinâmica do funcionamento das turmas forneceu o caldo de cultura para a crise. Com dezenas, até centenas de votos avaliados por sessão, os ministros confiam no relato que assessores e relatores fazem, e só em caráter excepcional, quando a ação é momentosa, eles as esmiúçam. Não era o caso do HC do militar. Informado depois que a Turma chancelara uma tese controversa sobre execução de pena, Jobim, em plenário, cobrou explicações.

Não concordava com a tese — contrária à jurisprudência do STF. "A decisão da Segunda Turma, de qualquer forma, foi unânime e, certo ou errado, cogitou-se, na decisão, da liberdade até a imutabilidade da condenação", respondeu Marco Aurélio, no vernáculo de compreensão difícil para o público mas que, ao citar a imutabilidade, simplesmente afirmava que prisão, para ele, só depois do trânsito em julgado, isto é, quando a sentença se torna imutável — um ponto de vista que o ministro sempre manteve. "Não gosto é que se traspassem, por dentro de uma decisão, situações vencidas na Turma", respondeu Jobim, ao ressaltar que a tese da prisão apenas após decisão sobre o último recurso não era majoritária do grupo.

Na esteira do conflito com Jobim, Marco Aurélio assumiu, no sistema de rodízio, a Presidência da Casa. Preocupado com os comentários que o apontavam como possível alvo de um pedido de impeachment, ele conversou por sugestão de Feitosa com cada um dos ministros. Começou por Moreira Alves, apresentando-lhe suas razões, buscando mostrar que não fora desleal no julgamento do HC, que não enxertara nem omitira informações em seu voto. Se induziu os colegas a erro, diria em plenário depois, pedia desculpas. E voltava atrás na sua decisão, cassando a liminar. "Se traí os demais integrantes [da Turma], perdoem-me."

A presidência de Marco Aurélio seria tutelada. Um motivo banal desencadeou uma operação para desidratar os poderes presidenciais do empossado. Antes mesmo de assumir, ele avisou aos servidores do tribunal que quem fosse aposentado não poderia assumir secretarias administrativas. O médico Celio Menicucci, pioneiro em Brasília, amigo de Juscelino Kubitschek, responsável pela saúde dos ministros, seria um dos atingidos. Moreira Alves, ao saber da decisão do presidente da Casa de tirar o médico do tribunal, pediu que Menicucci fosse mantido no cargo. Marco Aurélio negou. Em resposta, os ministros incluíram no regimento interno do Supremo um artigo que obrigava a submeter ao plenário, em sessão secreta, as indicações feitas por Marco Aurélio — elas deveriam ser aprovadas por maioria absoluta em votação secreta. A regra vigorou de 2001 a 2003, apenas durante o mandato dele na Presidência.

De 2015 a 2018, disparou o número de pedidos de impeachment de ministros do Supremo. Gilmar Mendes foi o campeão, com nove processos. Os postulantes por sua saída do tribunal esboçavam uma biografia compacta da relação do ministro com a política, inclusive com parlamentares investigados; e elencavam os embates com colegas da Corte; as manifestações fora dos autos sobre processos que viria a julgar; as declarações sobre política; as relações pessoais com advogados que atuam no tribunal; os pedidos de vista confundidos com obstrução judicial; as atividades como empresário — Mendes recebeu patrocínio de empresas e confederações com processos no Supremo. Na heteróclita lista de acusadores, o ex-procurador-geral da República Claudio Fonteles; o ex-subprocurador-geral da República Wagner Gonçalves; o sucessor de Mendes na Advocacia-Geral da União, Álvaro Augusto Ribeiro Costa; os advogados e acadêmicos Celso Antônio Bandeira de Mello, Fábio Konder Comparato e Modesto Carvalhosa.

Como ministro do STF, Gilmar Mendes criou para si uma régua de comportamento muito diferente da que se cobra dos demais integrantes da Corte. "Ele foi fazendo, foi fazendo e ninguém impôs limites", explicou um de seus assessores de confiança, pedindo anonimato. Aos olhos dos colegas, "o que ele faz" é manter conversas permanentes com políticos, reunindo-se com parlamentares e integrantes do governo para discutir assuntos de governo. Atitudes dessa natureza fariam dele nos anos Dilma Rousseff uma voz importante de oposição, sem ninguém no Supremo para lhe fazer frente. Mesmo ministros simpáticos ao governo, como Lewandowski, não ousavam se colocar como contraponto.

"O Brasil vive um regime de cleptodemocracia", disse Mendes em referência aos desvios de recursos descobertos pela Operação Lava Jato. E ao criticar a nomeação do ex-presidente Lula para a Casa Civil de Dilma Rousseff, declarou: "A presidente arranja um tutor para seu lugar e arranja outra coisa para fazer. E um tutor que vem aí com sérios problemas criminais". Ele barrou a nomeação, concedendo uma liminar e se esquivando de levar o tema a plenário. "Aqui ocorre uma ironia que na psiquiatria diz que o criminoso volta ao lugar do crime. A corrupção não foi tópica, não foi acidental, foi um método de governança", acrescentou.

Antes mesmo de Dilma cair, Mendes havia se tornado um aliado do que viria a ser o governo Temer. Como ministro do TSE (a composição desse tribunal eleitoral inclui sempre três ministros do STF, sendo o presidente sempre do Supremo), defendeu as investigações que poderiam levar à cassação da chapa Dilma-Temer. Era preciso, dizia ele, desgastar ao máximo o governo para uma reforma geral. A presidente sairia desse processo tão desgastada que nem seria preciso condená-la na Justiça Eleitoral. Com o impeachment iminente de Dilma, e já presidente do TSE, ele comandou o arquivamento do caso — que, se levado a julgamento, também poderia atingir Michel Temer, impedindo-o de assumir a Presidência.

Com a troca no comando do país, Mendes manteve relações políticas abertas com o governo — encontrou-se em privado com Temer, no Palácio do Jaburu, e atuou como o principal crítico ao afobado acordo de delação premiada firmado pelo Ministério Público com os sócios da empresa JBS (Joesley e Wesley Batista), que atingiu fortemente o governo e sua capacidade política de articulação.

Na oposição ou pela governabilidade, o ministro passou a ser um ponto de referência em Brasília para políticos dos mais diferentes partidos. Ao mesmo tempo, Mendes foi atacado com pedidos de impeachment. Num deles, tornou-se alvo por não se abster de julgar os recursos do empresário Jacob Barata, preso no Rio de Janeiro em 2017 por suposto envolvimento no esquema de pagamento de propinas no setor de transportes do Rio de Janeiro, desbaratado pela Operação Ponto Final. Em 2013, Mendes e sua mulher, Guiomar Feitosa, haviam sido padrinhos de casamento da filha de Barata. Além disso, Feitosa integrava o escritório de Sérgio Bermudes, que atuava no caso.

Apesar dessas relações, o ministro não se declarou suspeito de relatar os recursos de Barata e de outros envolvidos no processo. Numa sequência de liminares, ele garantiu ao compadre o direito de responder à ação em liberdade. O então procurador-geral da República, Rodrigo Janot, pediu ao Supremo que julgasse Mendes suspeito de atuar no caso, mas a ministra Cármen Lúcia não arquivava o processo nem o levava a julgamento, desagradando aos dois lados. "Vocês acham que ser padrinho de casamento impede alguém de julgar um caso? Vocês acham que isto é relação íntima, como a lei diz? Não precisa responder", disse Mendes a jornalistas, após participar de uma palestra em Brasília. Os processos ficaram por meses pendurados, mas foram — mais uma vez — fonte de desgaste para o ministro diante da opinião pública e fomentaram nova contenda entre ele e Marco Aurélio.

Em meio à crise de imagem que enfrentava, Mendes soube que o colega havia mandado um ofício para a presidente do Supremo em que se declarava suspeito de julgar processos cujos advogados ou clientes tivessem algum envolvimento com o escritório de advocacia de Sérgio Bermudes, pois uma sobrinha sua trabalhava lá. Com a divulgação do conflito de interesses, era evidente que Marco Aurélio se contrapunha a Mendes. Que, por sua vez, repassou ao Blog do Moreno um petardo: "Os antropólogos, quando forem estudar algumas personalidades da vida pública, terão uma grande surpresa: descobrirão que elas nunca foram grande coisa do ponto de vista ético, moral e intelectual e que essas pessoas ao envelhecerem passaram de velhos a velhacos. Ou seja, envelheceram e envileceram". E com isso a relação deles, que era fria, terminou de vez. Marco Aurélio colocou o ponto-final: "Em relação a mim, ele passou de todos os limites inimagináveis. Caso estivéssemos no século XVIII, o embate acabaria em duelo e eu escolheria uma arma de fogo, não uma arma branca", disse em entrevista à Rádio Guaíba, do Rio Grande do Sul.

Luiz Fux viu os principais articuladores de sua indicação para o Supremo presos em decorrência das investigações da Lava Jato: Sérgio Cabral e Antonio Palocci, ex-ministro da Fazenda de Lula. Nomeado para o STF, Fux se revelou um punitivista — para surpresa dos ex-colegas do STJ, acostumados a vê-lo como um garantista naquele outro tribunal. Sua nova postura incomodou certos líderes políticos, mas ele soube se aproximar de novos aliados. Fux anulou a votação do pacote de "Dez medidas contra a corrupção" pela Câmara. A proposta — que reunia iniciativas desenhadas pelo Ministério Público Federal como legado da Operação Lava Jato — fora desfigurada pelos deputados. As reações da opinião pública à deturpação do projeto fizeram com que Fux anulasse — sem justificativa plausível — uma votação que seguira à risca as normas regimentais e determinasse que o Senado devolvesse o pacote para nova votação na Câmara. Resultado: o projeto empacou. Fux nunca submeteu sua decisão ao colegiado. Ou seja, ele sozinho anulou uma votação da Câmara e tirou das mãos dos senadores um projeto que já estava em tramitação na Casa.

Barroso havia feito algo semelhante em setembro de 2013, quando anulou uma votação do plenário da Câmara sobre a cassação do mandato do deputado Natan Donadon, condenado pelo

Supremo em 2010 pelos crimes de peculato e formação de quadrilha. Donadon, que cumpria a pena em regime fechado, faltava às sessões deliberativas. Entretanto, quando seu processo de cassação foi à votação, o plenário da Câmara livrou-o da perda do mandato, pois não houve votos necessários para cassá-lo. Assim, o então presidente da Câmara, Henrique Alves (depois preso pela Lava Jato), determinou o afastamento do parlamentar e deu posse ao suplente. O deputado Carlos Sampaio (PSDB-SP) recorreu ao Supremo e convenceu Barroso a intervir. O ministro suspendeu os efeitos da sessão e determinou que a Mesa Diretora declarasse a perda do mandato, pois o número de faltas que Donadon teria em razão do cumprimento da pena levaria necessariamente à perda do seu mandato (como determina o regimento da Câmara).

Barroso e Fux fariam mais. Presidente do PSDB e candidato derrotado nas eleições presidenciais de 2014, o senador Aécio Neves apareceu numa das investigações do Ministério Público, um desdobramento da Lava Jato. Em 2017, ele passou a ser investigado — e depois virou réu no Supremo — por pedir dinheiro a Joesley Batista. O senador alegou que era um empréstimo pessoal, mas a PGR o denunciou por corrupção e obstrução de justiça, pediu sua prisão e seu afastamento do mandato.

Inicialmente, o ministro Edson Fachin, que relatava os processos da Lava Jato, determinou o afastamento de Aécio Neves do exercício do mandato. Depois, redistribuído para a relatoria do ministro Marco Aurélio, o caso teria uma reversão.

O então presidente do Senado, Eunício Oliveira, ouvia e compartilhava os protestos contra a ingerência do Supremo sobre um parlamentar da Casa. Ele sacou o telefone e pediu uma audiência com Marco Aurélio. Os dois mantiveram uma conversa amena no gabinete do ministro, sem pedidos ou promessas. O tom da conversa mostrava a preocupação do presidente do Senado, e o ministro demonstrava que compreendia o argumento.

No dia 30 de junho de 2017, Marco Aurélio reverteu a decisão de Fachin e restabeleceu o mandato a Aécio Neves. "É mais que hora de a Suprema Corte restabelecer o respeito à Constituição, preservando as garantias do mandato parlamentar. Sejam quais forem as denúncias contra o senador mineiro, não cabe ao STF, por seu plenário e, muito menos, por ordem monocrática, afastar um parlamentar do exercício do mandato. Trata-se de perigosíssima criação jurisprudencial, que afeta de forma significativa o equilíbrio e a independência dos Três Poderes", escreveu o ministro em sua decisão também monocrática. E, ao final, mostrando que levou em consideração os argumentos do presidente do Senado, deu um recado: "Deem ciência, com as homenagens merecidas, ao presidente do Senado da República, senador Eunício Oliveira".

Em setembro de 2017, a decisão de Marco Aurélio foi submetida a referendo na Primeira Turma do STF. Barroso, Fux e Rosa Weber formaram a maioria e determinaram, novamente, que Aécio Neves fosse afastado do mandato. "Já que ele [Aécio] não teve esse gesto de grandeza, nós vamos auxiliá-lo a se portar tal como deveria se portar, [...] sair do Senado para poder comprovar à sociedade a sua ausência de toda e qualquer culpa nesse episódio", disse Fux.

A decisão acirrou a relação entre Senado e STF. O Senado havia digerido a Lava Jato e se recuperava da tempestade que enfrentou. Era hora de fechar a porta que o Supremo escancarara com a prisão de Delcídio e com o afastamento de Eduardo Cunha. Se não se pusesse um freio, o STF continuaria a afastar parlamentares do exercício do mandato a pedido do Ministério Público, por decisão de apenas três ministros (formando a maioria nas turmas) e sob o silêncio do Congresso. O Senado decidiu confrontar o Supremo e disputar o poder da última palavra.

A Constituição estabelece que o Senado e a Câmara podem revogar o decreto de prisão em flagrante por maioria de votos, mas não permite, a priori, que o Congresso anule medidas preventivas, como afastamento do mandato. Uma ação direta de inconstitucionalidade em tramitação no STF havia mais de um ano defendia a tese de que Senado e Câmara poderiam derrubar, pelo voto, as restrições que o Judiciário impusesse a parlamentares investigados. Diante da possibilidade de o Congresso descumprir a ordem do Supremo, que foi sugerida à presidente Cármen Lúcia em reunião com o comando do Senado, ela pinçou a ADI, relatada por Fachin, e a levou para o plenário como forma de dar solução à nova crise. A única saída, ela pensava, seria o Supremo recuar e deixar que a última palavra quanto ao destino de Aécio permanecesse sob responsabilidade do Senado.

O julgamento foi, como já se anunciava, parelho. Cinco votos contra a possibilidade de o Senado reverter medidas cautelares aplicadas pelo Judiciário contra cinco votos em sentido contrário. O desempate caberia à presidente, que havia costurado a saída política com o Congresso. "Ela tentou fazer embaixadinha com os dois pés ao mesmo tempo", resumiu um ministro depois da sessão, ilustrando a ambivalência do comportamento da ministra. Uma dubiedade flagrada e exposta por seus pares. De fato, no julgamento ela tentou recuar sem parecer que estava recuando, quis dar o poder da última palavra ao Senado dizendo que quem mandava ali era o Supremo. "Nós vamos ter que chegar a um voto médio", a ministra disse. "Mas não há voto médio aqui, presidente. Nós temos uma divergência essencial: submeter ou não à Casa Legislativa [as medidas cautelares]", rebateu Fachin. A discussão se prolongou por 45 minutos, com Cármen Lúcia se equilibrando entre a política e a opinião pública favorável ao afastamento de Aécio, como se depreendia do noticiário.

No final, a presidente votou, como todos no plenário anteviam, pela possibilidade de o Congresso reverter as decisões do Supremo. "Os autos da prisão em flagrante delito por crime inafiançável ou a decisão judicial de imposição de medidas cautelares que impossibilitem, direta ou indiretamente, o pleno e regular exercício do mandato parlamentar e de suas funções legislativas, serão remetidos dentro de 24 horas à Casa respectiva, nos termos do §2º do artigo 53 da Constituição Federal, para que, pelo voto nominal e aberto da maioria de seus membros, resolva sobre a prisão ou a medida cautelar", dizia a decisão do STF construída com o apoio decisivo de Cármen Lúcia. Que pagava um preço alto diante de uma decisão que ela considerou, no mínimo, mal conduzida por Barroso, Weber e Fux. Poderia ser pior, de acordo com um ministro do tribunal: Eunício Oliveira e Rodrigo Maia, presidente da Câmara, haviam riscado uma linha vermelha na praça dos Três Poderes. Se continuasse a animosidade entre os dois Poderes, o Senado poderia usar um pedido de impeachment contra um ministro do Supremo como bomba atômica. O tema chegou a ser discutido no gabinete do presidente do Senado.

Até o início de 2019, Fux fora alvo de três pedidos de impeachment protocolados no Senado por cidadãos. O primeiro deles atacava sua decisão, uma liminar de 2014, de determinar pagamento de 4,3 mil reais a todos os juízes do país, a título de auxílio-moradia — benefício isento de imposto de renda e contemplando inclusive quem morasse em imóvel próprio. Essa determinação era parte de uma estratégia, que se tornaria pública anos depois. Como os juízes não recebiam aumento salarial, Fux deu a decisão de pagar um benefício aos magistrados. E manteve a liminar em seu gabinete, sem submetê-la ao plenário, não permitindo que os demais ministros a derrubassem — e havia votos mais que suficientes para isso. Quando Toffoli assumiu a Presidência do Supremo, ele negociou com Temer um reajuste para os juízes e Fux prometeu, em troca, derrubar o pagamento do auxílio que ele, em sua decisão, havia dito que era determinado por lei.

O segundo pedido de impeachment focou outro caso. Em 2012, o Supremo julgou uma ação direta de inconstitucionalidade contra a lei estadual do Rio de Janeiro que previa o pagamento de uma série de benefícios a juízes cariocas — auxílio-saúde, auxílio-pré-escolar, ajuda de custo para transporte e mudança. O relator, Ayres Britto, votou pela inconstitucionalidade da lei — os juízes deveriam receber apenas o salário, "subsídio", na linguagem burocrática, como previsto na Constituição. Mas Fux obstruiu a votação, pediu vista e, mesmo com a crise fiscal pela qual o Estado passava, manteve o assunto na gaveta. Só liberou o processo para julgamento cinco anos depois e, mesmo assim, a ação continuou a dormitar no tribunal.

Enfim, o terceiro pedido de destituição do ministro surgiu em 2018, e mais uma vez por causa do auxílio-moradia: Fux havia dito que só revogaria o pagamento quando o reajuste dos juízes caísse na conta bancária. O motivo do pedido era o mesmo, mas a ocasião era nova. "Tão logo implementada a recomposição, o auxílio cairá." O presidente do Senado ouviu recomendações, técnicas, inclusive, para dar seguimento ao pedido. Mas ele o arquivou. Fux, em reservado, lhe agradeceu o gesto.

Enquanto PSDB e PT se revezavam no poder, o Supremo era um árbitro que sabia distinguir uma simples briga política de uma disputa pelo entendimento da Constituição na contestação de políticas públicas. E, na dúvida, o tribunal prestigiava a governabilidade. "O Supremo não é o antigoverno, porém uma peça do governo. Suas decisões compõem também a voz governamental [...]. Não é só o Poder Executivo que fala pelo Estado. Os poderes públicos, embora autônomos, tendem fundamentalmente a trabalhar em harmonia, porque são expressões políticas da mesma estrutura social", escreveu o ministro Hermes Lima em 1974, depois de cassado, por supostamente fazer oposição ao governo militar.

Em 2009, o ministro Eros Grau deu uma aula de realismo jurídico a dois amigos, o advogado Nabor Bulhões e o economista Luiz Gonzaga Belluzzo. Bulhões levara o economista para uma audiência com o ministro. Em pauta, uma controvérsia tributária em julgamento no STF que opunha empresas exportadoras e a União, com potencial de causar um rombo bilionário nos cofres públicos. Sentado à cabeceira da mesa, Grau acomodou Bulhões de um lado e Belluzzo de outro. Pelos cálculos do Ministério da Fazenda, se o Supremo concordasse com a tese das empresas, o impacto nos cofres públicos seria de mais de 200 bilhões de reais.

A discussão girava em torno de saber se ainda era válido o crédito-prêmio do IPI, benefício fiscal instituído em 1969. De acordo com a regra, todo exportador de produtos industrializados vendidos no exterior poderia obter um crédito para abater do IPI que incidia sobre a parte vendida dentro do Brasil. Se não houvesse IPI a ser quitado, o crédito poderia ser revertido na quitação ou redução dos demais impostos. Como lembrou mais tarde Eros Grau, ele segurou a mão dos amigos e disse: "Vocês acham que o Supremo vai julgar em favor de vocês uma causa que a Fazenda diz que custa 200 bilhões de reais? Nunca. O Supremo vai decidir contra vocês". E, em seguida, mostrou que o tribunal buscaria um meio-termo: nem penalizaria os exportadores nem impactaria os cofres do governo: "O Supremo não vai deixar explodir essa bomba no colo da Fazenda", rememorou. Por decisão unânime, o Supremo afirmou que o benefício, que não fora revalidado após a promulgação da Constituição de 1988, deixara de beneficiar os exportadores em 1990.

Por vias mais tortuosas, o Supremo optou pelo meio-termo na disputa em torno da extradição de Cesare Battisti, condenado à prisão perpétua na Itália por quatro homicídios cometidos naquele país. E desagradou aos dois lados. A divisão da Corte em torno de uma personalidade desimportante a levou a uma decisão ambígua, que deixaria a situação de Battisti à mercê dos desdobramentos políticos. "O caso do Cesare Battisti era um caso fácil. Ele foi difícil politicamente, mas juridicamente era um caso fácil", diria anos depois o advogado da causa, o futuro ministro Barroso. Ele e o então advogado-geral da União, Luís Inácio Adams, ambos *supremáveis*, aliaram-se na defesa de Battisti.

Quando o julgamento começou, Ellen Gracie, discreta e irônica, fez o seguinte comentário no ouvido de Ayres Britto: "O que dois candidatos ao Supremo estão fazendo neste processo?". Era para ser um caso fácil, pensava Barroso. Mas foi osso, tanto política como juridicamente. O embate cindiu a Corte e constituiu um marco na relação entre Executivo e Supremo, com o tribunal decidindo sobre atos que seriam, à primeira vista, da competência do presidente da República, como o reconhecimento do status de refugiado. Nesse processo, iniciado em maio de 2007, o governo da Itália contestou os argumentos do governo Lula para manter Battisti no Brasil.

O então ministro da Justiça Tarso Genro assinou o ato de reconhecimento do refúgio, argumentando que o italiano fora condenado com base em processo e legislação de exceção. Afirmou ainda que Battisti corria risco de perseguição caso fosse extraditado. Em outras palavras, o governo Lula disse que a Itália não era um Estado democrático de direito — uma afirmação mal vista por muitos ministros do Supremo. Preso na Bolívia em 2019 e enviado à Itália, Battisti confessaria sua participação nos assassinatos.

Doze anos antes, coubera a Peluso, no STF, relatar o processo de extradição. O ministro dispensou sua equipe de assessores, armazenou os autos num HD externo e fez seu voto sozinho, do princípio ao fim. Votava pela revogação do ato de reconhecimento do status de refugiado e autorizava a extradição de Battisti. Ao longo da tramitação do processo, além da disputa política que se travou — sobre quem teria a palavra final num processo de extradição, se o STF ou o presidente da República —, o Supremo passou por mudanças. Celso de Mello se declarou suspeito de julgar o caso, pois a defesa do italiano — na época a cargo do ex-deputado Luiz Eduardo Greenhalgh — havia contratado uma ex-assessora sua para atuar no caso. Mesmo assim, reuniu jurisprudência e a distribuiu a colegas e a jornalistas em favor da extradição.

Meneses Direito, voto certo também contra o governo Lula — algumas conversas reservadas com os advogados do governo italiano confirmavam o prognóstico —, adoeceu e morreu antes que o processo fosse julgado. Em seu lugar, foi indicado Toffoli, que, por ter sido advogado-geral da União, também se declarou impedido de julgar o caso. Num caso julgado anteriormente, o tribunal havia sido unânime na tese de que o Supremo não pode avaliar as razões do governo para a concessão do refúgio. Apesar disso, os ministros contrários à manutenção de Battisti argumentavam que o tema não havia sido suficientemente debatido no passado, razão pela qual havia espaço para uma decisão distinta.

Com dois ministros a menos e a jurisprudência revista, o tribunal autorizou a extradição de Battisti, mas determinou que cabia ao presidente da República decidir se o despachava para a Itália ou não. Mais uma vez, um meio-termo. Lula não o entregou, mas Michel Temer, no final do seu governo, sim.

A relação do Executivo com o Supremo é bastante diversa da convivência do tribunal com o Congresso. O presidente da República tem força e acesso à Corte para ditar o tom do relacionamento institucional. Todo final de ano Lula promovia um jantar e convidava os ministros do Supremo. Eram encontros organizados pelo advogado-geral da União, a quem cabia defender os interesses do governo no tribunal. Em 2010, o presidente ofereceu o jantar a

Peluso (que assumira a Presidência) e a Mendes, que encerrara seu mandato como presidente, e convidou os demais ministros da Corte. Michel Temer, presidente da Câmara, também foi convidado e estava lá. Na noite do jantar, o time do presidente ia jogar: o Corinthians enfrentaria o Flamengo pela Copa Libertadores.

Os convidados foram orientados a chegar às oito da noite. Quando Lula apareceu, ele brincou com Temer, sugerindo que preferia ter a noite livre para o futebol: "Porra, Temer, vou mandar esse pessoal lá para sua porta". Para abreviar o encontro, o cerimonial optara por um bufê e não um serviço à francesa. Os ministros do STF sentaram mais perto de Lula. Falaram de futebol. Mendes dizia que o técnico da seleção brasileira — Dunga — deveria convocar Neymar e Ganso, naquela época jogadores do Santos, time de coração do ministro. Lula discordava, os dois eram muito novos. Quando se aproximou a hora do início do jogo, Lula foi lacônico. "É isso!" Peluso, o homenageado, agradeceu um a um a presença — rito cumprido, festa encerrada.

Lula conhecia bem o jogo da política. Foi na sua presidência que o Supremo passou a promover cerimônias de abertura do ano judiciário. A ideia surgiu como solução para uma crise entre o Supremo e o Executivo. O presidente assumiu o mandato e logo tachou o Judiciário de "caixa-preta". O presidente do STF, Maurício Corrêa, revidou dizendo que Lula estava deslumbrado com o poder, e afirmava que quem governava de fato era o ministro-chefe da Casa Civil, José Dirceu. Corrêa era político de formação, parlamentar, candidato a governador do Distrito Federal. Falava a mesma língua que Lula. Os dois sabiam que cada um conversava com seu eleitorado. E que a divergência não era útil para nenhum dos dois, nem para o governo, nem para o Supremo.

No final de 2003, em meio à crise e depois da intervenção de emissários de lado a lado, Lula fez um gesto de aproximação e telefonou para Corrêa. O presidente do Supremo, por sua vez, queria selar publicamente a paz. Não sabia como. Chamou um assessor para pedir ideias. E esse assessor lembrou que o Tribunal de Justiça de São Paulo — assim como outros tribunais locais — promovia uma sessão solene no início do ano, para marcar a abertura dos trabalhos do Judiciário. Isso não ocorria no STF. Por que não iniciar essa tradição? O Supremo convidaria o presidente da República e representantes dos outros Poderes. Corrêa aprovou a ideia e promoveu, em 2 de fevereiro de 2004, a primeira solenidade de abertura do ano do Judiciário. "Este evento se reveste de um simbolismo muito grande, nunca houve uma cerimônia assim para marcar essa data. E eu quis fazer isso porque é preciso dar a devida importância ao Poder Judiciário", afirmou o presidente do Supremo. E as divergências? "Deixa isso pra lá", ele disse aos jornalistas.

As demandas do Executivo, as necessidades de reformas e as crises — das mais diversas naturezas — são motores do que se costuma chamar de "consequencialismo", um padrão de atuação do Supremo que considera aspectos econômicos e políticos nas decisões. "Quando há um leque de interpretações, por exemplo, cinco, todas elas são justificáveis e são logicamente possíveis. Aí, deve haver outro critério para decidir. E esse outro critério é exatamente a consequência. Qual é a consequência, no meio social, da decisão A, B ou C? Você tem de avaliar, nesses casos muito pulverizados, as consequências", explicou Nelson Jobim, em entrevista ao jornal *Valor Econômico*, em 13 de dezembro de 2004.

Em alguns casos o Supremo participou da governança econômica do país: avalizando as medidas adotadas pelo governo Collor, as privatizações no governo Fernando Henrique Cardoso, a reforma da Previdência e a contribuição dos inativos no governo Lula. Durante o governo Fernando Henrique Cardoso, a Lei de Responsabilidade Fiscal correu riscos de ser declarada inconstitucional. A legislação estabelecia um limite de despesas com pessoal nos Três Poderes. PT, PSB e PCdoB acionaram o Supremo, que encerrou o primeiro dia de julgamento com o placar desfavorável ao governo — cinco votos contra quatro.

O governo tinha expectativa de derrota. O então advogado--geral da União, Gilmar Mendes, engendrou uma tática para excluir da votação um dos ministros contrários ao governo, que por sinal já havia proferido voto. Havia várias ações no STF contra a Lei de Responsabilidade Fiscal. Uma delas, que ainda não estava em julgamento, era assinada pelo filho do ministro Carlos Velloso. Mendes, ante a chance de uma derrota, pediu ao Supremo — com o julgamento já iniciado — que unisse todos os processos em apenas um julgamento. Assim, Velloso pai não poderia participar e, com isso, seu voto contra o governo seria anulado. O Supremo rejeitou a manobra. Entretanto, na continuidade do julgamento, Marco Aurélio voltou atrás e mudou seu voto, garantindo assim — por seis votos contra cinco — a constitucionalidade e a permanência da lei.

Quando foi nomeado, Lewandowski era crítico das decisões liminares dos colegas contra políticas de governo. "Se o Gilmar faz, se todo mundo faz, eu também posso fazer", chegou a verbalizar a pessoas de sua confiança. E entrou no ritmo do Supremo: impediu, por liminar individual, que o governo privatizasse estatais sem autorização específica do Congresso; que adiasse o reajuste de servidores; que restringisse o orçamento da Saúde. Assim como em 2018 Fux suspendeu a decisão do governo Temer de tabelar o valor dos fretes pagos aos caminhoneiros depois da paralisação da categoria (e logo voltou atrás). Ou como, no final do mesmo ano, Cármen Lúcia revogara o decreto de indulto de Natal assinado pelo presidente da República (decisão derrubada pelo plenário depois). Ou como Ayres Britto barrou o leilão de poços de petróleo, ainda em 2004.

O diálogo entre Supremo e agentes públicos se dá de diversas maneiras: por declarações públicas de ministros, sinalizando para o governo ou o Congresso que determinada proposta poderá ser barrada no STF; por decisões que servirão para amoldar políticas públicas futuras; por conversas em reservado entre ministros, parlamentares, ministros de governo ou mesmo com o presidente da República. No passado, o Supremo, colegiadamente, promovia um balanceamento na distribuição de forças e poderes nas disputas que envolviam poder político e a governança econômica. Hoje, cada ministro faz seu cálculo individual, o colegiado perde importância em sua função de promover equilíbrios e estabilidade. Nos últimos anos, o tribunal, conforme vem funcionando e lidando com as decisões do Executivo e do Legislativo, dá causa a um sistema viciado que se retroalimenta: com as liminares monocráticas — ou mesmo as decisões colegiadas — que interferem no funcionamento do Congresso ou emperram decisões do governo, ele manda para a política um sinal de que vale a pena apostar no STF como arena de revanche para disputas perdidas.

10. Impeachment

Nos primeiros minutos da madrugada do dia 8 de dezembro de 2015, à 0h50, José Eduardo Cardozo voou de Brasília a Curitiba para uma conversa no apartamento do ministro do Supremo Edson Fachin, no bairro de Juvevê. Como ministro da Justiça do governo Dilma, Cardozo dividia sua agenda em dois turnos: durante o expediente oficial, exercia as funções constitucionais do cargo; nas horas extras, preparava a defesa da presidente da República contra o processo de impeachment.

Cardozo viajara no avião da Força Aérea Brasileira, prerrogativa dos ministros de Estado, acompanhado da cúpula da Polícia Federal. Naquela mesma semana a revista *Época* traria a seguinte reportagem: "A viagem secreta de Cardozo ao centro da Lava Jato — O ministro da Justiça e a cúpula da PF desembarcaram na madrugada de terça-feira, 8, em Curitiba. O motivo da viagem — que durou pouco mais de doze horas — ninguém sabe explicar ao certo".

A viagem seguia uma agenda de fachada. Primeiro, um encontro no quartel do Exército da 5ª Região, programado para ocorrer entre 10h e 10h40 da manhã de terça-feira. Fachin não estava lá. Um segundo compromisso, já perto do meio-dia, se deu na sede da Secretaria de Segurança do Paraná, mais uma vez sem a presença de Fachin. Cardozo chegou atrasado. Às 14h45, o ministro, que praticamente não dormira, voltaria a Brasília.

Cardozo havia aterrissado na capital paranaense às 2h25 e se reunira com o ministro por uma hora e meia naquela madrugada, para sondá-lo sobre seu voto na ação que contestava o rito do processo de impeachment de Dilma.

A principal preocupação de Fachin era convencer os colegas de tribunal a seguir seu voto. Para tanto, queria engendrar uma tese que persuadisse os demais e não o empurrasse para o lado dos vencidos. No encontro, o ministro do Supremo mais ouviu que falou. Cardozo despediu-se confiante. Mesmo que o anfitrião não tivesse dito com todas as letras, ele dera indicativos, segundo assessores do Planalto que ouviram os relatos de Cardozo, de que Dilma não precisava se preocupar. Seu voto seria um breque na estratégia política de Eduardo Cunha, que da cadeira da presidência da Câmara comandava o impeachment. De volta a Brasília, Cardozo foi à presidente e lhe transmitiu a notícia: o voto de Fachin estava garantido.

"Isso eu só contarei no meu livro de memórias", reagiu com certa surpresa o ministro Fachin quando os autores o questionaram sobre o episódio, num almoço no bandejão do Supremo. Por que não falar agora? O ministro admitiu que, mais tarde, ao refletir sobre a visita, concluiu que não era adequado receber em casa, em segredo, alguém interessado no resultado de um processo por ele relatado. "Eu estava aprendendo a ser juiz", justificou. "Só usando o cachimbo para saber como é a embocadura."

Fachin tomara posse no Supremo menos de seis meses antes daquele encontro, em junho. Seu passado de esquerda, suas ligações com movimentos sociais, a campanha que fizera por Dilma

Rousseff em 2010 e o fato de ter sido nomeado por ela eram um alento para os petistas.

Quando a ação contra o rito do impeachment foi protocolada no Supremo, o maior receio dos aliados de Dilma era que a relatoria do processo coubesse a Gilmar Mendes. O sistema informatizado do Supremo, rodando seus algoritmos, fez com que a ação fosse parar no gabinete de Fachin. Petistas e governo respiraram aliviados. Estavam otimistas. Melhor, diziam os assessores da presidente, só Ricardo Lewandowski, voto certo a favor de Dilma.

A ação (ADPF 378) fora encampada pelo PCdoB e ajuizada no dia seguinte ao presidente da Câmara, Eduardo Cunha (PMDB-RJ), anunciar a abertura do processo de impeachment, em 2 de dezembro. O repúdio da opinião pública ao PT era descomunal, e não era estratégico expor um integrante do Supremo à difícil tarefa de emitir uma liminar para o partido da situação — "o ministro seria massacrado", confidenciou um dos principais assessores da presidente, ao justificar o arranjo para que o PCdoB patrocinasse o movimento.

O PCdoB argumentava na ação que a lei 1079, de 1950 — que define o processo de julgamento desses casos como crime de responsabilidade e disciplina —, estava em conflito com a Constituição de 1988. Nos pedidos enviados ao Supremo, o que os aliados da então presidente buscavam era esvaziar a lei que dava sustentação ao impeachment e diminuir o poder de Eduardo Cunha na condução do processo.

A iniciativa do partido, por exemplo, pedia para fixar a interpretação segundo a qual o presidente da Câmara apenas poderia receber a acusação contra Dilma se ele não incidisse "em qualquer das hipóteses de impedimento ou suspeição, esta última objetivamente aferível pela presença de conflito concreto de interesses". O PCdoB tentava uma cartada difícil ao argumentar que Cunha estaria impedido de conduzir o processo porque teria algum interesse pessoal na deposição de Dilma. Havia uma guerra aberta entre Cunha e Dilma, mas era um conflito político, com desdobramentos jurídicos. O mero antagonismo não justificava impedir o então presidente da Câmara de conduzir o processo.

Encabeçava o documento do PCdoB um pedido mais urgente, que mostrava como em certos momentos o sistema político incentivava e se nutria das decisões monocráticas e liminares dos ministros do STF: "Em face do exposto, requer o autor, cautelarmente, o deferimento de decisão monocrática para suspender, de imediato, o processo de impeachment iniciado contra a presidente da República, até que seja julgada a medida cautelar ora pleiteada". A concessão da liminar poderia fornecer ao governo uma sobrevida, um tempo para se reestruturar, recompor sua base na Câmara e conter os movimentos de oposição.

Na noite de 8 de dezembro, Fachin concedeu liminar para deter o processo de impeachment. "Vamos ganhar", celebrou Cardozo, no Planalto. A decisão seria inócua politicamente — perdera o bonde. O processo adquirira tal velocidade na Câmara que acabou por esvaziar os eventuais benefícios da liminar.

Às 17h15, horas antes, portanto, da liminar de Fachin, Cunha havia pautado a eleição da comissão especial de análise do pedido de impeachment, encarregada de dar o parecer sobre o prosseguimento ou não do processo. Ao manobrar o regimento da Câmara e permitir que duas chapas disputassem as cadeiras da comissão — uma mais governista e outra mais oposicionista —, Cunha expôs a fragilidade de Dilma. Em votação secreta, a chapa mais oposicionista venceu a disputa — com confortável margem de 73 votos.

Dilma e seus aliados esperavam uma decisão da Corte antes de a Câmara se reunir para votar os nomes da comissão especial. Afinal, se a ideia era paralisar o impeachment, Fachin deveria decidir a liminar antes que se determinasse a composição da comissão, um dos passos mais importantes para o início do processo.

No Supremo, Fachin seguia seu ritmo. Após conceder a liminar, ele liberou o caso para ser julgado pelo plenário. A sessão foi então marcada para a semana seguinte. "O Supremo é, antes de tudo, o guardião das regras do jogo. Eu vou propor, em relação ao exame da constitucionalidade e da recepção [...] da lei de 1950, um rito que vai do começo até o final do julgamento do Senado", explicou ele aos jornalistas.

Para entender a declaração de Fachin é preciso fazer um breve recuo histórico. Em 1992, o ministro Sydney Sanches, como presidente do Supremo, assumiu a direção do processo de impeachment de Fernando Collor de Mello. Juiz de carreira, indicado ao STF por João Figueiredo, em 1984, sentiu-se um estranho no ninho quando chegou ao Congresso para "presidir um foro político para julgar um crime político praticado por um cidadão político e que ia ser julgado por políticos". Era um enorme desafio para um juiz que, nascido em Rincão, uma cidadezinha perto de Araraquara, no interior de São Paulo, iniciara sua trajetória na magistratura na década de 1960, no comando da comarca de São Bento do Sapucaí, um município que não tinha mais que 10 mil habitantes.

A tarefa que coubera a Sanches precisava começar praticamente do zero, pois não havia uma regra pormenorizada a ordenar o passo a passo do processo. A Lei do Impeachment, de 1950, conflitava em alguns pontos com a recém-promulgada Constituição de 1988. Sanches então convocou os colegas para uma sessão administrativa no gabinete da Presidência do STF.

Na conversa reservada — da qual só os ministros participavam — eles decidiram que a lei estava parcialmente revogada. Para evitar que disputas jurídicas entre governistas e oposicionistas interrompessem o processo, era preciso elaborar um roteiro, que depois seria apresentado aos parlamentares como uma sugestão — para não parecer uma interferência indevida do Supremo sobre matéria de competência do Congresso. O passo a passo do impeachment de Collor foi aprovado e aplicado ao processo.

Vinte e três anos depois, Fachin considerava que havia erros no procedimento que pautou o caso Collor. Equívocos que ele e o tribunal deveriam corrigir para regrar melhor o impeachment de Dilma e casos vindouros. Gilmar Mendes e Luís Roberto Barroso anteciparam as críticas à ideia de instituir novas regras. Os dois ministros, embora em campos opostos, aliaram-se nas ressalvas a Fachin. "Não acho que o Supremo possa criá-las ou inventá-las", disse Barroso. A princípio, afirmou Gilmar Mendes, não é "tarefa da Corte editar normas".

Na cabeça de Fachin, seu voto construiria uma saída com potencial de mudar a história do processo de impeachment no país, deixando escondida uma porta para que Dilma e o PT a acessassem. O ministro não negava suas origens e sua ideologia, mas não queria escancarar seus planos. Camuflou-os tão bem que poucos os viram. E quem os viu não acreditou nos próprios olhos.

Alguns dos assessores do relator, seus ex-alunos na UFPR, conheciam seu estilo: dono de um raciocínio sinuoso, ele o combinava com um encadeamento de argumentos que cimentava qualquer fenda na fundamentação de seus votos. Nem sempre — ou quase nunca — os argumentos eram de fácil compreensão. Os assessores lembravam que, nas aulas de direito civil, sair da sala, mesmo que por um momento, poderia comprometer a compreensão do todo. Fachin, por conta da decisão que tomaria dias depois, iria se sentir um incompreendido.

No dia 15 de dezembro de 2015, véspera do julgamento em plenário, o relator levou ao tribunal envelopes fechados com a íntegra de seu voto. Antes de iniciadas as sessões das turmas, ele os entregou a todos os colegas, com exceção do ministro Marco Aurélio — que não aceitava receber votos com antecipação, pois preferia iniciar um julgamento de mente aberta, sem se deixar influenciar pela posição de outro juiz.

Horas depois, as notícias começaram a chegar ao governo. Não existe segredo entre mais de duas pessoas. Muito menos no Supremo. Fachin estava votando no sentido diametralmente oposto às pretensões do governo. Um ministro enviou informações para a defesa de Dilma Rousseff, um segundo reforçou a revelação. Depois do terceiro recado, Cardozo decidiu ir ao STF para um último esforço. O mesmo fez Beto Vasconcelos, que fora secretário-executivo da Casa Civil e na ocasião era Secretário Nacional de Justiça. Ele foi ao ministro Barroso para as últimas ponderações contra os argumentos que Fachin traria ao plenário.

Fachin, de terno cinza, camisa branca, gravata verde com detalhes em branco, abotoaduras e o bóton do Supremo — com a imagem da deusa Têmis em alto-relevo —, foi o último a se acomodar para o início da sessão. A direção de seu voto já era conhecida pelos partidos da base de Dilma e pelos colegas. E alguns detalhes, vazados de dentro do tribunal, já figuravam na imprensa.

O relator estava a poucos passos da fileira de advogados que defendiam Dilma. E alguns deles não escondiam seu choque com o teor do voto. "Alguma coisa aconteceu", dizia o advogado do PT, Flávio Caetano. À medida que a sessão avançava, a estupefação e a decepção se agigantavam.

Fachin proferiu seu voto, e com ele escancarou o caminho para a sequência do impeachment nos moldes talhados por Eduardo Cunha: rejeitou o pedido adicional para anular a eleição da comissão especial votada na Câmara, o que faria o processo retroceder várias jardas; não aceitou a alegação de que Eduardo Cunha não tinha imparcialidade para tocar o barco; rechaçou o argumento de que a presidente Dilma Rousseff tinha direito a defesa prévia antes de iniciado o processo; finalmente, julgou que o Senado devia necessariamente instaurar o processo se a Câmara, em votação no plenário, aceitasse a denúncia contra a presidente por crime de responsabilidade. Os defensores de Dilma, derrotada na Câmara, ainda nutriam esperanças de que a denúncia pudesse ser barrada no Senado.

A sessão avançou até o início da noite, sendo interrompida para que o julgamento prosseguisse no dia seguinte. Os onze ministros subiram ao gabinete da Presidência para o jantar de final de ano, que costumava reunir ministros e ex-ministros — tradição que Cármen Lúcia havia interrompido por não admitir que ex-ministros, alguns deles exercendo a advocacia, jantassem com atuais juízes do tribunal, mas que Lewandowski retomara.

Ao chegar ao gabinete, Barroso percebeu que Fachin e Gilmar Mendes falavam discretamente. Da conversa, ele só pôde captar que o relator lamentava não ter convencido Celso de Mello da tese de que o Senado obrigatoriamente deveria abrir o processo contra Dilma se a Câmara autorizasse o processo de impeachment. Seu interlocutor sabia muito bem o que era um impeachment.

Em 29 de setembro de 1992, a Câmara autorizou a abertura do processo de impeachment contra Fernando Collor. No dia seguinte, os principais assessores do presidente, incluindo o consultor-jurídico da Secretaria-Geral da Presidência da República, Gilmar Mendes, chegaram cedo ao Planalto para traçar a estratégia a ser seguida. Os embaixadores Marcos Coimbra e Oto Agripino Maia, o advogado José Guilherme Vilela e Gilmar Mendes se reuniram numa das salas do palácio e discutiram o futuro do presidente. O que ele deveria fazer?, perguntou Coimbra. Todos, em uníssono, responderam: "Renunciar". A realidade política estava dada, o jogo estava definido. Não havia o que fazer. "Então vamos falar com ele."

Quando Collor chegou, todos se dirigiram a seu gabinete e se depararam com um cenário lúgubre, quase sinistro. A sala às escuras, com apenas uma pequena luminária acesa. Mal se via o rosto do presidente, sentado ao fundo. Sobre a mesa, só uma folha de papel. "Não me venham falar em renúncia", disparou Collor antes mesmo de seus assessores sentarem. Em seguida, leu um poema em francês que falava de resistência. Três meses depois ele renunciou ao cargo. Era tarde demais — e o Senado deu sequência ao processo de impeachment, condenando-o e cassando seus direitos políticos.

Mendes viu a degradação progressiva do governo Collor e as consequências irreversíveis da perda de apoio no Congresso Nacional. E à época ouviu de um ministro do Supremo uma frase que adotou como mantra: "Presidente da República não se mantém por liminar". "Se o presidente tiver base, não passa impeachment nenhum. Se não tiver, passa qualquer coisa, inclusive sua decapitação", acrescentou Mendes aos autores, ao relembrar os momentos tensos e pedagógicos daquele momento.

Collor foi eleito por um partido nanico, numa disputa solitária — as eleições de 1989 foram apenas para presidente, as eleições para governadores, deputados e senadores seriam apenas no ano seguinte — que não o amalgamou aos parlamentares eleitos em 1990 e que poderiam integrar sua base. Era uma das razões, dizia o ministro Nelson Jobim, para que os pilares de sua sustentação política fossem tão arenosos. Mas com Dilma a história era outra: a presidente tinha base e viu seu vice, Michel Temer, articular sua queda junto a outras legendas.

Barroso não assistira ao impeachment de Collor de tão perto, mas tinha consciência de que a política daria cabo de Dilma. Não havia liminar que a segurasse no cargo. O Supremo atuava apenas como um árbitro para garantir a observância às regras. Para o ministro, a resposta da Corte devia ser simples: o tribunal não podia mudar a regra que ele próprio estabelecera. O rito do impeachment de Collor deveria ser repetido para o processo de

Dilma. E só na sessão do dia 17 de dezembro, à porta do tribunal, avisou o relator de que divergiria de seu voto.

No dia 3 de agosto de 2012, quando ainda era procurador do estado no Rio de Janeiro, Barroso, então com 54 anos, entrou no consultório do oncologista Paulo Hoff acompanhado da mulher, Tereza Cristina van Brussel Barroso. Ao saber que era portador de um câncer agressivo no esôfago, ele pediu à mulher para deixá-lo a sós com o médico. "Qual é o prognóstico?" "Muito difícil. É possível que você tenha um ano de vida, talvez um pouco menos", disse Hoff. "Saí de lá e me preparei para viver mais um ano", contou Barroso.

Semanas depois, a notícia de sua doença percorria o circuito jurídico de Brasília. Choveram ligações para lhe prestar solidariedade. Uma delas veio de Gilmar Mendes. Ambos choraram ao telefone. Barroso tiraria uma semana para escrever seu testamento e refletir sobre a vida. "Já tinha vivido o essencial que queria viver", ele disse. "Um pouco de tristeza pelas pessoas [que deixaria], mas uma certa resignação de que tinha dado o meu tempo." Durante a semana de folga, aproveitou para ler os livros que recebera de presente — judaicos, católicos, espiritismo, espiritualidade oriental, cabala. Devorou todos, de ponta a ponta, abandonando sua costumeira racionalidade. "Voltei preparado para o que viesse."

O ceticismo o diferia do amigo e ministro do Supremo Carlos Ayres Britto, um espiritualista que transitava "holisticamente" por diversas confissões religiosas para, ele dizia, estabelecer uma linha direta com Deus. Certa vez, após uma sessão, ele tentou ensinar Lewandowski a meditar. Sentou-se no sofá e cruzou as pernas em posição de lótus, mas não obteve muito sucesso junto ao colega, que até se empenhou.

Sabendo da doença e do tratamento multidisciplinar por que Barroso estava passando — quimioterapia pesada, acupuntura, fitoterapia e homeopatia — e percebendo que o amigo estava aberto a todas as alternativas, Britto decidiu fazer uma ponte entre ele e João de Deus. De Abadiânia, o médium viajou a Brasília e seguiu com Britto para a casa de Barroso, no Lago Sul. João de Deus chegou incorporado, lembrou Barroso. "Você está com um peso muito grande", ele lhe disse, sem tocá-lo.

Barroso foi a Abadiânia para algumas sessões com o médium. Numa das primeiras vezes, João o levou para mostrar-lhe o que fazia. "Você é cético. Você não acredita", ele disse ao ministro. Depois de meses de tratamento, Barroso estava curado. "Eu não saberia explicar exatamente o que aconteceu, mas a sua doença desapareceu", disse-lhe o médico Paulo Hoff. A partir de então, o ministro precisaria fazer check ups periódicos — de três em três meses. A cada trimestre ele se submetia ao dramático teste para avaliar se a doença voltara. E isso tudo mudou sua forma de levar a vida. "Não programo nada além de três meses."

Com a vaga aberta no Supremo, Sigmaringa Seixas e Beto Vasconcelos insistiriam para que Dilma Rousseff indicasse Barroso. Mas a presidente precisava de uma garantia de que sua indicação não corria o risco de ser temporária. Aos 55 anos, em condições normais Barroso poderia permanecer quinze anos no STF. Por isso ele fez chegar aos ouvidos da presidente que estava com a saúde em perfeito estado, totalmente curado e à disposição.

Seu comportamento ao chegar ao tribunal foi diametralmente oposto ao desenhado pelo ministro Dias Toffoli. "No Supremo, antiguidade é posto", repete sempre Toffoli, desde quando ainda não fora indicado ao STF. Da fila de entrada no plenário — o mais novo é sempre o último e é chamado de bucha de canhão — até o direito de falar, tudo para Toffoli é questão de antiguidade. Mas ainda existe um outro diferencial entre os mais antigos:

quem já presidiu a Corte se sente mais à vontade para falar do tribunal. Só quem foi presidente sabe dos desafios de conduzir o colegiado, da dificuldade de conciliar personalidades distintas, da tarefa de se relacionar com os demais Poderes, da responsabilidade por falar pelo tribunal. Quem já enfrentou essa atribuição está mais livre para se posicionar, inclusive para criticar a Presidência. Quem ainda não ocupou o cargo deve calcular se a crítica de hoje não se tornará a amarra de seu mandato na Presidência amanhã.

Mas Toffoli, ao contrário de Barroso, planeja sua vida no Supremo em anos, em décadas. Ele nunca travou uma discussão mais ríspida, mesmo quando desafiado pelo maior teste de fígado em plenário: o ministro Marco Aurélio Mello. Barroso, em contrapartida, passou pelo batismo de fogo do colega logo depois de empossado.

Situações de constrangimento provocadas por Marco Aurélio já fazem parte do folclore da Casa. Numa das primeiras sessões de que participava no plenário do Supremo, o ministro Cezar Peluso pediu a palavra para concordar com o voto de Marco Aurélio, e mesmo assim foi espicaçado. Decano do tribunal naquela época, o ministro Sepúlveda Pertence explicou: "O ministro Marco Aurélio não suporta que o tirem do seu isolamento". Meneses Direito, um expert na vida em colegiado, saiu-se melhor. Numa sessão de Turma, ele lembrava precedentes do Superior Tribunal de Justiça, de onde saiu para o STF, para dar sustentação ao assunto em julgamento, quando Marco Aurélio ameaçou desafiá-lo. Direito o surpreendeu com um contragolpe: "Ministro, estou aqui para aprender com vossa excelência". E ficou em silêncio. Marco Aurélio nunca mais o testou.

Barroso foi "batizado" na sua primeira sessão no plenário do STF, no dia 1º de agosto de 2013, depois de sugerir aos demais colegas uma nova metodologia de trabalho: que os ministros liberassem seus votos antes do julgamento. Assim procedendo, os colegas poderiam conhecer os argumentos de cada um antes da sessão. Quem concordasse seguia o relator, quem discordasse já sabia quais pontos ressaltar. O Supremo aceleraria os julgamentos, projetava Barroso. Aparentemente óbvia, a sugestão era complicada numa Corte de estratégias e desconfianças. Marco Aurélio rebateu: "Há 34 anos eu não troco figurinhas". E, ao final da sessão, já na saída do plenário, deu um direto em Barroso: "Preferia você como advogado".

Fachin teve o processo de impeachment de Dilma como seu primeiro grande teste. Ele, que na campanha eleitoral havia pedido voto para a petista, e por ela foi nomeado, sinalizou a Cardozo que sua decisão seria favorável à presidente. Mas o ministro escolhera um caminho sinuoso para isso.

Entre os colegas de Universidade Federal do Paraná, Fachin já era conhecido por movimentos e articulações idiossincráticos. Ele jogava um xadrez cujo tabuleiro e movimento das peças apenas ele conhecia. Seu voto no impeachment, explicavam seus auxiliares, deixava uma porta aberta para que o Supremo adentrasse o mérito da acusação e julgasse se Dilma havia ou não praticado crime de responsabilidade.

Quando começou a ler seu voto, Fachin afirmou que o impeachment tem "natureza jurídico-política" — nessa ordem. E acrescentou: "O conteúdo do juízo exclusivamente político no procedimento de impeachment é imune à intervenção do Poder Judiciário, não sendo passível de ser reformado, sindicado ou tisnado pelo Supremo Tribunal Federal, que não deve adentrar no mérito da deliberação parlamentar". Entretanto, ressaltava que o tribunal poderia analisar — e eventualmente derrubar — a justificativa jurídica para a abertura do processo. Ou seja, deixou aberta a possibilidade de o STF julgar o conteúdo jurídico da investigação. No caso de Dilma, o Supremo poderia decidir que as pedaladas fiscais não configuravam crime de responsabilidade.

Fachin considerava um erro deixar nas mãos do Congresso a definição do que era crime ou não. Isso permitiria que presidentes fossem processados por condutas de gravidade menor ou pouco evidentes, e fossem punidos simplesmente por não gozarem mais de apoio político. "O que importa é ter um precedente forte", dizia um dos seus assessores. "Impeachment não pode ser um processo de conveniência", explicava o ministro. Se isso ajudaria ou não Dilma, eram outros quinhentos.

À diferença de Fachin, Barroso tratava o julgamento como político-jurídico. O juízo político e de conveniência preponderava sobre aspectos jurídicos. Evidentemente, o Supremo poderia intervir no processo de impeachment "se dissessem que Dilma cometeu crime de responsabilidade porque usou um vestido de bolinhas", ponderava com seus assessores. Mas a natureza do processo era política. Esta havia sido a tese defendida pelo ministro do STF Paulo Brossard em seu livro *O impeachment,* de 1965, reforçada durante o julgamento de Collor. O Supremo nada devia fazer num processo de impeachment, defendia Barroso. Era assunto do Congresso Nacional e de mais ninguém. "O impeachment é um processo estranho ao Poder Judiciário, que começa e termina no âmbito parlamentar, por expressa disposição constitucional. Nele o Judiciário não interfere", ele dizia. Seu voto praticamente repetia o rito do caso Collor, diferenciando-se em questões que não foram tratadas pelo Supremo no passado, como o procedimento de escolha dos membros da comissão especial, incumbida de analisar preliminarmente a representação contra a presidente da República. O Supremo, que se associou à tese de Barroso, julgou que todas as votações no caso devem ser abertas para "permitir maior transparência, controle dos representantes e legitimação do processo".

Ao longo do julgamento em dezembro, os advogados do PCdoB trocavam mensagens pelo WhatsApp para arquitetar uma última cartada. Levantariam a hipótese de que seriam necessários os votos de dois terços dos senadores para que a denúncia contra a presidente fosse recebida e, consequentemente, a ação fosse aberta. O governo sabia que não tinha condições políticas de barrar o processo na Câmara, mas confiava que no Senado haveria mais margem de negociação. Se o Supremo elevasse a exigência de quórum, passando a votação de maioria simples para maioria absoluta, as chances subiriam exponencialmente.

O ministro Marco Aurélio já havia apontado o que considerava incongruente no rito do impeachment de Collor. Ele, que não participou das discussões em 1992 por ser primo do presidente, agora pontificava sobre as regras para os próximos processos de impedimento. Se na Câmara eram necessários os votos de dois terços para dar continuidade, "a medida drástica de afastamento da presidente do cargo", consequência da abertura de processo pelo Senado, não poderia ser aprovada pelo voto apenas da maioria simples de seus membros. Seriam necessários também os dois terços de votos, ou seja, o apoio de 54 senadores.

Fachin, que no dia anterior havia decepcionado os petistas, pegou "carona argumentativa" no voto de Marco Aurélio. "Ao início da sessão de julgamento ontem, antes de apresentar o voto, disse que era uma proposta de voto e que acompanharia os debates para nutrir-me das questões a serem suscitadas e ao final ajustar, se necessário, alguma conclusão", falou Fachin. E reajustou seu voto, concordando que o afastamento de Dilma só poderia ser aprovado pelo voto de dois terços dos senadores. Mas os dois ministros foram voto vencido. Prevaleceu a corrente que defendia a repetição do rito do caso Collor. "Fico vencido naquilo que vencido estou, embora totalmente não convencido", pontuou Fachin. Indicado pela presidente Dilma Rousseff, o ministro se divorciou do PT naquele momento. Ele se dizendo incompreendido, o partido se dizendo traído.

Barroso e Dilma Rousseff eram as principais estrelas do Brazil Forum UK 2018, realizado todo ano na London School of Economics and Political Science, na Inglaterra, para discutir temas brasileiros. Falariam sobre os trinta anos da Constituição de 1988. Além deles, também participariam do fórum a ex-senadora Marina Silva, o médico Drauzio Varella e os economistas Samuel Pessôa e Laura Carvalho.

Os debates estavam marcados para os dias 5 e 6 de maio de 2018, exatamente um mês depois de o Supremo negar um habeas corpus preventivo para o ex-presidente Lula, condenado em primeira e segunda instâncias a doze anos e um mês de prisão pelos crimes de corrupção passiva e lavagem de dinheiro sob acusação de ter recebido da construtora OAS um apartamento tríplex no Guarujá como propina.

Três dos palestrantes iam no mesmo voo da Latam: Dilma, Barroso e Laura Carvalho. Barroso chegou antes da presidente e sentou no assento que lhe fora reservado na classe executiva. A segunda cadeira, na janela, estava desocupada. Quando Dilma entrou no avião, ela percebeu que se sentaria ao lado do ministro. Um de seus seguranças procurou Laura Carvalho, pedindo ajuda para desfazer a saia justa. A economista estava sentada na fileira do meio — que comporta três poltronas —, entre um chinês e uma mulher que ocupara estrategicamente a cadeira do corredor, perto da classe econômica, para não ficar distante do filho. A comissária de bordo intercedeu, em vão: a mulher não quis trocar de lugar. Restava pedir ao chinês que se sentasse ao lado do ministro do Supremo, uma vez que a alternativa implicaria fazer com que a presidente viajasse na poltrona do meio, no lugar de Carvalho. O chinês estava incomunicável, com enormes fones de ouvido. Carvalho o cutucou e perguntou, em inglês, se ele não poderia trocar de lugar com uma amiga que estava sentada na janela. O sujeito, que tirara o fone de apenas um ouvido, disse friamente: "Não gosto de voar na janela". Fim de papo.

Dilma teve de viajar ao lado de Barroso por cerca de onze horas. A conversa entre os dois, contudo, não durou mais que alguns minutos. Quando a aeronave pousou, a presidente foi se queixar com Laura Carvalho, a quem ela nem conhecia pessoalmente: "Você viu o que fizeram? Foi de propósito. Eu não dormi a noite inteira". E relatou que logo no começo do voo ela e Barroso decidiram que era melhor não conversar, e permaneceram em silêncio absoluto por todo o Atlântico. "E fui eu que o indiquei", ela lamentou.

Onze

"Nós éramos parceiros aqui dentro." Assim, com o verbo no imperfeito, Lewandowski lembrou da relação com Ayres Britto. A aliança se deteriorou durante os preparativos para o julgamento do mensalão. "Ele me traiu." Ambos se recordam da tática dos Republicanos, bando que os juntou a Joaquim Barbosa e Cármen Lúcia para fazer frente ao grupo majoritário — e adversário — que havia no tribunal: se um daqueles quatro fosse atacado em plenário, outro saía em defesa, mesmo sem concordar com o argumento jurídico do aliado. Britto costumava capitanear a reação.

Mas as alianças no Supremo são anéis de vidro. O que os julgamentos da constitucionalidade da Lei da Ficha Limpa e da Lei de Anistia uniram — Britto e Lewandowski votaram juntos —, a ação penal do mensalão desfez. Do mesmo modo, o abismo entre Lewandowski e Gilmar Mendes no julgamento da AP 470, o mensalão, aparentemente intransponível, foi aterrado depois da Lava Jato. Barroso e Mendes, inconciliáveis se o assunto é direito criminal, aproximam-se quando o que está em jogo é a economia, mais precisamente o liberalismo econômico.

O mesmo Barroso, em dupla com Fachin na missão de preservar ações da Lava Jato, se afastou do colega para minar o direito de greve de servidores públicos, por exemplo. E foi Fachin, ladeado por Rosa Weber na visão pró-trabalhador, que se apartou da colega quando esteve em julgamento a constitucionalidade da execução da pena após condenação criminal em segunda instância — ela contra, ele a favor. Weber, que divergia de Alexandre de Moraes sobre a constitucionalidade do ensino religioso confessional nas escolas públicas, votou com o colega quando se discutiu o decreto de indulto assinado pelo presidente Michel Temer.

A multiplicidade de combinações no plenário de onze integrantes escancara um Supremo diverso em sua composição, abrangente em suas atribuições e temáticas, maleável no trato com a jurisprudência e seus precedentes. Desde a promulgação da Constituição de 1988, 25 ministros foram nomeados para o tribunal.

No atual STF, o adversário de hoje pode ser o aliado de amanhã. Como as alianças se constroem por assuntos e conjunturas, instaura-se entre os ministros certo balancete informal: quando um deles estiver relatando um processo que considera relevante, seu colega fará alguma concessão técnica para acompanhá-lo ou lembrará do julgamento em que o relator o derrotou? Lewandowski, por exemplo, depois do julgamento do mensalão passou a acompanhar mais o ministro Marco Aurélio, que o defendeu das investidas de Joaquim Barbosa. E esse tipo de comportamento pode valer para qualquer ministro — mesmo que Marco Aurélio insista em seu mantra do voto conforme sua "ciência e consciência".

Ao contrário da Suprema Corte americana, em que o plenário se divide entre conservador ou liberal (com nove integrantes com mandato vitalício, sem limite de idade), o STF se amolda num somatório de posicionamentos em temas e campos diferentes do direito. Se composições e afinidades circunstanciais entre ministros determinam em certa medida resultados de julgamentos, tem-se, no limite, um Supremo a cada novo grupo que sobe ao plenário, uma Constituição a cada maioria formada. "Aqui, ninguém gosta da ideia que não teve", costuma dizer o ministro Fux.

No final de 2015, Sepúlveda Pertence e Moreira Alves se reencontraram num jantar oferecido pela Presidência do Supremo para ministros e ex-ministros. Dois polos de um mesmo Supremo — numa corte de outra época, dois ministros que antagonizaram durante anos e protagonizaram alguns dos mais acalorados debates do tribunal. Ambos acompanharam as sessões de julgamento do mensalão e os bate-bocas entre Joaquim Barbosa e Lewandowski. E comparariam, num misto de nostalgia e ironia, os embates do Supremo de 1989 a 2003 à Corte do mensalão. "Nós dançando o minueto e eles achavam que era capoeira", disse Pertence a Moreira Alves. "Hoje, diria um, o tribunal é a baderna do todos contra todos", comentou Pertence. "Não há comparação entre o Supremo de hoje e o Supremo do meu tempo. São coisas diferentes", avaliou Moreira Alves.

Moreira Alves no plenário era um trator. Combinava a capacidade argumentativa a uma retórica destrutiva. Perto dele, o ministro Marco Aurélio não passaria de um aprendiz. Em determinada sessão, ao discordar do voto proferido pelo ministro Francisco Rezek, ele disse que qualquer aluno dele da Universidade de Brasília faria melhor. Rezek rompeu relações. Quando deixava o tribunal para assumir o Ministério das Relações Exteriores do governo Collor, Rezek foi chamado pelo então vice-presidente do Supremo, Aldir Passarinho, no Salão Branco, pouco antes de iniciada a sessão plenária. E Passarinho pediu que os dois apertassem as mãos para que não deixassem o tribunal brigados. Os dois estenderam as mãos, cumprimentaram-se e superaram o entrevero.

Um dos motivos pelos quais o ministro Xavier de Albuquerque, segundo seus colegas, teria antecipado a aposentadoria, em 1983, teria sido a convivência difícil com Moreira Alves, embora ele não o admitisse.

Com Pertence, os embates eram corriqueiros. Moreira era um juiz conservador, indicado para o STF pelo governo militar, um civilista que interpretava a Constituição a partir do Código Civil. Dizia-se que era uma âncora que impedia que o Supremo evoluísse na concretização da nova Constituição. Já Pertence era um homem de esquerda, que a ditadura afastara do cargo de professor na Universidade de Brasília; tentava empurrar o tribunal na consolidação dos novos princípios e direitos previstos na Carta de 1988. Eram diferentes visões de mundo e de tribunal que se descortinavam. "Nos meus primeiros meses no Supremo, cogitei ir embora", lembrou Pertence. "Até que um dia eu perdi mais a estribeira. Ele [Moreira Alves] me negou um aparte. Pedi data vênia. Ele disse que não tinha data vênia. Então eu disse que ele ia ouvir sem data vênia mesmo", relatou. Tendo dito o que tinha a dizer, levantou-se, jogou a capa sobre a bancada e deixou o plenário. Moreira Alves se assustou. Logo lhe veio à cabeça a célebre cena do ministro Adauto Lúcio Cardoso, que em 1971 abandonou o plenário deixando a toga sobre o espaldar da cadeira e renunciando ao mandato. "Eu só tinha ido fumar", recordou Pertence. Terminada a sessão, Moreira voltou a seu gabinete e, ao fim do dia, telefonou para a casa de Pertence. Queria falar com a mulher do colega, Sueli Castelo Branco, muito amiga de sua mulher, Evany de Albuquerque. Disse que estava preocupado com Pertence, que ele andava com os nervos à flor da pele. E sugeriu que ela lhe comprasse plaquinhas sinalizadoras de humor, assim ele poderia maneirar suas provocações conforme o *mood* do dia. "Para ele, a plaquinha vai ficar com o 'muito nervoso' fixo", completou Pertence à esposa de seu colega. Depois desse telefonema, a relação entre ambos se pacificou, ainda que seguissem discordando no mais das vezes. "Passei a entender o jeito dele e tomar como mera discussão jurídica. Foi dos meus grandes amigos", concluiria Pertence anos depois.

As cenas protagonizadas pelo "novo" Supremo mostradas na televisão os levaram a concluir que no tempo deles havia harmonia na divergência, alguma colegialidade e certo suporte para posições institucionais. Terminada a sessão, a discordância cessava. E já naquele momento, lembrariam Gallotti, Pertence e Celso de Mello, havia uma "troica conservadora" que votava coesa, na expressão de um ministro da época. "Eu começava com três votos contra", disse Pertence, sem citar nomes, embora é sabido que Gallotti, Sydney Sanches e Moreira Alves eram os conservadores que lhe faziam frente. "Diziam que o Moreira Alves era conservador. Eu era mais", contaria anos depois, em meio a risadas, o ministro Gallotti. Mas a divisão em plenário era apenas de concepção, de visão do direito.

O mensalão foi o ponto de inflexão do STF. Até ali, o tribunal ainda era aquele "outro desconhecido" de que falava o ministro Aliomar Baleeiro, que o presidiu no início dos anos 1970. Mas que se tornaria presente à mesa das pessoas, depois de 69 sessões televisionadas, com uma soma de ingredientes de forte carga dramática: políticos graúdos na cadeia; empresários poderosos condenados à prisão; suspeitas de um tribunal contaminado politicamente; heróis e anti-heróis; alianças inusitadas; bate-bocas esquentados. O mensalão reunia num só processo mais elementos narrativos que o total de casos julgados pela Corte em décadas. Era o maior caso que já passara pelo Supremo desde sua criação. Portanto, tudo o que acontecesse durante as sessões teria efeito turbinado, sobretudo as divergências internas.

Em 2007, o tribunal julgava uma ação direta de inconstitucionalidade contra uma lei de Minas Gerais que instituía o estatuto dos servidores da administração pública e que, no entendimento do Supremo, havia permitido a efetivação de funcionários públicos sem concurso, ao arrepio da Constituição. O relator, Joaquim Barbosa, foi acompanhado, no mérito, por todos. Houve, porém, uma divergência sobre os efeitos da decisão: parte dos ministros, entre os quais Gilmar Mendes, defendeu que situações já consolidadas fossem mantidas, ou seja, que o julgamento do STF só valesse para o futuro. Foram votos vencidos. No dia seguinte, Mendes sugeriu que se suspendesse o resultado proclamado na véspera, para que aguardassem o voto do ministro Eros Grau — que não participara nem do julgamento do mérito. Com o novo voto, o resultado deveria ser diferente. "Tudo o que o Gilmar manda o Eros faz", dizia um ministro.

Barbosa protestou. "Sou relator do caso e acho que deveria ter sido consultado até sobre a questão de ordem. Eu a encaminho em sentido contrário. Não vejo como um ministro, ausente de um julgamento, não participou, não compôs o quórum e, atingido um determinado resultado, vamos suspender para que ele participe apenas de um aspecto do julgamento, exatamente para dar um sentido absolutamente contrário àquilo que foi decidido. É isso o que estamos fazendo. Eu voto contrariamente." "Em primeiro lugar, não temos de consultar colega algum para suscitar questão de ordem", começou a responder Mendes. "Nem que fosse por cortesia", disse Barbosa. "Nem que fosse por cortesia. Não me sinto obrigado a consultar vossa excelência", rebateu Mendes.

O debate continuou. "Estou há quatro anos e três meses nesta Corte, jamais presenciei procedimento dessa natureza. Obtido o resultado de um julgamento, acabou o julgamento. Não se suspende para se obter o voto de quem não participou", disse Barbosa, quando então elevou o tom: "Ministro Gilmar, me perdoe a palavra, mas isso é jeitinho. Nós temos que acabar com isso". "Eu não vou responder a vossa excelência. Vossa excelência não pode pensar que pode dar lição de moral aqui", rebateu Mendes. "Eu não quero dar lição de moral", respondeu o relator. "Vossa excelência não tem condições", disse Mendes. "E vossa excelência tem?", questionou por fim Barbosa. O plenário, no primeiro momento, deu razão a Gilmar Mendes e o julgamento foi suspenso para esperar o voto de Eros Grau.

A princípio houve uma ação profilática deliberada — deixar o caso na gaveta para não estimular novas discussões. Logo a inércia se encarregou de esquecê-lo, com sucessivos presidentes mantendo-o fora da pauta. A inércia só foi vencida — mera coincidência e não uma relação de causa e efeito — com as aposentadorias de Eros Grau e Joaquim Barbosa. Ao final, prevaleceu o entendimento de que o julgamento não poderia ser reaberto para aguardar o voto de um ministro que não havia participado da sessão.

Dois anos depois, em 2009, Barbosa não cobraria cortesia nem se desculparia pelo palavreado de que se valeu contra o então presidente do Supremo, Gilmar Mendes. Reclamava que o tribunal, inclusive com o seu voto, declarava inconstitucional uma lei do Paraná e, com isso, beneficiava os tabeliões — que em conformidade a ela poderiam se aposentar pelo serviço público. Admitia que ao julgar a lei ele não sabia quem estava sendo beneficiado. E reclamou, por isso, do colega. "A sua tese deveria ter sido exposta em pratos limpos. Nós deveríamos estar discutindo quem seria o beneficiário daquilo", disse. "Ela foi exposta em pratos limpos. Eu não sonego informação. Vossa excelência me respeite!", protestou Mendes.

Os dois continuaram a discutir, interrompidos aqui e ali pelos argumentos técnicos dos colegas. "Vossa excelência não tem condições de dar lição a ninguém", repetiria Mendes (a mesma expressão foi usada em 2007). "E nem vossa excelência. Vossa excelência me respeite! Vossa excelência não tem condição alguma. Vossa excelência está destruindo a Justiça deste país e vem agora dar lição de moral em mim? Saia à rua, ministro Gilmar. Saia à rua. Faça o que eu faço", incomodou-se Barbosa, que àquela altura jogara o corpo para a frente e gesticulava irritado. "Eu estou na rua, ministro Joaquim. Vossa excelência está fazendo populismo judicial", rebateu Mendes. "Não está. Vossa excelência não está na rua, não. Vossa excelência está na mídia: destruindo a credibilidade do Judiciário brasileiro. É isso", atacou. Outros ministros tentaram interceder, acabar com a discussão, em vão. "Vossa excelência, quando se dirige a mim, não está falando com os seus capangas do Mato Grosso, ministro Gilmar. Respeite!", disparou Barbosa. "Ministro Joaquim, vossa excelência me respeite!", cobrou Mendes de volta.

Ao fim daquela sessão, o tribunal foi tomado por negociações reservadas. Peluso e Meneses Direito foram ao gabinete de Gilmar Mendes. Assistiram ao *Jornal Nacional*, da TV Globo, para avaliar a repercussão da refrega. "Isso não pode ficar assim", disseram. A eles se juntaram outros ministros, como Marco Aurélio. Um dos assessores de Mendes sentou ao computador; a seu lado, Peluso acompanhava o texto que os ministros iam escrevendo em voz alta. Seria uma resposta pública a Barbosa, uma mensagem que poderia complicar sua situação jurídica, sustentando que sua postura era incompatível com o Supremo. "Estavam preparando uma nota duríssima", lembrou Marco Aurélio. Mas ao final se deram conta de que não teriam quórum: Britto disse que não a assinaria, Cármen Lúcia sumiu. Sem o apoio do colegiado, a nota se desmaterializou.

No dia seguinte, Ayres Britto e Lewandowski chamaram Joaquim Barbosa para um almoço perto da casa dos três e o encontro foi registrado pelo fotógrafo Dida Sampaio, de *O Estado de S. Paulo*. "Queríamos mostrar que Joaquim não estava isolado", disseram. O grupo dos Republicanos se mobilizava para mandar um recado: aquela não era a Corte Gilmar Mendes.

Joaquim Barbosa protagonizou outro episódio em que a discussão saiu do plano jurídico e partiu para o ataque pessoal. Não ocorreu em plenário, diante das câmeras, mas acabou sendo relatado pela imprensa. Em 2008, Eros Grau havia concedido um habeas corpus ao executivo Humberto Braz, suspeito de tentativa de suborno de policiais federais em troca do término das investigações contra o banqueiro Daniel Dantas, por ocasião da Operação Satiagraha. O *Jornal Nacional* mostrou a imagem de Braz entregando dinheiro. E esse foi um dos motivos da reação de Barbosa. "Como é que você solta um cidadão que apareceu no *Jornal Nacional* oferecendo suborno?", ele questionou. Depois, conforme o relato de pessoas que testemunharam a discussão, Barbosa chamou Eros Grau de "velho patético". No dia seguinte, no intervalo da sessão plenária, por volta das dezesseis horas, Grau, Ayres Britto, Meneses Direito e Cezar Peluso estavam na sala de lanches do STF, acompanhados do procurador-geral da República, Antonio Fernando de Souza, de assessores e seguranças, quando Barbosa chegou e disparou. "O senhor é burro, não sabe nada. Deveria voltar aos bancos e estudar mais", atacou. Grau manteve a calma e disse apenas: "O senhor deveria pensar bem no que está falando". Os demais ministros ficaram em silêncio, conforme relato de testemunhas.

Num tribunal em que cada ministro pode exercer poderes extraordinários — suspender uma emenda constitucional; barrar um processo de privatização; afastar do mandato um parlamentar; impedir a posse de um ministro nomeado pelo presidente da República —, as onze ilhas eram agora substituídas por onze Estados independentes. Cada um atuando livremente para declarar guerra contra nações inimigas; negociar alianças diplomáticas; adotar programas de governo e estabelecer uma política interna própria. Sem uma organização dos ministros para mediar tais conflitos ou estabelecer parâmetros para atuações tão díspares. O Supremo vive no desequilíbrio das onze agendas. O controle precário sobre essa miríade de rumos do tribunal se dá, da mesma forma, por ações individuais internas — como a suspensão pelo presidente de uma liminar concedida monocraticamente por um ministro —, ou por reversões de decisões pelo Legislativo, algo que ocorre raramente.

Em agosto de 2004, o ministro Ayres Britto concedeu uma liminar em ação direta de inconstitucionalidade para suspender uma rodada de licitações de poços de petróleo da Agência Nacional do Petróleo. A lei que regula as ADIS reza que medidas cautelares só podem ser concedidas monocraticamente no recesso. Fora desse período, devem ter maioria absoluta dos membros do tribunal. Não era o caso, o recesso de julho acabara. O ministro argumentava que, por lei, fosse do concessionário a propriedade do petróleo e do gás natural após a extração. Com isso, inviabilizava a licitação. A Presidência da República impetrou um mandado de segurança contra a decisão de Ayres Britto, o que significava que um ministro deveria cassar a decisão proferida por outro integrante da Corte. Um procedimento excepcional. O governo argumentava que só assim poderia impugnar a decisão de Britto, que teria cometido uma ilegalidade.

Ao receber o processo, o presidente do STF à época, Nelson Jobim, deveria ter imediatamente sorteado algum colega para relatar o caso e decidir a questão. Mas Jobim foi além. Primeiro decidiu — e o advogado da União, Álvaro Ribeiro Costa, estava em seu apartamento quando a solução foi gestada: Jobim derrubou a liminar de Ayres Britto, como queria o governo, lembrando que a lei que dava sustentação para as licitações de campos de petróleo estava em vigor havia sete anos; que poços haviam sido vendidos com base nessa legislação; que a manutenção da liminar impedia a venda das áreas, e, por fim, que Britto de fato não poderia ter concedido a liminar monocraticamente. Só depois Jobim sorteou o relator do processo, naquele caso mera formalidade, pois sua decisão já esgotava a questão.

Seis anos depois, o Supremo passaria a entender que não seriam mais cabíveis mandados de segurança contra decisões individuais. Mesmo para os padrões de beligerância daquela Corte, caso os ministros cassassem liminares dos colegas, o conflito seria demasiadamente acirrado. Aos poucos, em decisões singulares, num pacto tácito, os ministros passaram a rejeitar mandados que questionavam decisões dos colegas. Em outubro de 2010, o plenário, ao julgar uma série de ações relatadas por Gilmar Mendes, consolidou o entendimento que se tornaria uma jurisprudência (em benefício da própria instituição) de adesão total: "Não cabe mandado de segurança contra ato jurisdicional proferido por ministro do STF".

Essa decisão desenhou a instituição de forma a blindar a ação individual de seus integrantes. Cada ministro no seu galho. Do qual é soberano, não se submetendo ao controle de seus pares. Foi o que fez Luiz Fux com o processo que determinou o pagamento de auxílio-moradia para todos os juízes do Brasil, como se viu, inclusive para quem morava em casa própria. O ministro concedeu a liminar em 2011 e nunca a submeteu ao plenário, mesmo diante dos apelos dos colegas. Sabia que perderia. O governo chegou a impetrar um mandado de segurança contra essa decisão para poupar a União da despesa milionária, assim como agira contra a liminar de Ayres Britto. Mas a ministra Rosa Weber aplicou o entendimento de que não seria cabível demolir a liminar do colega por essa via. Assim, o pagamento do auxílio perdurou até que o governo Michel Temer reajustasse os salários dos magistrados. Em troca, o Supremo restringiria o pagamento do benefício.

Mais tarde, em 2014, esse mesmo entendimento desencorajou alguns ministros a se rebelar contra a obstrução feita por Mendes no julgamento da inconstitucionalidade do financiamento empresarial de campanha. Com maioria já formada contra a doação de recursos para campanhas eleitorais, Mendes pediu vista e trancou o processo em seu gabinete por um ano e cinco meses. Em conversa reservada, alguns ministros cogitaram sugerir à Ordem dos Advogados do Brasil, autora da ação, que impetrasse um mandado de segurança contra o colega, forçando-o a devolver o processo.

O poder individual de seus integrantes estrangula a legitimidade do tribunal. E a falta de controle interno do processo decisório aprofunda a percepção do público de que no Supremo cada um faz sua política como bem entende, baseando-se em interpretações próprias do que são as leis e a Constituição. E essa percepção é compartilhada por políticos que chegaram ao poder com a eleição de Jair Bolsonaro — o próprio presidente, durante a campanha, falou em ampliar o número de integrantes para que houvesse "isentos" na Corte.

Por outro lado, a falta de critérios claros para o processo decisório aumenta a sensação de que o Supremo é uma loteria. E casos criminais são um laboratório para a proliferação de decisionismos. Depois que o STF determinou que a pena imposta a um criminoso começa a ser cumprida após a condenação em segunda instância, alguns ministros — inconformados — continuaram a conceder liminares para que essas pessoas aguardassem em liberdade. Dias Toffoli, de ofício, garantiu liberdade a José Dirceu.

O mesmo Toffoli, também de forma excepcional, deferiu uma liminar em habeas corpus contra uma decisão de Edson Fachin. Decidiu que o ex-deputado Paulo Maluf não deveria permanecer preso em regime fechado, garantindo a ele o benefício da prisão domiciliar. Essa decisão ressuscitou a discussão jurídica sobre a possibilidade de um ministro, por meio de um habeas corpus, questionar a liminar de outro ou o julgamento de uma turma. Assim como determinou que não cabia mandado de segurança contra a decisão proferida por um ministro individualmente, o Supremo tinha jurisprudência pacificada no caso de habeas corpus. E, neste caso específico, Fachin se movimentou para evitar que o tribunal mudasse sua posição.

A liminar concedida por Toffoli contra a decisão de Fachin seria submetida ao plenário. E, com ela, o debate de fundo seria travado. Pode um ministro controlar as decisões dos colegas via habeas corpus? E que posição sobre o destino de Maluf prevaleceria? O que estava em jogo, entretanto, era a autoridade de Fachin como relator das ações decorrentes da Operação Lava Jato. Se o Supremo passasse a compreender que cabe HC contra decisão individual de integrante da Corte, toda decisão de Fachin poderia ser contestada. Sabendo dos riscos que corria, o ministro reformou sua própria posição e concordou com a prisão domiciliar de Maluf. Com isso, evitou uma derrota. A Lava Jato, por sinal, fez Fachin impor um permanente jogo de xadrez no tribunal. E uma das razões para isso é herança do julgamento do mensalão.

Para que o tribunal não corresse o risco de ser dragado por um processo criminal — que exigiria dos ministros dezenas de sessões de plenárias ao longo de anos —, promoveu-se uma mudança regimental. Inquéritos e ações penais passariam a ser de competência das duas turmas, com cinco ministros cada uma. Com o quórum menor — e sem a transmissão pela TV Justiça —, os julgamentos seriam mais céleres. Mas a alteração provocou efeitos colaterais: a Primeira Turma era mais severa nos processos criminais que a Segunda, responsável pela Lava Jato. A diferença se fazia mais evidente quando o ministro Dias Toffoli se somava a Gilmar Mendes e Ricardo Lewandowski. Ciente disso, Fachin passou a deslocar processos mais sensíveis — ou seja, aqueles em que previa sua derrota — para o plenário. Assim, ele diluía eventuais resistências a decisões em favor das investigações.

Foi o que ele fez no caso de Lula. Como ex-presidente da República, o habeas corpus impetrado por sua defesa contra sua prisão pela Lava Jato seria submetido à Segunda Turma. Mas Fachin, diante da derrota iminente, jogou o processo para o plenário. Esse deslocamento de competência a critério único e exclusivo do relator — sem que precise justificar o motivo — foi chancelado pelo próprio tribunal em julgamento plenário. Os ministros já podiam regular o tempo dos processos, liberando-os para pauta quando quisessem, pedindo vista e mantendo-os longe do plenário por quanto tempo entendessem conveniente; ignorar súmulas se julgassem necessário, flanando pela jurisprudência vacilante do tribunal em alguns temas, ignorando regras de processo; e, agora, podiam escolher quais colegas julgariam casos de sua relatoria. O Supremo potencializou os meios em detrimento dos fins.

Lewandowski e Gilmar Mendes ilustram esse desequilíbrio interno do tribunal, cuja feição varia conforme as circunstâncias. Mendes integrou o governo Fernando Henrique Cardoso e notabilizou-se por críticas ao governo Dilma Rousseff. Lewandowski foi indicado ao Supremo por Lula e manteve com Dilma e seu governo uma relação próxima que lhe garantiu a confiança da presidente da República. Em 2015, os dois trocaram chumbo e insinuaram que as opções políticas de cada um conformavam os votos de um e de outro.

Em maio, o Supremo julgava a ação movida pelo PSB contra as mudanças promovidas pelo governo Dilma nas regras do Fundo de Financiamento Estudantil (Fies), inclusive para alunos que já faziam parte do programa. Gilmar Mendes afirmava que o governo havia aumentado os recursos destinados ao financiamento de 5 bilhões de reais (2013) para 12 bilhões de reais (2014), ano eleitoral. Vencidas as eleições, o governo agora mudava as regras sob o argumento de que não teria mais orçamento, prejudicando assim os alunos que firmaram contratos. "Isto tem nome", disse Gilmar Mendes, interrompido por Lewandowski, que presidia o tribunal e comandava a sessão plenária: "Essa é uma constatação de natureza política que vossa excelência está fazendo". "Não, não, não, não, não", insistiu Gilmar Mendes. "Não, claro. É uma crítica de natureza política que vossa excelência está fazendo que data vênia não tem nada a ver com o que nós estamos discutindo. Aqui é uma questão jurídica", insistiu Lewandowski. "Vossa excelência gosta de trazer questões políticas para o plenário", continuou. "Vossa excelência não vai censurar meu voto", enfatizou Gilmar Mendes. E a Corte, ao final, concordou com a ação e derrubou as regras estabelecidas por Dilma logo após as eleições.

Em outro julgamento, em que se discutia a situação de presos mantidos em regime prisional fechado por falta de vagas nos estabelecimentos destinados a presos dos regimes semiaberto ou aberto, Lewandowski e Mendes mais uma vez se atracaram. No fundo, os dois nutriam críticas um ao outro pela condução do Conselho Nacional de Justiça e a política da instituição para o sistema carcerário. Mas o debate descambou para acusações políticas. "Eu não sou de São Bernardo e não faço fraude eleitoral", disparou Gilmar Mendes numa alusão ao PT e ao governo Dilma, acusado de estelionato eleitoral. "Eu não sou de Mato Grosso. [...] Vossa excelência está fazendo ilações incompatíveis com a seriedade do Supremo Tribunal Federal", retrucou Lewandowski. "Vossa excelência está introduzindo um componente político na sua fala. Isso é evidente", seguiu.

Os dois, portanto, revelaram em plenário a larga distância que os separava. Entretanto, o tempo passou, a Lava Jato atingiu tanto PT quanto PSDB, PMDB e DEM. Agora ambos tinham uma agenda em comum. E Gilmar Mendes, instigado por sua mulher, convidou

Lewandowski e Yara, mulher dele, para ir à sua casa. Os dois se fecharam num dos aposentos e conversaram. Firmaram uma espécie de pacto de não agressão, uma aliança tácita, algo que, dez anos antes, quando Lewandowski foi empossado, era inimaginável.

Em sentido oposto caminhou a ministra Cármen Lúcia. Mas não de modo explícito. Seus assessores mais antigos sabiam do respeito que ela sempre teve por Celso de Mello. E ela não escondia: "Você é uma das três pessoas a quem respeito e admiro ainda mais agora que há anos atrás, claro, independente do meu bem querer que lhe tenho e que aumentou com a convivência. Você é um modelo para mim…", conforme uma carta que a ministra escreveu a ele.

Os assessores também sabiam da regra de não agressão no relacionamento com Marco Aurélio e Gilmar Mendes. "Ela nunca vai brigar com eles", explicava um deles. Por isso, Cármen Lúcia sempre manteve boas relações com ambos. Com Mendes a relação era mais próxima, o que lhe garantia certa imunidade nas críticas que o colega reverberava na imprensa — fosse abertamente, fosse sob a proteção do off, disparando contra os colegas. Essa política de boa vizinhança repercutia no plenário. Os dois nunca batiam de frente, mesmo quando votavam em sentido oposto — o que acontece amiúde, sobretudo em matéria penal.

Entretanto, ao longo de sua presidência, a ministra implodiu as últimas pontes que lhe restavam. Para um de seus aliados, ela teria se afastado de todos. Para outro, teria perdido por completo o comando da Casa. Os colegas atribuíam seu isolamento a seu comportamento dúbio: sabiam dos riscos de firmar compromissos com ela e depois serem deixados ao deus-dará. Também reconheciam nela um temperamento afeito a teorias da conspiração e intrigas.

Ayres Britto costumava reclamar dessa sinuosidade. Em seu mandato como presidente do STF, agastava-se quando a colega se ausentava do plenário e o deixava sem quórum para julgar questões constitucionais. E plenário vazio significa gestão esvaziada, pois o tribunal fica impossibilitado de julgar processos relevantes, acumula casos na fila, as estatísticas de produtividade desabam e a cobrança da sociedade recai sobre quem comanda os trabalhos da Corte. Numa das sessões, Britto pautou o julgamento dos últimos recursos do ex-deputado Natan Donadon contra sua condenação no Supremo pelos crimes de peculato e formação de quadrilha. Se julgados os embargos de declaração, Donadon seria o primeiro deputado, desde a ditadura militar, a ser preso por condenação do STF. Cármen Lúcia era a relatora do processo. Minutos antes das sessões, ela pedia reservadamente a Britto que adiasse o julgamento — e isso ocorreu repetidas vezes. Até que ele se recusou a assumir o ônus: se a relatora queria adiar o julgamento, que dissesse isso no plenário, diante da TV Justiça. Britto fez questão de deixar claro que era ela, e não ele, o responsável por tantos adiamentos. No fim das contas, Donadon só foi preso três anos depois da condenação.

Lewandowski foi outro que se decepcionou com a amiga. Quando assumiu a presidência da Casa, Cármen Lúcia determinou que o Tribunal de Contas da União analisasse as licitações promovidas pelo antecessor para as obras de construção da sede. Assim como outros ministros, ela desconfiava da honestidade de um dos principais assessores de Lewandowski. Que evidentemente não se sentiu confortável com as suspeitas em relação à sua gestão. Lewandowski não apanhou calado: usava de seus contatos com a imprensa para responder às investidas da colega. Era chumbo trocado, na descrição de um dos assessores dela.

Durante a presidência de Lewandowski, Cármen Lúcia reclamava que ele por vezes saltava seu nome na coleta dos votos durante os julgamentos. No plenário, chamava sua atenção em tom de brincadeira, mas depois, quando voltava para seu gabinete, destilava suas reclamações privadamente. Para ela, não se tratava de mero descuido: o colega agia assim de caso pensado. Numa dessas vezes, pego no contrapé, Lewandowski tentou justificar o erro: disse que a ministra era tão discreta que às vezes ele nem percebia sua presença.

Outros ministros também passaram a manter certa distância de Cármen Lúcia. Barroso sabia de suas ácidas críticas a ele junto aos assessores. Celso de Mello sentiu-se ludibriado quando buscou uma saída acordada para o tema execução provisória da pena. Comportamento que atingiu colateralmente Marco Aurélio Mello, que relatava o tema e foi impedido de julgá-lo pela "pauta imperial" da presidente, como ele costumava dizer. Fachin sentiu, logo quando assumiu a relatoria da Lava Jato, a indisposição da ministra em ajudá-lo. Gilmar Mendes era um capítulo à parte.

"O Gilmar, se eu precisar, briga por mim", explicava Cármen Lúcia aos assessores que a instigavam a confrontar o colega. Ela sempre se mantinha entrincheirada quando a possibilidade de conflito se abria. Preferia garantir boas relações e explicou a razão: Mendes era combativo, bem articulado politicamente, tinha acesso à imprensa, não se ressentia de ir contra a opinião pública para defender ideias ou pessoas. Em suma: era um aliado estupendo, mas poderia ser um adversário impiedoso. Apesar de seus esforços, a relação entre ambos se deteriorou, mas mesmo assim Mendes não fomentou as críticas públicas a ela. Também por um motivo institucional: "Quem está na bancada a gente esculhamba, mas fragilizar o presidente é enfraquecer a instituição", ele dizia.

O vínculo entre Mendes e Cármen Lúcia se deteriorou na crise que combaliu o governo Michel Temer. O ministro, perplexo, disse ter percebido claramente que Cármen Lúcia se via como uma alternativa para uma eventual deposição do presidente. Naquele momento, vinha à tona o escândalo da empresa JBS, com a gravação feita por Joesley Batista do encontro reservado com o presidente no Palácio do Jaburu no dia 7 de março de 2017. "Não quero acreditar que a mosca azul picou a Cármen", ele dizia. "Ela não percebe que não há [essa] alternativa?!", perguntava retoricamente. A única opção, dizia, era Temer fazer uma transição e entregar a faixa presidencial para um sucessor, qualquer que fosse. Fora disso, a crise poderia se agravar.

Cármen Lúcia manteve com o governo uma relação ambígua. No início, durante a crise de 2017, marcava reuniões com Temer em sua casa para discutir assuntos afeitos à segurança pública, ao sistema carcerário. Depois passou a evitá-lo, assim como fez com Dilma, de quem pessoalmente dizia gostar — nos momentos de turbulência, porém, forjava sumiços para não atender os telefonemas do Planalto. Quanto a Aécio Neves, em conversa com os colegas ela se referia a ele como um político moderno e arejado, mas depois que a Lava Jato o atingiu de frente ela se distanciou por completo.

Da distância que passou a manter de Temer, ela passou à rejeição. Não aceitava nenhum convite da Presidência, nem participava de cerimônias ou eventos em que ele pudesse estar. No enterro de Teori Zavascki, ela se esquivou. Só se deixou fotografar com os familiares do falecido. Não queria ser vista ao lado do presidente ou de outros ministros, incluindo os do Supremo.

Algumas decisões da presidente do Supremo acabaram por aprofundar a crise do governo. A primeira foi suspender a nomeação de Cristiane Brasil para o Ministério do Trabalho, assinada por Temer. A deputada, filha de Roberto Jefferson, condenado no julgamento do mensalão, enfrentava processos na Justiça trabalhista. O juiz Leonardo da Costa Couceiro, da 4ª Vara Federal Criminal de Niterói, no Rio de Janeiro, suspendeu a indicação, alegando que a escolha do nome ofendia a moralidade pública. O STJ cassou os efeitos dessa decisão. Mas Cármen Lúcia, ao analisar recurso contra o despacho do STJ, mais uma vez suspendeu a posse da deputada no ministério. Com a indefinição do caso, o governo recuou da escolha política e indicou outro nome para o cargo.

Semanas depois dessa liminar, mais um pedido chegou ao Supremo — contra a escolha de Moreira Franco para a Secretaria-Geral da Presidência da República (com status de ministro). Investigado na Lava Jato, Moreira Franco manteria o foro especial com aquela nomeação. O PSOL alegava que a indicação tinha exatamente este objetivo: evitar que as apurações fossem remetidas para a Justiça de primeira instância.

Mesmo argumento que levou o ministro Gilmar Mendes a barrar a posse de Lula na Casa Civil do governo Dilma Rousseff. O relator do processo de Moreira Franco, entretanto, era Celso de Mello, e ele adotou uma postura mais deferente. "A prerrogativa de foro não importa em obstrução e, muito menos, em paralisação dos atos de investigação criminal ou de persecução penal", decidiu o decano.

Três casos assemelhados com três liminares individuais diferentes e nenhuma submetida ao plenário. Como Cármen Lúcia não apresentou sua decisão, o governo recuou da indicação. Mendes também não levou o caso Lula ao colegiado. O ex-presidente foi preso, Dilma foi deposta e o caso perdeu sentido. Já Moreira Franco só deixou de ser ministro com o fim do governo Temer e a posse de Jair Bolsonaro. Individualmente, Mendes e Cármen Lúcia limitaram o poder do presidente da República. E o colegiado nada pôde fazer diante disso.

Outra decisão de Cármen Lúcia que reverberou no governo Temer foi a suspensão do indulto natalino, decreto assinado pelo presidente em dezembro de 2017 e que foi contestado pela procuradora-geral da República, Raquel Dodge. A PGR alegava que as novas regras deixariam impunes crimes de corrupção investigados pela Lava Jato. Foi a senha para Cármen Lúcia suspender liminarmente um ato da competência exclusiva do presidente da

República. "Indulto não é prêmio ao criminoso nem tolerância ao crime. Nem pode ser ato de benemerência ou complacência com o delito", ela escreveu na sua decisão. O tema foi depois levado a plenário, sob relatoria do ministro Luís Roberto Barroso. A maioria entendeu que o presidente da República se valeu da competência que lhe é garantida pela Constituição para estabelecer as regras de indulto. E que não cabia ao Supremo formular requisitos objetivos para indultar presos.

Num dos últimos dias de seu mandato, Cármen Lúcia telefonou para Gilmar Mendes pela manhã. Queria saber se ele estava no tribunal e se poderia passar em seu gabinete. O colega estava fora, mais precisamente na sua sala no terceiro andar do Instituto Brasiliense de Direito Público — instituição da qual é sócio. Avisou que, uma vez no edifício, ele a procuraria em seu gabinete. Quando chegou, já no horário da sessão plenária, combinou com Cármen Lúcia que, ao final do julgamento, iria ao gabinete dela. Os dois subiram juntos. Ela queria mostrar um material — um dossiê que teria recebido contra ele —, que havia guardado e agora queria que ele visse. No gabinete, Cármen Lúcia remexeu a papelada em sua mesa, procurando o tal documento, em vão. "Aquilo foi me irritando e eu percebi o que ela queria", recordou Gilmar Mendes. Na sua percepção, Cármen Lúcia queria lhe dizer que o havia protegido de dossiês como o que tinha no gabinete, mas que ele não se dignara a lhe dar o mesmo tratamento. "Tivemos uma DR [discussão de relação]", ele contou.

Ainda que não falasse da gestão da ministra pelas costas, Mendes censurava algumas de suas atitudes. Sobretudo o que ela fez com Temer. "Ele é nosso amigo, Cármen", disse Mendes. E começou a listar as atitudes dela com as quais não concordava, incluindo as duas liminares que ela havia concedido, e o que chamou de "conluio", firmado na condução da Lava Jato, com Rodrigo Janot e com a opinião pública. Ela defendeu suas decisões, a homologação às pressas das delações da Lava Jato, a condução da operação, mas perdeu — ao menos temporariamente — o apoio daquele que poderia brigar por ela. Cármen Lúcia terminou sua presidência corroborando a máxima expressa por Lewandowski: no Supremo, é cada um por si. Apesar do dissabor da discussão às vésperas de deixar a Presidência, a ministra não conheceu Gilmar Mendes como inimigo.

Quando Barroso foi indicado para o Supremo, um auxiliar do governo lhe disse: "Você vai ser o contraponto ao Gilmar lá dentro". O futuro ministro rechaçou a ideia, não queria assumir essa missão. Mas ouviu como resposta: "Vai ter que ser". Havia muito o entourage dos governos Lula e Dilma buscava nomes para fazer frente à personalidade e à capacidade de articulação interna e externa que Mendes desenvolvera. José Dirceu, às vésperas do julgamento do mensalão, no apartamento de seu irmão, em São Paulo, lembrava os tempos de governo Lula e dizia que haviam cometido um erro em não terem nomeado para o Supremo alguém como Mendes, um Gilmar Mendes do PT.

Por um tempo, Lewandowski ensaiou desempenhar esse papel — e foi o que fez durante o julgamento do mensalão. Ele confidenciava que seu passado de esquerda não lhe permitia assistir passivamente a um movimento, no entendimento dele, destinado a solapar o Partido dos Trabalhadores. Tanto que agiu como contraponto. No julgamento, suas posições não prevaleceram em muitos casos, sobretudo em relação aos dois principais nomes do PT envolvidos nos crimes — José Dirceu e José Genoino. Mas alguns de seus votos evitaram que o tribunal condenasse figuras menores, como se fossem cabeças do esquema. Caso de Geiza Dias, funcionária de Marcos Valério, o operador do mensalão, investigada por operar os saques de dinheiro a mando do chefe. O relator, Joaquim Barbosa, a condenava por crimes de lavagem de dinheiro, formação de quadrilha e evasão de divisas. Como revisor, Lewandowski puxou a divergência e ela acabou absolvida. Mas faltava a Lewandowski a capacidade de articulação e a disposição para o confronto, que em Mendes sobravam.

Barroso não nutria uma objeção natural contra Gilmar Mendes. Três anos antes de ser indicado, dizia que o ministro era "um exemplo de juiz que, em mais de uma ocasião, e eu acho que corajosamente, desagradou o clamor popular fazendo aquilo que ele achava que era certo. Eu nem sempre concordo com as posições dele. Tenho até uma ou outra queixa [risos]. Mas admiro a independência com que ele exerce o seu ofício". Como advogado de algumas das causas mais importantes que o Supremo julgou nos últimos anos, nem sempre teve o voto de Mendes. Mas os dois mantinham uma relação cordial.

Entretanto, a convivência no Supremo os levou para lados opostos. Barroso e Gilmar Mendes são peças de um mesmo STF ativista e incontido, mas eles têm visões de mundo diferentes, relações distintas com a política, entendem a função do tribunal de forma própria e na Lava Jato se digladiaram. Em matéria econômica e de costumes, os dois se aproximam. Mas se tem política no meio, eles se repelem.

No Supremo de hoje, Mendes mantém com integrantes dos demais Poderes relações que nenhum outro ministro se atreveu a ter, do PT ao PSDB, do MDB ao DEM. Tornou-se parte dele, uma península do Judiciário na política. E como parte dele conhece seus vícios e defeitos, mas não acredita que os problemas devam ser corrigidos pela via judicial — seja em matéria eleitoral, seja em matéria criminal. Advogou contra o fim do financiamento privado de campanha e contra a cassação de mandato por infidelidade partidária, acreditando que a troca de uma peça no sistema poderia comprometê-lo. E só a política saberia equacionar a crise de representatividade. O Judiciário pouco teria a fazer sobre isso.

Já Barroso é outra história. Em artigo publicado na *Revista Interdisciplinar de Direito* em 2018, ele atribuía às supremas cortes e cortes constitucionais três grandes papéis: "contramajoritário, quando invalidam atos dos Poderes eleitos; representativo, quando atendem demandas sociais não satisfeitas pelas instâncias políticas; e iluminista, quando promovem avanços civilizatórios independentemente das maiorias políticas circunstanciais".

Em 28 de agosto de 2015, no auditório da Fundação Getulio Vargas, em São Paulo, a portas fechadas, Barroso havia submetido essa tese a um grupo de professores de direito constitucional. As cadeiras foram dispostas nos mesmos moldes da bancada do Supremo, com Barroso sentado onde seria a cadeira do presidente, ladeado por Oscar Vilhena, diretor da Escola de Direito da FGV-SP. As críticas não foram poucas. Quer dizer que a Corte se tornaria uma reunião de iluminados que discutiriam as teses antes do Congresso? Quem definiria os limites a essa nova função num tribunal já tão sem limites? E quando o Supremo poderia ser contramajoritário, quando poderia ser representativo e quando seria vanguarda? Barroso não estaria, como integrante do Judiciário, se apropriando indevidamente da racionalidade? O ministro ouvia as críticas, dizia ter feito apenas uma descrição de algo que ele considerava um fenômeno a ser visualizado. "Não há risco de despotismo esclarecido. Não há risco de uma ditadura judicial", ele dizia.

No Supremo, as críticas foram ainda mais duras. Gilmar Mendes questionava Barroso por propor soluções simples para questões difíceis. "Para todo problema complexo existe uma solução simples e errada", costumava repetir Mendes. Barroso, por sua vez, sentia-se isolado por martelar soluções fáceis — e, para ele, óbvias — para entraves aparentemente insuperáveis. "Eu não sigo as *guidelines*", ele dizia, para ressaltar sua independência. Era preciso ser criativo, arrojado, para "empurrar a história". Na visão de Barroso, a convivência de Mendes com os próceres da velha forma de fazer política o levava a protegê-los. Mendes retrucava, argumentando que o processo criminal não era saneador da prática política. E a Lava Jato, na sua visão, estaria criminalizando a atividade política, abrindo espaço para populistas e aventureiros.

As críticas de Gilmar Mendes a Barroso se avolumavam. Uma das primeiras bombardeou a decisão do colega de anular a votação da Câmara que permitiu que o deputado Natan Donadon, condenado a prisão domiciliar, continuasse exercendo o mandato como se nada houvera. Para Barroso, parlamentares como Donadon, condenados a cumprir pena por tempo maior que o restante do mandato, deveriam deixar o cargo automaticamente. Não era o caso de a Câmara submeter a questão a votação em plenário. Donadon ficaria preso, em regime fechado, por no mínimo 26 meses; faltavam apenas dezessete meses para o fim de seu mandato. A saída engendrada por Barroso foi alvejada por Mendes. "A gente vai criar sabe o quê? Um tipo de mandato salame, né? Eu fatio aqui o mandato, ora bolas", disse. Não que defendesse a possibilidade de parlamentar preso continuar a exercer o mandato. Ao contrário. "Eu já tinha falado que o deputado preso é uma *contradictio in terminis* [contradição em termos]. E não é só o deputado preso no regime fechado. Porque em regime semiaberto ele também está preso", ele explicava. O que merecia sua crítica, ele argumentava, era a decisão aparentemente criativa, mas que prejudicava um sistema já ruim. Eram as "cariocadas", como ele dizia.

Quando o Supremo julgou o fim do financiamento empresarial das campanhas, Mendes levantou suspeitas sobre a atuação de Barroso, e as compartilhou com a imprensa. Ele lembrava que em 2010 o colega, quando advogado, fora designado relator de um seminário promovido pela Ordem dos Advogados do Brasil, durante o qual ele defendeu — e a tese foi aprovada depois no âmbito da OAB — o financiamento exclusivamente público de campanhas eleitorais. O então presidente da Ordem, Ophir Cavalcante Junior, decidiu ajuizar uma ação direta de inconstitucionalidade contra o financiamento empresarial das campanhas, nomeando Eduardo Mendonça para elaborar o parecer. A ação julgada no Supremo foi essa, proposta pela OAB, com participação indireta de Barroso e cujo parecer foi elaborado por Eduardo Mendonça, que viria a ser seu assessor no STF. Ou seja, para Gilmar Mendes, Barroso cobrou o escanteio e correu para a área para cabecear.

Depois veio a decisão do plenário do Supremo, em outubro de 2016, de julgar inconstitucional uma lei do Ceará que regulamentava a vaquejada, já comentada. Entendeu o tribunal que a prática configurava maus-tratos aos animais, o que é vedado pela Constituição Federal. O julgamento foi rapidamente revertido pelo Congresso, que aprovou uma emenda constitucional para proteger a vaquejada e outras práticas desse tipo.

Mas foi a decisão da Primeira Turma do STF sobre o aborto, em novembro de 2016, que serviu de combustível para o que viria a explodir em plenário. Era um processo relatado pelo ministro Marco Aurélio — um habeas corpus contra a prisão preventiva de médicos acusados de viabilizar um aborto voluntário no Rio de Janeiro. O relator entendia, como argumentavam os advogados, que não havia motivos para prisão preventiva, pois os réus eram primários, tinham residência fixa, trabalho e bons antecedentes. Mas Barroso foi além: aproveitou esse caso para passar a tese — com o apoio de Rosa Weber e Edson Fachin — de que a criminalização do aborto antes do primeiro trimestre de gestação violaria diversos direitos fundamentais da mulher, como a autonomia, o direito à integridade física e psíquica, os direitos sexuais e reprodutivos, a igualdade de gênero.

Os atritos entre os ministros foram se multiplicando e se intensificando até que, em outubro de 2017, as divergências evoluíram para os ataques pessoais. O tribunal julgava uma ação que questionava a constitucionalidade de uma emenda que extinguiu o Tribunal de Contas dos Municípios do Ceará. Gilmar Mendes, com a palavra, percorria vários assuntos que, segundo ele, eram pertinentes ao tema em julgamento. Mas os ministros pareciam discordar e aproveitavam a peroração para examinar outros processos. Somente Celso de Mello e Luiz Fux prestavam atenção. Fachin estava ao computador, assim como Cármen Lúcia e Lewandowski. Marco Aurélio fazia anotações. Barroso cuidava de redigir o voto de outro processo. Até que Mendes, no meio de seu discurso, mencionou o caso dos depósitos judiciais e, sem citar nomes, ironizou a declaração de Barroso de que o Rio de Janeiro serviria de exemplo de criatividade para a administração pública, justo quando o estado passava por sua maior crise, com a prisão do ex-governador Sérgio Cabral e do deputado fluminense e ex-presidente da Câmara Eduardo Cunha. "Não sei para que hoje o Rio é modelo, mas à época [no julgamento sobre precatórios] se disse que devíamos seguir o modelo do Rio de Janeiro […]. Se disse: 'A prova de que falta criatividade ao administrador é o caso do Rio de Janeiro'. Gente, citar o Rio de Janeiro como exemplo…", ele encenava. Barroso abandonou sua concentração, puxou o microfone e disparou o que havia muito já falava em reservado: "Vossa excelência deve achar que é [o] Mato Grosso, onde está todo mundo preso". "E no Rio não estão?", ironizou Mendes. "Aliás, nós prendemos, tem gente que solta", retrucou Barroso, atacando o histórico de Mendes na concessão de habeas corpus.

A partir daí, as comportas se abriram para os ressentimentos do passado. O que cada um pensava do outro seria dito em alto e bom som. "Vossa excelência, quando chegou aqui, soltou Zé Dirceu", disse Mendes, dando saltos quânticos nos fatos. "Porque [ele] recebeu indulto da presidente da República", reagiu Barroso. Ambos estavam relativamente fiéis aos fatos.

Em 2013, ao chegar ao tribunal, Barroso participou do julgamento que garantiu a José Dirceu e a outros réus do mensalão um novo recurso contra a condenação. Nesse novo recurso, por seis votos a cinco, Dirceu foi absolvido da acusação do crime de formação de quadrilha. Sua pena foi reduzida de dez anos e dez meses para sete anos e onze meses. No final de 2015, a então presidente Dilma Rousseff concedeu o indulto para quem houvesse cumprido um quarto de sua pena e, na data do decreto, tivesse menos de oito anos para cumprir de condenação. Dirceu só se enquadrou nesse critério porque Barroso e mais cinco ministros o absolveram do crime de quadrilha. Daí Mendes ter atribuído a Barroso a responsabilidade pelo perdão de Dirceu.

"Vossa excelência devia ouvir a última música do Chico Buarque: 'a raiva é filha do medo e mãe da covardia'. Vossa excelência fica destilando ódio o tempo inteiro. Não julga, não fala coisas racionais, articuladas, sempre fala coisa contra alguém, está sempre com ódio de alguém, com raiva de alguém. Use um argumento", avançou Barroso, num arroubo que não era de seu temperamento. E prosseguiu: "Não transfira para mim esta parceria que vossa excelência tem com a leniência em relação à criminalidade do colarinho branco".

Cármen Lúcia, que presidia a sessão, recebia pelo sistema interno inúmeras mensagens. Seus assessores insistiam para que ela interrompesse o debate, suspendesse a sessão, o que fosse necessário. Por mais que a presidente não estivesse participando do bate-boca, qualquer crise em plenário respingaria em sua imagem. E o público externo — e o interno também — poderia atribuir a ela parcela de responsabilidade por deixar a situação chegar àquele nível. São os ônus da presidência. Bem que ela tentou fazer alguma coisa, mas sua atuação durou minguados minutos. Era impossível conter os colegas.

"Quanto ao meu compromisso com o crime de colarinho branco, eu tenho compromisso com os direitos fundamentais. Fui presidente do STF, que inicialmente liderou o mutirão carcerário. São 22 mil presos libertados, e era gente que não tinha sequer advogado. Não sou advogado de bandidos internacionais", retomou a discussão Mendes, referindo-se diretamente a Barroso, que advogou para o ex-ativista italiano Cesare Battisti, condenado à prisão perpétua na Itália por quatro homicídios. "Vossa excelência vai mudando a jurisprudência de acordo com o réu. Isso não é estado de direito. É estado de compadrio. Juiz não pode ter correligionário", Mendes continuava acusar Barroso, subindo o tom e dando o golpe final no embate.

Foi a primeira parte. Viria mais. Mendes não abandona brigas. Ele foi forjado no conflito. Ayres Britto dizia, sobre o colega, que ele cresce no conflito. "Ele precisa de inimigos para crescer", dizia outro ministro. No gabinete, depois de uma sessão tensa, um dos assessores mais antigos de Gilmar Mendes ironizava as altercações entre os outros ministros. "Quem diria. O senhor era hoje o mais calmo no plenário", e arrancava risadas do chefe.

A natureza de Barroso era outra. Ele tentava evitar os conflitos diretos. Negociava com aqueles de sua confiança. Seus atritos, quando havia, restringiam-se aos processos e aos julgamentos. Mas colhia alguma antipatia no plenário por suas constantes intervenções. Alguns ministros diziam não aguentar mais ouvir a voz dele.

No dia 21 de março de 2018, havia uma guerra no tribunal em torno do julgamento das ações que poderiam levar à revisão da jurisprudência sobre execução da pena após condenação em segunda instância. Um grupo, do qual participava Gilmar Mendes, pressionava a ministra Cármen Lúcia a colocar o assunto em pauta, interessado em reverter o entendimento da Corte; outro grupo — ao qual Barroso pertencia — buscava fórmulas para evitar um cavalo de pau que tiraria da Lava Jato um instrumento de coerção e permitiria que Lula, às vésperas da eleição, deixasse o cárcere. Foi nesse clima que o Supremo iniciou a sessão. Cármen Lúcia anunciou para o dia seguinte o julgamento do habeas corpus do ex-presidente Lula, mas recusava-se a pautar o processo mais abrangente relatado pelo ministro Marco Aurélio. A escolha do caso fazia toda a diferença. Vencida essa etapa, os ministros passaram a julgar uma ação de inconstitucionalidade contra uma lei aprovada pelo Congresso que alterava regras para contabilização de doações eleitorais. Mas, novamente, Gilmar Mendes não se apegaria ao tema. Usaria o voto para questionar o poder de pauta de Cármen Lúcia; atacar Fux por ter retirado outro caso de pauta, o pagamento de auxílio-moradia para juízes; criticar os julgamentos que proibiram a doação empresarial para candidatos; e, de novo, contestar Barroso pela decisão na Primeira Turma que avançava na descriminalização do aborto.

"É preciso que a gente denuncie isso! Que a gente anteveja esse tipo de manobra. Porque não se pode fazer isso com o Supremo Tribunal Federal. 'Ah, agora, eu vou dar uma de esperto e vou conseguir a decisão do aborto, de preferência na turma com três ministros. E aí a gente faz um 2 a 1'", disse Mendes, enfático. O plenário lotado. Estudantes de direito de três faculdades — uma do Distrito Federal, uma do interior de Goiás e uma do Rio de Janeiro — acompanhavam a sessão e alguns pareciam vibrar com o embate que estava por vir: um momento de realismo supremo.

Barroso baixou a tela do laptop, puxou o microfone e desabafou. "Me deixa de fora desse seu mau sentimento. Você é uma pessoa horrível. Uma mistura do mal com o atraso e pitadas de psicopatia", disse o ministro. Lewandowski, com o olhar perdido, girou a cabeça, recuou a cadeira e passou a acompanhar a discussão como se estivesse num jogo de tênis.

"É um absurdo vossa excelência [vir] aqui fazer um comício cheio de ofensas, grosserias. Vossa excelência não consegue articular um argumento, fica procurando, já ofendeu a presidente, já ofendeu o ministro Fux, agora chegou a mim. A vida para vossa excelência é ofender as pessoas, não tem nenhuma ideia, nenhuma, nenhuma, só ofende as pessoas", desabafou Barroso. E passou a metralhar, acompanhado com o devido cenho fechado da intérprete de libras, que descrevia cada palavra com a mesma ênfase de Barroso. "Qual é a sua proposta? Nenhuma, nenhuma. É bílis, ódio, mau sentimento, mau secreto. É uma coisa horrível. Vossa excelência nos envergonha, é uma desonra para o tribunal, para todos nós. Um temperamento agressivo, grosseiro, rude. É péssimo isso. Vossa excelência sozinho desmoraliza o tribunal. É muito ruim, muito penoso termos que conviver com vossa excelência aqui. Não tem ideia. Não tem patriotismo. Está sempre atrás de algum interesse que não é o da Justiça. [É] uma coisa horrorosa. [...] Um constrangimento, é muito feio isso. Isso é o Supremo Tribunal Federal", descarregou.

No gabinete de Barroso, os assessores comemoravam. As manifestações foram ouvidas pelos vizinhos de cima, os assessores de Mendes, que permaneciam em silêncio. Sabiam que o chefe, numa situação como essa, recuava e deixava o adversário falar. Se revidasse no mesmo tom, a discussão poderia descambar para os xingamentos e palavrões.

De novo, na tela do computador de Cármen Lúcia as mensagens pipocavam. Seus assessores insistiam para ela interromper a sessão. A ministra, naturalmente, sabia o que devia fazer, mas esperou Barroso terminar os ataques para suspender a sessão. Mendes reagiu, deixando o capinha da ministra Cármen

Lúcia sem saber o que fazer — puxava a cadeira para que ela se levantasse ou se afastava e voltava ao seu lugar? Gilmar Mendes ignorou Cármen Lúcia. Queria responder aos ataques. "Eu vou recomendar ao ministro Barroso que feche seu escritório de advocacia", disparou.

Ao ser nomeado para o Supremo, Barroso passou a seus ex-sócios o comando do escritório que levava seu nome — e continuou com seu nome, pois um dos sócios era seu sobrinho. Este passaria a ser o novo mote de Mendes: desvendar as atividades dos advogados e tentar vincular os casos ao agora inimigo. Barroso, sabendo que a guerra não teria fim, chamou os assessores e pediu — conforme relato de uma delas — cuidado redobrado para que não julgassem nenhum cliente de seu ex-escritório.

Iniciava-se então o novo round desta batalha: a disputa de versões. Mendes telefonou a jornalistas, reforçou os ataques e levantou suspeitas — "dizem que" — graves contra o escritório. Barroso assistiu ao *Jornal Nacional* para avaliar a repercussão do caso. No dia seguinte, estava com a sensação de ressaca, como ele próprio descreveu. Dizia estar devastado, envergonhado por ter explodido. Não chegara ao Supremo para isso. Mas, mesmo de ressaca, reclamou do modo como foi retratado pela imprensa. Não queria ser igualado a Mendes, aquilo não era um bate-boca. Era uma reação, uma explosão contra as provocações, ele justificava. "Imagina você ir todo dia trabalhar com um colega grosseiro, que planta notas falsas contra você nos jornais! Fiquei chateado porque a impressão que ficou é a de um episódio de dois brigões, mas, na verdade, a nossa divergência é sobre projetos de país."

Apesar das queixas, ele sabia ter saído vitorioso. Nas redes sociais, ganhava disparado. Seu desabafo estampou frase em camisetas — recebeu uma em sua casa de presente — e virou samba. Versão que ele, poucos meses depois de curada a ressaca, cantou numa noite em Paraty, rodeado por jornalistas de diferentes veículos que se comprometeram em não gravar.

Num restaurante, depois do jantar, jornalistas que só acompanharam a briga pela televisão solicitaram que ele comentasse o caso, o que ele fez sem nenhuma graça. Até que Plínio Fraga, da *Época*, pediu que o músico que tocava ao fundo um saxofone entoasse algo em versão de samba. E sugeriu que o ministro cantasse a canção que havia sido criada, e da qual ele acabou sendo parceiro involuntário. À meia-luz, Barroso cantou — palavra por palavra.

12. Novos tempos

Ali era o melhor ponto de observação de tudo o que se passava sob seus pés. De cima, do alto da montanha. Quando um conflito se armava, ele não precisava descer. Seus concidadãos promoviam uma procissão até o topo, o último andar do prédio espelhado do Supremo Tribunal Federal, em busca de respostas, soluções, aconselhamento.

A última sala, ao final de um corredor lúgubre, sem janelas e pouco frequentado, com paredes marrons como que revestidas por uma fórmica barata, era ocupada pelo decano — o mais antigo ministro da casa e, por uma coincidência natural, também o mais velho.

Celso de Mello era a única liderança reconhecida numa tribo muito bem armada, onde cada membro tem poderes excepcionais, que podem ser exercidos sem muita regra. O isolacionismo dos ministros — cada um com seu tempo, cada um com sua agenda, sem ninguém para coibir eventuais abusos — evidentemente enfraqueceu o conjunto.

Quando nomeado pelo então presidente José Sarney, no dia 30 de junho de 1989, Celso de Mello era um nome mediano, como tantos outros que já integraram a Corte. Sem expressão acadêmica, com uma carreira discreta como promotor de Justiça em São Paulo, assessor do presidente da Assembleia Legislativa de São Paulo e, em Brasília, membro do gabinete civil da Presidência da República e consultor-geral da República por períodos que somaram não mais que oito meses.

Um antigo assessor do tribunal recorda que, quando ele surgiu no STF, ninguém se impressionou. Os mais antigos o tratavam como o novato, o jovem que chegava para compor a Corte, sem nenhum predicativo que o destacasse.

Mas o tempo de Supremo é valioso. Celso de Mello foi pulando de cadeira em cadeira, à medida que os colegas mais antigos iam se aposentando. Comandou o tribunal de 1997 a 1999, mantendo a discrição e cuidando da sua fama de ermitão — comemorou a posse no Supremo jantando no McDonald's, não frequenta eventos sociais, não almoça com políticos, não janta com advogados, não visita o Palácio do Planalto, não dá aulas, não aceita convites para palestras. Sua vida sempre foi o tribunal, as livrarias dos grandes shoppings centers de Brasília e São Paulo e, nas férias, as ruas da sua Tatuí natal, no interior de São Paulo.

Até que o dia 17 de agosto de 2007 lhe reservou a última cadeira do plenário do Supremo, ocupada pelo ministro mais antigo da Casa, e ele passou a encabeçar a fila dos ministros no momento em que entram no plenário, uma das prerrogativas ditadas pela antiguidade. Da sua posição na bancada, tem o conforto de ouvir os argumentos dos colegas antes de votar — só o presidente se manifesta depois dele. Em trinta anos de tribunal, não deixou arestas.

No dia 14 de março de 2018, uma quarta-feira, dois ministros tomaram o elevador privativo e subiram até seu gabinete, já no início da noite. A presidente do tribunal, Cármen Lúcia, havia lhe telefonado minutos antes. "Eu preciso conversar com você", ela dissera. Mello, cordato, colocou-se à disposição: "Ótimo. Eu vou aí". Cármen Lúcia, afinal, era a presidente. "Não, não, não. Eu passo aí", ela respondeu.

Quando as portas do elevador se abriram, Cármen Lúcia e Luiz Fux foram imediatamente conduzidos ao gabinete. O decano os aguardava sorridente, a despeito da gravidade do assunto, anunciada pelo horário do telefonema. Os três sentaram em torno da pequena mesa redonda com tampo de madeira, local onde o ministro costuma receber visitas e jornalistas. Mello escolheu a cadeira próxima ao telefone fixo, ao lado do qual uma pilha de guardanapos é sempre reposta. Alguns são usados para limpar a borra do café viscoso que lhe é servido e que mancha a boca de quem se aventura a experimentá-lo.

Apesar de Cármen Lúcia ter pedido a audiência, foi Mello quem iniciou a conversa. "Cármen, eu tenho a impressão de que amanhã você vai se defrontar com um problema em plenário", ele disse. "Qual?", perguntou Cármen Lúcia, surpresa. "O Marco Aurélio não conversou com você?", disse o ministro. Não, ele ainda não havia procurado a presidente do STF.

Horas antes, terminado o intervalo da sessão de julgamento, Celso de Mello se dirigia para a porta de vidro que separa o plenário da sala de lanches quando viu Marco Aurélio, Alexandre de Moraes, Ricardo Lewandowski e Dias Toffoli conversando numa rodinha. O ministro caminhava lentamente em razão de seu problema no quadril, apoiado em sua bengala; os colegas o detiveram e o avisaram de que no dia seguinte Marco Aurélio iria propor uma questão que mudaria os rumos da Corte e redefiniria a relação entre ministros e presidente.

O caso reuniria todos os dramas institucionais do tribunal, seria devassado pela opinião pública e passaria a ecoar a voz das ruas no coro de combate à corrupção. Foi uma soma das características e vícios que fizeram o Supremo de hoje: os poderes quase discricionários do tribunal sobre sua agenda; o individualismo exacerbado de seus integrantes; a jurisprudência vacilante que pode mudar conforme as circunstâncias; as desconfianças entre os juízes com a consequente fragmentação do colegiado; os indícios de que julgamentos são contaminados pela disputa política; o embate sobre o papel do Supremo no combate à corrupção (se juiz ou xerife); a incapacidade de produzir soluções institucionais para seus problemas; a deferência à opinião pública; o poder que o presidente da Casa tem para colocar ou não um processo em pauta (sem nenhum controle externo ou pelos pares); a judicialização das disputas que deveriam ser travadas na política — e, nesse caso específico, a judicialização do processo eleitoral.

O tribunal escancarou seu nível de fragilidade institucional num fato prosaico — a tentativa frustrada dos ministros de marcar uma reunião para discutir um caso e evitar conflitos internos com repercussões externas graves.

Marco Aurélio era o relator das duas ações que pediam ao Supremo, em maio de 2016, que declarasse ser constitucional o texto do Código de Processo Penal estabelecendo que ninguém no Brasil pode ser preso "senão em flagrante delito ou por ordem escrita e fundamentada da autoridade judiciária competente, em decorrência de sentença condenatória transitada em julgado". As ações foram gestadas pela Ordem dos Advogados do Brasil e pelo Partido Ecológico Nacional. Eram uma reação à decisão que o Supremo tomara dois meses antes, alterando a jurisprudência da Corte ao determinar — a despeito da literalidade do texto da Constituição e do Código de Processo Penal — que pessoas condenadas em segunda instância passassem a cumprir pena antes mesmo de julgados os recursos aos tribunais superiores.

Até fevereiro de 2009, o Supremo entendia que réus em segunda instância poderiam começar a cumprir pena antes que possíveis recursos fossem julgados pelo Superior Tribunal de Justiça e pelo próprio STF. Graças aos argumentos do ministro Cezar Peluso, a Corte passou a julgar que a pena só poderia começar a ser aplicada depois que todos os recursos fossem analisados.

O texto da Constituição era expresso nesse sentido, argumentava Peluso, assessorado por criminalistas ligados a institutos tidos como referência de garantismo penal, como o Instituto Brasileiro de Ciências Criminais (IBCCrim). Se quisessem executar a pena antes do trânsito em julgado, que mudassem a Constituição. E foi o que Peluso tentou fazer quando assumiu a Presidência, em 2010, propondo uma emenda à Carta.

Em suma, Peluso promoveu a mudança de jurisprudência em fevereiro de 2009, e no ano seguinte defendeu que o texto constitucional fosse alterado para permitir a prisão após condenação em segunda instância. Foi o primeiro episódio da gangorra da jurisprudência sobre a execução provisória da pena.

Em 2016, o tribunal voltou atrás e decidiu que a pena, como regra, é executada depois que o réu é condenado em duas instâncias. Como esse julgamento foi apertado — seis votos contra cinco —, a eventual mudança de opinião de um dos juízes viraria novamente o entendimento da Corte. Juízes não mudam de opinião com facilidade, ainda mais em tema tão complexo e tão intensamente debatido no tribunal.

Em 2009, Gilmar Mendes votou, com a maioria, para que a prisão só ocorresse depois do trânsito em julgado da ação; em 2016, mudou de ideia; e, semanas depois desse julgamento, já expunha uma terceira opinião aos jornalistas que cobrem o STF. Para ele, a prisão em segunda instância era possível, mas não obrigatória, como de fato decidiu o Supremo. Ou seja, se mantivesse essa opinião, o tribunal mais uma vez mudaria de posição quando o assunto retornasse a julgamento.

Marco Aurélio liberou as ações sobre execução da pena para julgamento do plenário no dia 5 de dezembro de 2017, faltando seis sessões para o início do recesso e pouco mais de um mês antes do anunciado julgamento da apelação criminal do ex-presidente Lula pelo Tribunal Regional Federal da 4ª Região. Quem defendia a revisão da jurisprudência tinha pressa. Não seria prudente para o tribunal julgar uma tese sob o fantasma de um fato concreto — a prisão de Lula.

Por outro lado, quem defendia a execução antecipada da pena desconfiava que alguns ministros — sobretudo Mendes, Lewandowski e Toffoli — miravam o coração da Lava Jato. A prisão após julgamento em segunda instância mostrou o poder de coerção sobre os investigados. Antes, os alvos das operações de combate à corrupção apostavam na impunidade — essencialmente por algum erro processual cometido pelo Ministério Público ou pelos magistrados — ou, no mínimo, em anos de tramitação pelas quatro instâncias judiciais, incluindo o Supremo. Não colaboravam com a Justiça e obrigavam o MP a se desdobrar atrás de provas. Com a possibilidade de prisão após condenação em segunda instância, políticos e empresários passaram a confessar seus crimes e buscar acordos de delação para aliviar sua situação.

Cármen Lúcia, como senhora da pauta de julgamentos, assumiu a responsabilidade de impedir a virada de jurisprudência e, por consequência, de manter Lula preso e fora das eleições de 2018. O ex-presidente não poderia ser candidato, tampouco atuar livremente como cabo eleitoral. Segundo a ministra, não havia justificativa para recolocar o tema em pauta. Por que julgar um tema já decidido pelo mesmo STF tão pouco tempo antes? Só porque um ministro disse que mudaria de ideia? Se quisessem mudar a jurisprudência, que o fizessem no caso Lula, quando o habeas corpus contra sua prisão chegasse ao STF. Caberia aos ministros, nesse caso, avaliar se estariam dispostos a arcar com essa decisão junto à opinião pública?

A questão de ordem que Marco Aurélio submeteria ao plenário seria um constrangimento para Cármen Lúcia. Nunca um presidente do Supremo teve questionado o seu poder de comandar a pauta. Mas, igualmente, nunca um presidente se negou a colocar um tema em julgamento diante do pedido do relator e de outros colegas. Pela gravidade da questão institucional envolvida, Mello decidiu intervir.

"Marco Aurélio, eu acho que você deveria comunicar antes a Cármen para evitar qualquer... Eu acho que ela precisa saber", disse Celso de Mello ao colega antes de entrarem para a sequência da sessão.

"Eu vou fazer isso", Marco Aurélio respondeu.

Os ministros entraram para a sessão e, ao final, Cármen Lúcia e Marco Aurélio não conversaram. A presidente só soube da questão de ordem pelo decano, quando o visitou em seu gabinete. Se Marco Aurélio não havia procurado a ministra para adiantar o assunto, ainda o faria.

"Certamente ele vai conversar com você. Amanhã ele vai suscitar a seguinte questão: vai insistir na inclusão em pauta das duas ADCS, afinal ele liberou no dia 5 de dezembro do ano passado. E acho que é importante que você aprecie este aspecto. Eu sei que isso pode gerar um constrangimento muito grande. Não apenas pessoal para você, mas institucional. Se você me permitir, eu entraria em contato com o Marco Aurélio e faria a sugestão de que ele adiasse pelo menos essa iniciativa até que nós, reunidos, em sessão informal, pudéssemos discutir essa questão. O que você acha?"

Cármen Lúcia concordou.

Fux elogiou a sugestão.

O decano ficou de procurar Marco Aurélio para acertar os detalhes.

Antes de se despedirem, ainda falando sobre a reunião, Mello combinou um detalhe com Cármen Lúcia: como ela seria a anfitriã do encontro, pois ocorreria no gabinete da Presidência, o convite para os ministros teria de partir dela.

Quando Cármen Lúcia e Fux saíram, Celso de Mello telefonou para Marco Aurélio, como combinado:

"A Cármen esteve comigo agora e comentei com ela que você, amanhã, vai suscitar a questão de ordem. Eu lhe pergunto: você consideraria a possibilidade de adiar essa sua iniciativa para a semana que vem, para que antes tentássemos resolver internamente, domesticamente essa questão numa reunião informal?"

"Estou pronto. Sem problema nenhum. Concordo", disse Marco Aurélio. E acrescentou: "Pode inclusive falar em meu nome".

Mello então telefonou para Cármen Lúcia e disse que estava tudo o.k. A sugestão era de que o encontro ocorresse no dia seguinte, mas a presidente alegou que chegaria atrasada à sessão, pois teria um compromisso em São Paulo. Mello sugeriu sexta, mas a ministra disse que estaria ausente. Então decidiram pré-agendar para terça-feira da semana seguinte, dia 20 de março. O melhor horário seria depois das sessões de turma — que começam por volta de catorze horas — e antes da sessão do Tribunal Superior Eleitoral — que se inicia às dezenove horas.

Celso de Mello avisou Cármen Lúcia do horário e pediu que, na segunda-feira à noite, 19 de março, ela convidasse todos os colegas. Tudo certo. Nunca, na vida, ele havia falado tantas vezes ao telefone em tão pouco tempo, diria a um amigo depois.

No dia seguinte, o decano e Marco Aurélio tiveram a primeira surpresa. Cármen Lúcia havia dito que só voltaria a Brasília às dezessete horas daquela quinta-feira, 15 de março. E que portanto a reunião não poderia ocorrer naquele dia, e que Toffoli comandaria os trabalhos no plenário. Contudo, às catorze horas lá estava ela, pronta para abrir a sessão. Como a reunião estava já marcada para a terça-feira da semana seguinte, restava apenas aguardar.

A tarde avançava. Até a última hora da segunda-feira à noite, dia 19 de março, nenhum dos ministros recebeu convite para a reunião. E todos foram pegos de surpresa quando a ministra decidiu aproveitar uma entrevista à GloboNews para debelar o que considerava, na conversa com assessores, uma pressão indevida dos colegas, inclusive de Celso de Mello.

Na entrevista, Cármen Lúcia disse que a execução da pena em segunda instância era um ganho para o Judiciário e importante para a Lava Jato. E afirmou categoricamente: "Não há nenhuma razão para que a matéria volte agora abstratamente para levar à mudança da jurisprudência. [...] Não cedo a que isto venha a acontecer". Esse foi o segundo sinal da ministra: havia se disposto a ouvir os colegas para uma saída consensual, mas já antecipava para a imprensa que não colocaria o tema em pauta. Então por que aceitara a reunião, perguntavam-se os colegas?

Na terça, dia da reunião, nenhum convite. Foi o terceiro e definitivo sinal. Mello, percebendo que levara um drible da presidente, decidiu revelar as conversas até então reservadas e afirmou aos jornalistas que o aguardavam à porta da sessão de Turma: "Quem deveria fazer o convite para a reunião seria a presidente. Ela, pelo menos até agora, ainda não me convidou, não sei se convidou os demais ministros. O combinado era que ela, que aceitou a sugestão desse encontro informal, faria um convite ontem. Ontem e hoje não houve esse convite".

À hora marcada para a reunião, nada aconteceu. Cada ministro em seu gabinete, nenhum encontro, nenhuma conversa. A colegialidade falhou. Não havia um Supremo. Havia onze supremos. Cármen Lúcia, por meio de sua assessoria, disse não saber que o convite para a reunião no seu gabinete deveria ser feito por ela. O decano largou a mão de Cármen Lúcia (a última ponte que restava à ministra).

À noite, Mello lembrou ter recebido um telefonema de Fux, do seu gabinete no TSE. A presidente estaria muito constrangida, achando que ele, o decano, estaria pensando que ela não cumpriu sua palavra. Mello a receberia para uma conversa?, foi a consulta que Fux lhe fez.

"Fux, é claro que eu a receberia, não apenas porque é uma colega de tribunal, mas porque é a presidente da Corte. E certamente vou recebê-la com tapete vermelho."

Meia hora depois, Cármen Lúcia desceu de seu gabinete no prédio principal do Supremo, caminhou pelo tapete vermelho que leva até à garagem e seguiu para o Anexo II do tribunal, sozinha. Tomou o elevador e subiu à cobertura do prédio para conversar com Mello novamente. E de novo o decano insistiu para que ela julgasse os processos sobre execução antecipada da pena.

"Olha, Cármen, eu acho que você deveria pautar previamente as ADCs, porque isso vai nos permitir julgar uma controvérsia jurídica em tese sem vinculação a uma situação individual, um caso concreto que envolve uma determinada figura política. Vamos julgar em abstrato", Mello fez o apelo, avaliando que o tribunal se politizaria se tivesse de decidir a questão no caso específico de Lula e em ano eleitoral.

Cármen Lúcia se mantinha intransigente. Se não queria julgar as ações declaratórias, disse Mello, que ao menos pautasse o julgamento do habeas corpus impetrado pela defesa de Lula. A presidente também se negava a isso. Não queria fazê-lo por conta própria. Era como se quisesse mostrar à opinião pública que fora forçada a levar o assunto ao plenário. Por isso, insistia que Fachin, como relator do processo, expressasse publicamente seu desejo de julgar o caso. Assim, tão ciosa de sua imagem junto à opinião pública e à imprensa, Cármen Lúcia não poderia depois ser cobrada por eventual decisão favorável a Lula.

Contudo, Fachin havia liberado o processo para julgamento, ou seja, já tinha incluído o caso na lista de pauta do plenário. Fez isso no dia 9 de fevereiro, logo depois de indeferir a liminar pedida pela defesa de Lula. A partir de então, cabia à presidente, mesmo que não quisesse, definir um dia para a sessão. Cármen Lúcia, contudo, se recusava a marcar o julgamento por vontade própria. Para ela, ou Fachin pedia publicamente para pautar o habeas corpus, ou o caso amargaria um fim de fila (mesmo que o regimento determinasse preferência para HCS).

"Cármen, já que você está tão intransigente, por que você não fala com o Fachin e por que não anuncia que o HC vai ser julgado, então? Não custa nada", apelou Mello.

Na manhã do dia seguinte, Cármen Lúcia seguiu o conselho do decano: telefonou para Fachin e combinou o julgamento do habeas corpus de Lula para o dia seguinte, quinta-feira, 22 de março de 2018. O roteiro foi seguido. Na entrada da sessão, Marco Aurélio confidenciou sua contrariedade. "Se arrependimento matasse, eu seria um homem morto." Apesar disso, desistiu da questão de ordem que poderia constranger a presidente, mas fez um apelo para que as ações declaratórias fossem julgadas.

No dia marcado, julgou-se o caso Lula e manteve-se sua prisão. Ficou claro para todos que, se o tribunal tivesse julgado as ações declaratórias de constitucionalidade, Lula estaria solto, pois a tese de prisão em segunda instância teria sido alterada. Mas Cármen Lúcia forçou o julgamento do habeas corpus, isto é, de um caso individual e de um personagem que dividia paixões — e aí o resultado foi outro. Rosa Weber revelou que, se estivesse em julgamento a tese, votaria contra a prisão em segunda instância. Como o que estava sendo decidido era o caso Lula, apenas seguiu a tendência do tribunal.

"Que isso fique nos anais do tribunal: vence a estratégia, o fato de vossa excelência não ter colocado em pauta as declaratórias de constitucionalidade", protestou o ministro Marco Aurélio diante do resultado — numa Corte em que tudo e todos são estratégicos. A decisão impactou fortemente a eleição de 2018. Celso de Mello já antevia isso. "Ela [Cármen Lúcia] realmente politizou a agenda do Supremo", protestou em reservado.

Cármen Lúcia deixou o comando do Supremo em setembro. Toffoli assumiu, marcou o julgamento das ADCs sobre execução em segunda instância para abril de 2019. Quando a data se aproximava, ele adiou o julgamento do processo. Nenhum ministro protestou, como fizeram na presidência de Cármen Lúcia. Nem o decano. Este, por sinal, ainda tinha batalhas a travar.

Em fevereiro de 2018, o presidente Michel Temer decretou intervenção federal no Rio de Janeiro, sob comando de um militar. Celso de Mello discretamente alarmou-se. A militarização da segurança pública poderia "induzir intervenções pretorianas", lesivas ao regime das liberdades. Era o que ele pensava e passou a dizer.

Sua percepção se aprofundou ao tomar conhecimento de que o experiente Almino Afonso, ex-deputado e ex-ministro do Trabalho do governo João Goulart, havia dito a um amigo em comum que a intervenção federal no Rio de Janeiro tivera como efeito colateral indesejável o fato de tirar os militares dos quartéis. O decano, portanto, permaneceu atento aos novos tempos e às ações das Forças Armadas.

Na véspera do julgamento do habeas corpus de Lula, o general Villas Bôas mandou um recado para o Supremo em mensagem publicada em sua conta do Twitter. "Asseguro à Nação que o Exército Brasileiro julga compartilhar o anseio de todos os cidadãos de bem de repúdio à impunidade e de respeito à Constituição, à paz social e à Democracia, bem como se mantém atento às suas missões institucionais", ele escreveu.

Alguns ministros não viram nenhum problema na mensagem. Tinham estima pelo general e consideraram sua manifestação sobre o julgamento um recado para acalmar os militares mais agitados — versão que o próprio Villas Bôas confirmou posteriormente em entrevista à *Folha de S.Paulo*. Mello não se mostrou otimista. Julgou grave a manifestação e a tomou como ameaça contra o Supremo. E confidenciou ter se incomodado com o silêncio absoluto dos colegas e com a mensagem lacônica lida em plenário pela presidente da Casa — que confiava nos propósitos democráticos de Villas Bôas, mas que desta vez estava com Mello. "Se ninguém fala, eu tenho que falar", reclamou o decano.

O decano não discordava da revolta contra a corrupção dos anos de liderança petista que motivara o tuíte de Villas Bôas, a quem conhecia pessoalmente e de quem já recebera uma visita em seu gabinete. Mas defendeu o tribunal na sessão plenária: "Em situações tão graves assim, costumam insinuar-se pronunciamentos ou registrar-se movimentos que parecem prenunciar a retomada, de todo inadmissível, de práticas estranhas (e lesivas) à ortodoxia constitucional, típicas de um pretorianismo que cumpre repelir, qualquer que seja a modalidade que assuma: pretorianismo oligárquico, pretorianismo radical ou pretorianismo de massa", enfatizou.

O cenário ainda se agravaria. As pesquisas eleitorais indicavam uma guinada à direita, com o nome do capitão reformado Jair Bolsonaro despontando como favorito na disputa pela Presidência. Aquele STF tão progressista em matéria de costumes — garantindo proteção constitucional a casamentos homoafetivos, liberando pesquisas com células-tronco embrionárias e mantendo cotas raciais nas universidades — em pouco tempo estaria em contraposição ao novo grupo que ascenderia ao Planalto.

O tribunal passou então a sofrer ataques de uma virulência inédita. Durante a campanha eleitoral, Jair Bolsonaro falou em aumentar o número de ministros, repetindo o que a ditadura fez com o Ato Institucional n. 2. "Temos discutido passar para 21 ministros, para botar pelo menos dez isentos lá dentro", ele disse, como já foi comentado. Nas condições em que assumiu o mandato, Bolsonaro só teria duas indicações a fazer para o Supremo — nas vagas abertas pelas aposentadorias de Celso de Mello e Marco Aurélio. Esse quadro só mudaria se algum dos demais juízes antecipasse sua saída.

Em julho de 2018, durante uma aula para concurseiros que disputariam uma vaga na carreira de policiais federais, Eduardo Bolsonaro foi questionado sobre a possibilidade de o Supremo impedir, por alguma decisão judicial hipotética, a posse de Bolsonaro caso fosse eleito em outubro. Eduardo falou da possibilidade de fechar o STF, algo que nem a ditadura militar foi capaz de fazer. "Cara, se quiser fechar o STF, sabe o que você faz? Você não manda nem um jipe. Manda um soldado e um cabo. Não é querer desmerecer o soldado e o cabo", disse. O vídeo não foi assunto da imprensa em julho, mas foi resgatado em outubro, antes do segundo turno das eleições. O presidente Dias Toffoli se esquivou de comentar as declarações. Seus assessores, reservadamente, diziam que ele preferia não se manifestar, mas publicamente atribuíam seu silêncio a inverídicas dificuldades de contato com o ministro, que estava fora do país. Provocado pela imprensa, Celso de Mello reagiu enviando uma declaração por escrito à *Folha de S.Paulo*: "Essa declaração, além de inconsequente e golpista, mostra bem o tipo (irresponsável) de parlamentar cuja atuação no Congresso Nacional, mantida essa inaceitável visão autoritária, só comprometerá a integridade da ordem democrática e o respeito indeclinável que se deve ter pela supremacia da Constituição da República!!!!". Noutro episódio, quando um militar da reserva xingou nas redes sociais a ministra

Rosa Weber, presidente do TSE, Mello novamente saiu a público e repeliu os ataques durante uma sessão da Segunda Turma do STF.

Quando assumiu a Presidência do Supremo, em setembro de 2018, Dias Toffoli nomeou o general quatro estrelas Fernando Azevedo para sua assessoria (depois ele seria indicado para a pasta da Defesa no governo Bolsonaro). A maioria dos ministros não viu nenhum problema. Toffoli não deu nenhuma explicação a respeito desta novidade — um militar dentro do STF. "Ninguém perguntou nada para ele. Aqui, ninguém pergunta nada para ninguém", disse um dos ministros. Azevedo seria uma antena de Toffoli, um retransmissor dos sinais que vinham das Forças Armadas. A instituição ganharia proeminência na nova formatação política do país. Toffoli, que esperava uma vitória de Bolsonaro, sabia disso. Portanto, dizia, era preciso ouvi-la, dialogar, mas Mello tinha críticas a alocar um general dentro do Supremo. "Ele foi o único a perceber a importância do momento", resumiu um colega pessimista com o novo governo e que passou a ver no decano a liderança do tribunal contra possíveis retrocessos.

Até então, Mello era criticado por alguns de seus pares por não exercer a função de decano, liderando o tribunal na afirmação de suas competências, na resistência a avanços indevidos de outros Poderes sobre a Constituição. Agora, impressionado, ele despertava. E arregimentou forças internas para um recado ainda mais forte às forças conservadoras que elegeram Jair Bolsonaro.

No dia 1º de fevereiro, Toffoli abriu o ano judiciário sob a nova Presidência da República. Bolsonaro não compareceu à sessão, estava hospitalizado. Foi representado pelo vice-presidente Hamilton Mourão. Invocando para si a missão de moderador entre os Poderes, Toffoli fez um discurso de conciliação e prometeu discrição institucional.

"Não há dúvidas de que, nos últimos anos, o Supremo Tribunal Federal passou a exercer um papel cada vez mais intenso na vida social, econômica e política brasileira, o que levou o Tribunal ao centro do debate das grandes questões nacionais. Entretanto, não podemos ser uma instância recursiva do debate político", disse em seu discurso. Era o momento de o tribunal se recolher, deixar o protagonismo à política, ele acrescentava.

Entretanto, para surpresa e crítica dos colegas, Toffoli pautou para julgamento, na semana seguinte a seu discurso, dois processos que, em resumo, pediam que o tribunal criminalizasse a homofobia diante da omissão do Congresso em aprovar alguma lei nesse sentido.

Uma das ações, ajuizada pelo PPS, era relatada por Mello, que havia anos não levava ao julgamento do colegiado do Supremo uma ação de inconstitucionalidade. "É a primeira vez desde que eu cheguei aqui", lembrava Barroso. Tirando, claro, as ações julgadas em caráter expresso, em lista, no jargão do tribunal, em que os colegas apenas concordam com a decisão proposta pelo relator, sem maiores discussões, sem manifestação da tribuna dos advogados. São casos mais simples e que o Supremo aciona o piloto automático para dar conta do enorme volume de casos a julgar.

Pautar esse processo ia contra os planos de paz política proposta por Toffoli, mas, como dizem alguns ministros do tribunal, não se recusa um pedido de Mello. O presidente marcou data para o julgamento. Ninguém, nem mesmo o decano, acreditava que a discussão seria tranquila. Alguns adiantavam a possibilidade de um pedido de vista, justamente para evitar o conflito com o novo Congresso conservador e a agenda de costumes do governo Bolsonaro.

Contudo, "Celso criou um clima", explicou um dos ministros. Gastou duas sessões para ler seu voto em tom de manifesto. Contestou diretamente o tom adotado pelo governo Bolsonaro, cuja ministra de Direitos Humanos, Damares Alves, disse que "menino veste azul e menina veste rosa".

"Essa visão de mundo, senhores ministros, fundada na ideia, artificialmente construída, de que as diferenças biológicas entre o homem e a mulher devem determinar os seus papéis sociais ('meninos vestem azul e meninas vestem rosa'), impõe, notadamente em face dos integrantes da comunidade LGBT, uma inaceitável restrição às suas liberdades fundamentais, submetendo tais pessoas a um padrão existencial heteronormativo, incompatível com a diversidade e o pluralismo que caracterizam uma sociedade democrática, impondo-lhes, ainda, a observância de valores que, além de conflitarem com sua própria vocação afetiva, conduzem à frustração de seus projetos pessoais de vida", disse, com todos os negritos, sublinhados e itálicos que costuma imprimir ao texto, para ressaltar a entonação grave que o caso merecia.

Um clima que mudou o tom do tribunal. Alexandre de Moraes, o primeiro a votar depois de Mello, vinha ventilando comentários laterais contra a possibilidade de a Corte, por analogia, aplicar para os casos de homofobia a legislação que pune a discriminação racial. Pois, a despeito de seu ponto de vista declarado em reservado, ele acompanhou integralmente o voto do decano. O mesmo fizeram Barroso, Fachin e Rosa Weber. Já se antecipava um placar acachapante — 9 a 2 ou 10 a 1, apenas com Marco Aurélio vencido — quando Toffoli anunciou que, diante da extensão do julgamento (o tribunal já havia gastado duas sessões com um processo apenas), ele adiaria a decisão. Ou melhor, esfriaria a decisão.

O Congresso reagiu, como era de esperar. Parlamentares, sobretudo os ligados à bancada evangélica, anunciavam uma possível reversão da decisão caso se aprovasse um projeto de lei. E foram além: parlamentares que integram a base do governo pediram o impeachment dos quatro ministros que votaram pela criminalização, via judicial, da homofobia.

Celso de Mello desafinou a música que Toffoli se propunha a orquestrar na relação com o Executivo e o Legislativo. O decano tinha, nessa data, apenas mais dois anos pela frente — quando completaria 75 anos e seria compulsoriamente aposentado. Alguns dos ministros pensavam que ele se preparava para seus últimos atos; outros apostaram que a dificuldade que ele projetava para os direitos fundamentais o rejuvenescera.

Epílogo

A instituição, que completa 128 anos em 2019, acumula a experiência de lidar com governos democráticos e autoritários, com uma sucessão de crises institucionais, econômicas, políticas e sociais, com seis constituições diferentes ao longo da história (mais a emenda constitucional de 1969). Contabiliza milhares de julgamentos dos mais diversos assuntos, 167 ministros das mais distintas origens e formações. O tribunal passou a se relacionar em pé de igualdade com os demais Poderes. A opinião pública, tão diferente daquela que acompanhava os julgamentos no Rio de Janeiro há dois séculos, hoje assiste em massa e ao vivo às sessões e debate vivamente o STF, tamanho o protagonismo da Corte no palco nacional. Os ministros se tornaram atores políticos relevantes, com voz ativa e persona pública. Alguns são cotados para disputar cargos eletivos. Têm perfis em redes sociais, milhares de seguidores, admiradores e críticos ferozes.

O Supremo chegou ao ápice da sua capacidade de exercer o poder que lhe foi dado pela Constituição; talvez tenha até mesmo criado para si certos poderes e tarefas que não lhe foram dados pelos constituintes. A curva ascendente, contudo, estagnou. O tribunal começa a dar sinais de que inicia uma trajetória de queda, pressionado pelos conflitos que deveria ter mediado e insuflou; pela incapacidade de lidar com seus problemas internos; pelo avanço apressado sobre temas ainda controversos socialmente; por abandonar com frequência a postura de árbitro e assumir o protagonismo em busca de objetivos individuais; por trocar o diálogo com a política por um ar professoral; por não atuar como instituição, mas como acúmulo de individualidades.

Cada juiz é um tribunal em si, mas a adição das individualidades não recompõe o Supremo. Sua legitimidade fica comprometida. Sua institucionalidade também. Ministros passam a ver processos como meios para os fins de suas agendas. A colegialidade, por vezes, não é o instrumento para construir melhores decisões, mas alguns passam a encará-la como obstáculo para suas metas. Os conflitos deixam de ser jurídicos. Migram para outras searas, inclusive a pessoal.

A corrosão da autoridade e da legitimidade do Supremo espraia seus efeitos para a Constituição, que o tribunal deveria guardar. Se o STF se vale dela, em muitos casos, como instrumento, deixa no ar o recado de que o texto constitucional pode ser lido, torcido e espremido para concluir o que cada grupo político quiser. E isso, num cenário de polarização política inédita, provoca o enfraquecimento — ou o questionamento — do pacto social que construiu a Constituição de 1988.

A jurisprudência do Supremo nestas mais de três décadas de julgamentos desde 1988, que ajudaria a reforçar e interpretar esse pacto, é trocada por voluntarismos. Como se a cada dia, a cada processo importante, a cada composição, o tribunal buscasse reescrever sua compreensão do direito, da Constituição e das leis. Como se o passado fosse descartável.

Sem o respeito à própria jurisprudência, o Supremo tem sido campo fértil para comportamentos judiciais questionáveis. Os casos heterodoxos se avolumam. Um ministro suspende, sozinho, os efeitos de um julgamento do plenário do Supremo, do qual ele próprio participou — e como relator. Outro juiz pede pressa para o julgamento de uma ADI e, quando o processo está próximo de ser julgado, solicita seu adiamento para, em seguida, decidir o caso sozinho. Um ministro cita como fundamento para sua decisão um precedente que não tem relação nenhuma com a causa que está julgando. Outro muda completamente seu voto, declarando aderir à corrente oposta à sua para não perder a prerrogativa de redigir o acórdão do julgamento. Um concede a liminar sem que as partes do processo tenham solicitado; outro tenta formar maioria no plenário em favor de sua posição, computando o voto proferido por um ministro já aposentado na turma.

Quando as teses jurídicas ou a fundamentação dos votos são menos importantes que o resultado a se obter, o tribunal passa a ser visto apenas pelo resultado de suas decisões. Os ministros não conseguem que seus argumentos ecoem na sociedade ou sejam o fator principal de julgamento público de suas decisões. As pessoas discutem apenas as conclusões e consequências, as motivações políticas ocultas ou o comportamento dos ministros do Supremo.

Com todos os seus defeitos, fragilidades e fragmentação, o Supremo foi chamado a julgar casos de corrupção que atingiram o Executivo — no governo Lula, com o mensalão — e o Legislativo — especialmente com as investigações da Lava Jato. Agenda com potencial de provocar conflitos entre o Judiciário e os Poderes e tocada pela Procuradoria-Geral da República. Tarefa espinhosa, de efeitos potencializados pelo avanço geral do Supremo sobre temas socialmente controversos e politicamente sensíveis.

Nesse avanço sobre a política — no campo penal ou na seara constitucional —, o tribunal cultivou o descontentamento do

Congresso com o ativismo judicial, sobrepondo-se com pouca cerimônia às pautas legislativas. Foi também capturado pelas disputas ideológicas que dividiram os eleitores nas últimas décadas. No cenário de polarização, os ministros passaram a ser identificados simploriamente com esta ou aquela corrente — partidária ou de pensamento —, conforme seus votos em julgamentos candentes. E vêm sendo criticados pelas decisões que proferem, nem sempre pelos argumentos usados ou pelas consequências da decisão, mas pelo mérito. E é impossível agradar a todas as correntes de pensamento, sobretudo em temas complexos e para os quais nem a política encontrou solução nem a Constituição foi taxativa.

A legitimidade do tribunal está diretamente ligada ao respeito e cumprimento de suas decisões. E o Supremo, em alguns episódios, por enquanto esparsos, viu esse ativo imaterial e simbólico se deteriorar. As consequências desse fenômeno se mostram em várias dimensões — nos pedidos de impeachment de ministros; nos pedidos de instauração de comissão parlamentar de inquérito para investigar o tribunal e os juízes; nas propostas legislativas de diminuir os poderes do Supremo, de estabelecer mandatos fixos e extinguir a vitaliciedade; nas propostas de aumentar o número de juízes ou baixar a idade de aposentadoria.

Nesse ambiente de crítica ao Supremo, a seus procedimentos, comportamentos e processo de deliberação, o tribunal será compelido a se reformar. Propostas de mudanças internas se assomam, a maior parte para acelerar os julgamentos, mas que não resolvem o problema central. O Supremo pode potencializar os julgamentos em plenário virtual para julgar mais processos e mais rapidamente, buscar soluções para redução das decisões individuais e mesmo diminuir o protagonismo nestes tempos de crise. Mas o problema principal não depende de alterações legislativas ou de regras mais severas, mesmo que elas possam conter voluntarismos de cada um dos juízes do Supremo.

O STF são seus integrantes, suas decisões, a integridade de seus argumentos, o comportamento que se espera de magistrados, o respeito coletivo à instituição. Ou os ministros aprimoram o Supremo e com isso fortalecem sua autoridade, ou as tentativas de mudanças virão de fora: por lei, pelo descrédito da sociedade ou por tentações autoritárias que aparecem aqui ou acolá.

A história, contudo, revela as consequências nefastas de debilitar o tribunal. Floriano Peixoto ameaçou, desprestigiou e esvaziou a Corte. Alguns de seus adversários políticos foram presos e desterrados ilegalmente. Na década de 1930, Getúlio Vargas criou um tribunal de exceção e baixou a idade de aposentadoria compulsória de juízes para afastar ministros do Supremo. Nos anos 1960, três ministros foram cassados e outros dois compelidos a se aposentar.

Criticar honestamente o Supremo é um esforço de quem quer preservar e aprimorar a instituição. Apontar seus problemas e vícios não tem por objetivo desprestigiar o tribunal. A crítica pressupõe a existência do STF, com autoridade, legitimidade e força para exercer sua missão.

Afinal, não há bom caminho a trilhar sem Supremo.

Fontes

ENTREVISTAS

Ministros do Supremo e ex-ministros

Aldir Passarinho

Alexandre de Moraes

Ayres Britto

Carlos Velloso

Cármen Lúcia

Célio Borja

Celso de Mello

Cezar Peluso

Dias Toffoli

Edson Fachin

Ellen Gracie

Eros Grau

Francisco Rezek

Gilmar Mendes

Ilmar Galvão

Joaquim Barbosa

Luís Roberto Barroso

Luiz Fux

Marco Aurélio Mello

Maurício Corrêa

Meneses Direito

Moreira Alves

Nelson Jobim

Néri da Silveira

Octavio Gallotti

Paulo Brossard

Rafael Mayer

Ricardo Lewandowski

Rosa Weber

Sepúlveda Pertence

Sydney Sanches

Teori Zavascki

Xavier de Albuquerque

Ministros do STJ

Francisco Falcão
Herman Benjamin
Isabel Gallotti
Luís Felipe Salomão
Maria Thereza de Assis Moura

Mauro Campbell
Nancy Andrighi
Og Fernandes
Rogerio Schietti

Advogados públicos e privados

Admar Gonzaga
Alberto Toron
Alexandre Garcia de Souza
André Callegari
André Mendonça
André Porto
André Ramos Tavares
Antenor Madruga
Antônio Carlos de Almeida Castro
Antonio Fernando de Souza
Arnaldo Malheiros
Arnaldo Sampaio Godoy
Arnoldo Wald
Augusto de Arruda Botelho
Beto Vasconcelos
Caio Farah Rodriguez
Carlos Alexandre de Azevedo Campos
Carlos Bastide Horbach
Castellar Neto
Celso Vilardi
Cesar Asfor Rocha
Cezar Britto
Cláudio Pereira de Souza Neto
Daiane Nogueira
Dalton Miranda
Daniel Sarmento
Davi Tangerino
Eduardo Ferrão
Eduardo Mendonça
Eduardo Pertence

Eliana Calmon
Eugênio Aragão
Eugênio Pacelli
Fernando Neves
Flávio Caetano
Flávio Jardim
Flávio Unes
Francisco Schertel Mendes
Gabriel Sampaio
Gilson Dipp
Grace Mendonça
Gustavo Badaró
Gustavo Binenbojm
Henrique Araújo Costa
Henrique Ávila
Henrique Neves
Igor Tamasauskas
Inocêncio Mártires Coelho
Ivo Corrêa
José Carlos Dias
José Eduardo Cardozo
José Levi Mello do Amaral Júnior
José Luís de Oliveira Lima
Juliana Cesario Alvim
Leonardo Isaac Yarochewsky
Luciano Feldens
Luís Inácio Adams
Luiz Fernando Bandeira de Mello
Luiz Guilherme de Paiva
Luiz Paulo Barreto

Magda Brossard
Manoel Carlos de Almeida Neto
Marcelo Bessa
Marcelo Leonardo
Marcelo Nobre
Marcelo Proença
Marcelo Siqueira
Márcio Luiz Silva
Márcio Thomaz Bastos
Marcos Joaquim
Marilda Silveira
Marivaldo Pereira
Michael Mohallem
Miguel Nagib
Nabor Bulhões
Ophir Cavalcante Junior
Paulo Macedo
Pedro Abramovay
Pedro Gordilho

Pierpaolo Bottini
Rafael Favetti
Rafael Muneratti
Rafael Raphaelli
Renata Saraiva
Roberto Caldas
Roberto Rosas
Rodrigo Becker
Rodrigo Brandão
Rodrigo Janot
Rodrigo Kaufmann
Rodrigo Mudrovitsch
Rudy Maia Ferraz
Sérgio Antônio Ferreira Victor
Sérgio Renault
Sigmaringa Seixas
Thais Lima
Thiago Bovério
Wagner Gonçalves

Ministério Público

Danilo Dias
Demóstenes Torres
Eduardo Pelella
Humberto Jacques de Medeiros

Odin Ferreira
Sérgio Bruno
Vladimir Aras
Wellington Saraiva

Juízes

Carlos von Adamek
Erivaldo Ribeiro
Márcio Schiefler

Nicolau Lupianhes
Ricardo Chimenti
Valter Shuenquener

Ministros ou ex-ministros de Estado

Gilberto Carvalho

Sergio Moro

Professores

Alexandre Araújo Costa
Alexandre Veronese

Caio Farah Rodriguez
Carlos Bastide Horbach

Carlos Victor Nascimento dos Santos
Cássio Casagrande
Conrado Hübner Mendes
Cristiano Paixão
Diego Werneck Arguelhes
Fernando Leal
Ivar Hartmann
Janaína Penalva
Joaquim Falcão

Leandro Molhano
Otavio Luiz Rodrigues Junior
Oscar Vilhena
Rafael Mafei
Rubens Glezer
Silvana Batini
Thomaz Pereira
Vera Karam
Virgílio Afonso da Silva

Além desses nomes, entrevistamos outras fontes que contribuíram em diferentes graus para esta pesquisa. São integrantes do Ministério Público, assessores de ministros do Supremo, juízes, advogados, políticos, executivos de empresas, consultores e jornalistas que, em razão de questões profissionais e éticas, pediram aos autores que seus nomes não fossem mencionados. Respeitamos, ao longo do livro, o acordo feito com essas fontes.

PUBLICAÇÕES

ARANTES, Rogério Bastos. *Judiciário e política no Brasil*. São Paulo: Idesp; Sumaré; Fapesp; Educ, 1997. (Série Justiça).

_____. "Três cenários para Bolsonaro". JOTA, <https://www.jota.info/opiniao-e--analise/artigos/tres-cenarios-para-bolsonaro-28102018>, 28 out. 2018.

ARANTES, Rogério; ARGUELHES, Diego Werneck. "Supremo: o Estado da Arte". *Revista 451*, São Paulo, 30 mar. 2018.

ARANTES, Rogério B.; COUTO, Cláudio Gonçalves. "Uma constituição incomum". In: CARVALHO, Maria Alice Rezende de; ARAÚJO, Cícero; SIMÕES, Júlio Assis. (Orgs.). *A Constituição de 1988: Passado e futuro*. São Paulo: Aderaldo & Rothschild; Anpocs, 2009, pp. 17-51.

ARGUELHES, Diego Werneck. "Poder não é querer: Preferências restritivas e redesenho institucional no Supremo Tribunal Federal pós-democratização". In: Daniel Sarmento (Org.). *Jurisdição constitucional e política*. Rio de Janeiro: Forense, 2015, v. 1, pp. 211-42.

_____; RIBEIRO, Leandro Molhano. "'The Court, It Is I?' Individual Judicial Powers in the Brazilian Supreme Court and Their Implications for Constitutional Theory". *Global Constitutionalism*, Cambridge, v. 7, n. 2, pp. 236-62, 2018.

_____; RIBEIRO, Leandro Molhano. "Ministrocracia: O Supremo Tribunal individual e o processo democrático brasileiro". *Novos Estudos Cebrap*, São Paulo, v. 37, n. 1, pp. 13-32, 2018.

ARGUELHES, Diego Werneck; SUSSEKIND, Evandro Proença. "Building Judicial Power in Latin America: Opposition Strategies and the Lessons of the Brazilian Case". *Revista Uruguaya de Ciencia Política*, Montevidéu, v. 27, n. 1, pp. 175-97, 2018.

ARGUELHES, Diego Werneck; HARTMANN, Ivar A. "Timing Control without Docket Control: How Individual Justices Shape the Brazilian Supreme Court's Agenda". *Journal of Law and Courts*, Chicago, v. 5, n. 1, pp. 105-40, 2017.

ARGUELHES, Diego Werneck; RIBEIRO, Leandro Molhano. "Courts as the First and Only Legislative Chambers? The Brazilian Supreme Court and the Legalization of Same-Sex Marriage". *Verfassung und Recht in Übersee*, Berlim, v. 50, n. 3, pp. 260-78, 2017.

_____; RIBEIRO, Leandro Molhano. "Criatura e/ou criador: Transformações do Supremo Tribunal Federal sob a Constituição de 1988". *Revista Direito GV*, São Paulo, v. 12, n. 2, pp. 405-40, 2016.

_____; OLIVEIRA, Fabiana Luci. "Ativismo judicial e seus usos na mídia brasileira". *Direito, Estado e Sociedade*, Rio de Janeiro, n. 40, pp. 34-64, 2012.

ARGUELHES, Diego Werneck; RECONDO, Felipe. "Onze Supremos e votos vencidos: dois fenômenos distintos". *Folha de S.Paulo*, São Paulo, 26 out. 2017.

ARGUELHES, Diego Werneck; FALCÃO, Joaquim de Arruda. "Onze Supremos: todos contra o plenário". *JOTA*, 1 fev. 2017.

BALEEIRO, Aliomar. *O Supremo Tribunal Federal, esse outro desconhecido*. Rio de Janeiro: Forense, 1967.

BARRETO, Eduardo; COUTINHO, Filipe. "A mesada de Toffoli". *Crusoé*, Brasília, n. 13, 27 jul. 2018.

BARROSO, Luís Roberto. *O direito constitucional e a efetividade de suas normas: Limites e possibilidades da Constituição brasileira*. Rio de Janeiro: Renovar, 2009.

_____. "Judicialização, ativismo judicial e legitimidade democrática". *Atualidades Jurídicas*, Brasília, n. 4, jan.-fev. 2009.

_____. "Judicialização da política, ativismo judicial e legitimidade democrática". *Revista Jurídica da Presidência*, Brasília, v. 12, n. 96, pp. 3-41, fev.-maio 2010.

_____. "Contramajoritário, representativo e iluminista: Os papéis das supremas cortes e tribunais constitucionais nas democracias contemporâneas". *Direito e Práxis*, Valença, v. 9, n. 4, pp. 217-66, jan.-jun. 2018.

_____. "Counter-Majoritarian, Representative and Enlightened: The Roles of Constitutional Courts in Democracies". *The American Journal of Comparative Law*, Ann Arbor, abr. 2019

BERGAMO, Mônica. "Mendes diz que Fux deveria fechar o Congresso e dar a chave à Lava Jato". *Folha de S.Paulo*, São Paulo, 14 dez. 2016. Disponível em: <https://www1.folha.uol.com.br/colunas/monicabergamo/2016/12/1841581-

-mendes-diz-que-fux-deveria-fechar-o-congresso-e-dar-a-chave-a-lava-jato.shtml>. Acesso em: 7 jun. 2019.

BICKEL, Alexander Mordecai. *The Least Dangerous Branch: The Supreme Court at the Bar of Politics*. 2. ed. New Haven: Yale University Press, 1986.

BRANDÃO, Rodrigo. *Supremacia judicial versus diálogos constitucionais: A quem cabe a última palavra sobre o sentido da Constituição?*. Rio de Janeiro: Lumen Juris, 2012.

CANTANHÊDE, Eliane. "'O tribunal de opinião pública é importantíssimo', diz ministro". *Folha de S.Paulo*, São Paulo, 2 set. 2007. Disponível em: <https://www1.folha.uol.com.br/fsp/brasil/fc0209200718.htm>. Acesso em: 7 jun. 2019.

CANTISANO, Pedro Jimenez; PEREIRA, Thomaz Henrique; MOHALLEM, Michael Freitas (Orgs.). *História oral do Supremo (1988-2013): Marco Aurélio*. v. 18. Rio de Janeiro: FGV Direito Rio, 2017.

CARVALHO, Luiz Maklouf. "Data venia, o Supremo: Como funciona e o que acontece no STF". *piauí*, Rio de Janeiro, n. 47, ago. 2010. Disponível em: <https://piaui.folha.uol.com.br/materia/data-venia-o-supremo/>. Acesso em: 7 jun. 2019.

_____."O Supremo, quosque tandem? A indicação dos juízes, os pedidos de vistas, os conflitos de interesse, o ativismo e as disputas entre ministros: a agenda de dificuldades do STF". *piauí*, Rio de Janeiro, n. 48, set. 2010.

CASTRO, Juliana; FREIRE, Flávio. "Pesquisa do Ibope mostra que 55% dos brasileiros são contra união estável entre homossexuais". *O Globo*, Rio de Janeiro, 28 jul. 2011. Disponível em: <https://oglobo.globo.com/politica/pesquisa-do-ibope-mostra-que-55-dos-brasileiros-sao-contra-uniao-estavel-entre-homossexuais-2710039>. Acesso em: 7 jun. 2019.

CASTRO, Marcus Faro de. "O Supremo Tribunal Federal e a judicialização da política". *Revista Brasileira de Ciências Sociais*, São Paulo, v. 12, n. 34, pp. 147-55, 1997.

CERDEIRA, Pablo de Camargo; ARGUELHES, Diego Werneck. *I Relatório Supremo em Números: O múltiplo Supremo*. Rio de Janeiro: FGV Direito Rio, 2011.

COLE, David. *Engines of Liberty: How Citizen Movements Succeed*. Nova York: Basic Books, 2017.

COSTA, Carlos. "Para presidente do STF, Planalto é imperial e autoritário". Consultor Jurídico, 18 abr. 2012. Disponível em: <https://www.conjur.com.br/2012-abr-18/entrevista-ministro-cezar-peluso-presidente-stf-cnj>. Acesso em: 7 jun. 2019.

DAHL, Robert A. "Decision-Making in a Democracy: The Supreme Court as a National Policymaker". *Journal of Public Law*, Washington, n. 6, pp. 279-95, 1957.

DAVIS, Richard; TARAS, David (Eds.). *Justices and Journalists: The Global Perspective*. Cambridge: Cambridge University Press, 2017.

ELY, John Hart. *Democracy and Distrust: A Theory of Judicial Review*. Cambridge: Harvard University Press, 1980.

FALCÃO, Joaquim; ARGUELHES, Diego Werneck. "O invisível Teori Zavascki e a fragmentação do Supremo". JOTA, 3 fev. 2016.

FALCÃO, Joaquim; ARGUELHES, Diego Werneck; PEREIRA, Thomaz. *Impeachment de Dilma Rousseff: entre o Congresso e o Supremo*. Belo Horizonte: Letramento, 2017.

FALCÃO, Joaquim; ARGUELHES, Diego Werneck; RECONDO, Felipe (Orgs.). *Onze Supremos: o Supremo em 2016*. Belo Horizonte: Letramento; Casa do Direito; Supra; JOTA; FGV Rio, 2017.

_____. *Supremo tribunal criminal: o Supremo em 2017*. Belo Horizonte: Casa do Direito; Letramento, 2018.

FALCÃO, Joaquim; LENNERTZ, Marcelo. "Separação de poderes: Harmonia ou competição?". *Revista Jurídica Consulex*, Brasília, v. 12, n. 281, pp. 28-9, set. 2008.

FALCÃO, Joaquim; OLIVEIRA, Fabiana Luci de. "O STF e a agenda pública nacional: de outro desconhecido a supremo protagonista?". *Lua Nova*, São Paulo, n. 88, pp. 429-69, 2013. Disponível em: <http://www.scielo.br/scielo.php?script=sci_arttext&pid=S0102-64452013000100013>. Acesso em: 7 jun. 2019.

FONTAINHA, Fernando de Castro; ALMEIDA, Fábio Ferraz de (Orgs.). *História oral do Supremo (1988-2013): Ilmar Galvão*. v. 14. Rio de Janeiro: FGV Direito Rio, 2016.

FONTAINHA, Fernando de Castro; CANTISANO, Pedro Jimenez; SANTOS, Carlos Victor Nascimento dos (Orgs.). *História oral do Supremo (1988-2013): Dias Toffoli*. v. 21 Rio de Janeiro: FGV Direito Rio, 2017.

FONTAINHA, Fernando de Castro; GUIMARÃES, Fabrícia (Orgs.). *História oral do Supremo (1988-2013): Octavio Gallotti*. v. 17. Rio de Janeiro: FGV Direito Rio, 2017.

FONTAINHA, Fernando de Castro; MATTOS, Marco Aurélio Vannucchi Leme de; NUÑEZ, Izabel Saenger (Orgs.). *História oral do Supremo (1988-2013): Luiz Fux*. v. 12. Rio de Janeiro: FGV Direito Rio, 2016.

FONTAINHA, Fernando de Castro; MATTOS, Marco Aurélio Vannucchi Leme de; SANTOS, Carlos Victor Nascimento dos (Orgs.). *História oral do Supremo (1988-2013): Luís Roberto Barroso*. v. 11. Rio de Janeiro: FGV Direito Rio, 2016.

FONTAINHA, Fernando de Castro; MATTOS, Marco Aurélio Vannucchi Leme de; SATO, Leonardo Seiichi Sasada (Orgs.). *História oral do Supremo (1988-2013): Sydney Sanches*. v. 5. Rio de Janeiro: FGV Direito Rio, 2015.

FONTAINHA, Fernando de Castro; PAULA, Christiane Jalles de; ALMEIDA, Fábio Ferraz de (Orgs.). *História oral do Supremo (1988-2013): Moreira Alves*. v. 13. Rio de Janeiro: FGV Direito Rio, 2016.

FONTAINHA, Fernando de Castro PAULA, Christiane Jalles de; NUÑEZ, Izabel Saenger (Orgs.). *História oral do Supremo (1988-2013): Carlos Velloso*. v. 7. Rio de Janeiro: FGV Direito Rio, 2015.

FONTAINHA, Fernando de Castro; QUEIROZ, Rafael Mafei Rabelo (Orgs.). *História oral do Supremo (1988-2013): Francisco Rezek*. v. 15. Rio de Janeiro: FGV Direito Rio, 2016.

FONTAINHA, Fernando de Castro; QUEIROZ, Rafael Mafei Rabelo; ACCA, Thiago dos Santos (Orgs.). *História oral do Supremo (1988-2013): Eros Grau.* v. 10. Rio de Janeiro: FGV Direito Rio, 2015.

FONTAINHA, Fernando de Castro; QUEIROZ, Rafael Mafei Rabelo; ALMEIDA, Fábio Ferraz de (Orgs.). *História oral do Supremo (1988-2013): Carlos Ayres Britto.* v. 19. Rio de Janeiro: FGV Direito Rio, 2017.

FONTAINHA, Fernando de Castro; SILVA, Angela Moreira Domingues da; ALMEIDA, Fabio Ferraz de (Orgs.). *História oral do Supremo (1988-2013): Cezar Peluso.* v. 4. Rio de Janeiro: FGV Direito Rio, 2015.

FONTAINHA, Fernando de Castro; SILVA, Angela Moreira Domingues da; SANTOS, Carlos Victor Nascimento dos (Orgs.). *História oral do Supremo (1988-2013): Néri da Silveira.* v. 8. Rio de Janeiro: FGV Direito Rio, 2015.

FONTAINHA, Fernando de Castro; SILVA, Angela Moreira Domingues da; NUÑEZ, Izabel Saenger (Orgs.). *História oral do Supremo (1988-2013): Sepúlveda Pertence.* v. 3. Rio de Janeiro: FGV Direito Rio, 2015.

FONTAINHA, Fernando de Castro; VIEIRA, Oscar Vilhena; SATO, Leonardo Seiichi Sasada (Orgs.). *História oral do Supremo (1988-2013): Teori Zavascki.* v. 16. Rio de Janeiro: FGV Direito Rio, 2017.

FONTAINHA, Fernando de Castro; PAULA, Christiane Jalles de; SATO, Leonardo Seiichi Sasada; GUIMARÃES, Fabrícia Corrêa (Orgs.). *História oral do Supremo (1988-2013): Nelson Jobim.* v. 9. Rio de Janeiro: FGV Direito Rio, 2015.

FRIEDMAN, Barry. *The Will of the People: How Public Opinion has Influenced the Supreme Court and Shaped the Meaning of the Constitution.* Nova York: Farrar, Straus and Giroux, 2009.

GOMES, Juliana Cesario Alvim; NOGUEIRA, Rafaela; ARGUELHES, Diego Werneck. "Gênero e comportamento judicial no Supremo Tribunal Federal: Os ministros confiam menos em relatoras mulheres?". *Revista Brasileira de Políticas Públicas,* Brasília, v. 8, n. 2, pp. 854-76, 2018.

GREENBURG, Jan Crawford. *Supreme Conflict: The Inside Story of the Struggle for the Control of the United States Supreme Court.* Nova York: Penguin, 2007.

GREENHOUSE, Linda. *The U.S. Supreme Court: A Very Short Introduction.* Nova York: Oxford University Press, 2012.

GUILLAUME, Agnès; ROSSIER, Clémentine. "L'Avortement dans le monde: État des lieux des législations, mesures, tendances et conséquences". *Population,* Paris, v. 73, n. 2, pp. 225-322, 2018. Disponível em: <https://www.cairn.info/article.php?ID_ARTICLE=POPU_1802_0225>. Acesso em: 7 jun. 2019.

HIRSCHL, Ran. *Towards Juristocracy: The Origins and Consequences of the New Constitutionalism.* Cambridge: Harvard University Press, 2007.

HORBACH, Beatriz Bastide; FUCK, Luciano Felício (Orgs.) *O Supremo por seus assessores.* Coimbra: Almedina, 2014.

JORNAL INTEGRAÇÃO. "Desmentido do STF leva Moro a enviar mensagem a ministro". Tatuí, 10 nov. 2018. Disponível em: <https://jornalintegracao.com.br/2018/11/02/desmentido-do-stf-leva-moro-a-enviar-mensagem-a-ministro/>. Acesso em: 7 jun. 2019.

KAPLAN, David A. *The Most Dangerous Branch: Inside the Supreme Court's Assault on the Constitution*. Nova York: Crown, 2018.

KOERNER, Andrei. "Sobre a história constitucional". *Estudos Históricos*, Rio de Janeiro, v. 29, n. 58, pp. 525-40, maio-ago. 2016.

_____; FREITAS, Lígia Barros de. "O Supremo na Constituinte e a Constituinte no Supremo". *Lua Nova*, São Paulo, n. 88, pp.141-84, 2013.

LEWANDOWSKI, Andressa. *O direito em última instância: Uma etnografia do Supremo Tribunal Federal*. Brasília: Universidade de Brasília, 2014. Tese (Doutorado em Antropologia). Disponível em: < http://repositorio.unb.br/handle/10482/18359>. Acesso em: 7 jun. 2019.

LEWIS, Anthony. *Make No Law: The Sullivan Case and The First Amendment*. Nova York: Vintage, 1992.

LO PRETE, Renata. "PT dava mesada de R$ 30 mil a parlamentares, diz Jefferson". *Folha de S.Paulo*, São Paulo, 6 jun. 2005.

MELLO, Patrícia Perrone Campos. *Nos bastidores do STF*. São Paulo: Forense, 2015.

MENDES, Conrado Hübner. *Controle de constitucionalidade e democracia*. São Paulo: Campus; ; Rio de Janeiro: Elsevier, 2007.

_____. *Constitutional Courts and Deliberative Democracy*. Oxford: Oxford University Press, 2013.

_____. "A ingovernabilidade do STF". JOTA, 17 set. 2014.

MORAES, Alexandre de. *Direito constitucional*. São Paulo: Atlas, 1997.

_____. *Jurisdição constitucional e tribunais constitucionais*. São Paulo: Atlas, 2000.

NUNES, Augusto. "J. R. Guzzo: Gilmar e Guiomar". *Veja*, São Paulo, 14 maio 2017.

O ANTAGONISTA. "Odebrecht: 'Amigo do amigo de meu pai' se refere a José Antonio Dias Toffoli", 12 abr. 2019. Disponível em: <https://www.oantagonista.com/brasil/odebrecht-amigo-do-amigo-de-meu-pai-se-refere-a-jose-antonio-dias-toffoli/>. Acesso em: 7 jun. 2019.

OLIVEIRA, Fabiana Luci de. "Supremo relator: processo decisório e mudanças na composição do STF nos governos FHC e Lula". *Revista Brasileira de Ciências Sociais*, São Paulo, v. 27, n. 80, pp. 89-115, 2012.

PEREIRA, Thomaz. "O teto de vidro do Supremo". JOTA, 19 nov. 2015.

_____. "Como se comportará o ministro Alexandre de Moraes?". JOTA, 22 mar. 2017.

_____. "HC do Lula: quando os dois lados têm razão". JOTA, 3 abr. 2018.

_____. "Inquérito de Toffoli: o colegiado precisa falar". JOTA, 18 abr. 2019.

_____; ARGUELHES, Diego Werneck. "Políticos e a escolha dos membros do STF". *Folha de S.Paulo*, São Paulo, 5 mar. 2017.

PEREIRA, Thomaz. HARTMANN, Ivar A. "Foro privilegiado: entre fatos e argumentos". JOTA, 2 jun. 2017.

RANGEL, Rodrigo. "O PT no Supremo". *Correio Braziliense*, Brasília, 7 maio 2003. Disponível em: <http://memoria.bn.br/DocReader/028274_05/37963>. Acesso em: 7 jun. 2019.

RECONDO, Felipe; ARGUELHES, Diego Werneck. "Rosa Weber, a moderadora do Supremo, definirá destino da execução provisória". *Folha de S.Paulo*, São Paulo, 22 mar. 2018.

RIBEIRO, Leandro Molhano; ARGUELHES, Diego Werneck; PEIXOTO, Vítor de Moraes. "Judiciário, processo decisório e políticas públicas: Levando a decisão judicial a sério". Trabalho apresentado no XXXIII Encontro Anual da Anpocs, Caxambu (MG), out. 2009.

RIPOLLÉS, José Luis Díez. *A política criminal na encruzilhada*. Trad. André Luís Callegari. Porto Alegre: Livraria do Advogado, 2015.

RODRIGUES, Fernando. "Ministro diz que penas do mensalão irão prescrever". *Folha de S.Paulo*, São Paulo, 14 dez. 2001. Disponível em: <https://www1. folha.uol.com.br/fsp/poder/14729-ministro-diz-que-penas-do-mensalao--irao-prescrever.shtml>. Acesso em: 7 jun. 2019.

RODRIGUES, Lêda Boechat. *História do Supremo Tribunal Federal*. v. I, tomo III — *Defesa das liberdades civis: 1891-1898*. Rio de Janeiro: Civilização Brasileira, 1991.

_____. *História do Supremo Tribunal Federal*. v. II, tomo II — *Defesa do federalismo: 1899-1910*. Rio de Janeiro: Civilização Brasileira, 1991.

_____. *História do Supremo Tribunal Federal*. v. IV, tomo I — *1930-1963*. Rio de Janeiro: Civilização Brasileira, 2002.

RODRIGUEZ, José Rodrigo. *Como decidem as cortes?: Para uma crítica do direito (brasileiro)*. Rio de Janeiro: Editora FGV, 2013.

SCALIA, Antonin. *Scalia Speaks: Reflections on Law, Faith, and Life Well Lived*. Nova York: Crown Forum, 2017.

SILVA, Virgílio Afonso da. "Ulisses, as sereias e o poder constituinte derivado". *Revista de Direito Administrativo*, Rio de Janeiro, v. 226, pp. 11-32, 2001.

_____. "O STF e o controle de constitucionalidade: Deliberação, diálogo e razão pública". *Revista de Direito Administrativo*, Rio de Janeiro, v. 250, pp. 197-227, 2009.

_____. "Deciding without Deliberating". *International Journal of Constitutional Law*, Oxford, v. 11, n. 3, pp. 557-84, 2013.

_____. "De quem divergem os divergentes: Os votos vencidos no Supremo Tribunal Federal". *Direito, Estado e Sociedade*, Rio de Janeiro, n. 47, pp. 205-25, 2015.

_____. "'Um voto qualquer?' O papel do ministro relator na deliberação no Supremo Tribunal Federal". *Revista Estudos Institucionais*, Rio de Janeiro, v. 1, n. 1, pp. 180-200, 2015.

SILVA, Virgílio Afonso da. "O relator dá voz ao STF?: Uma réplica a Almeida e Bogossian". *Revista Estudos Institucionais*, Rio de Janeiro, v. 2, n. 2, pp. 648-69, 2017.

_____. "Big Brother is Watching the Court: Effects of TV Broadcasting on Judicial Deliberation". *Verfassung und Recht in Übersee*, Berlim, v. 51, n. 4, pp. 437-55, 2018.

SILVA, Virgílio Afonso da; WANG, Daniel Wei Liang. "Quem sou eu para discordar de um ministro do STF?: O ensino do direito entre argumento de autoridade e livre debate de ideias". *Revista Direito GV*, São Paulo, v. 6, n. 1, pp. 95-118, 2010.

STRAUSS, David A. *The Living Constitution*. Oxford: Oxford University Press, 2010.

STRECK, Lenio Luiz. *Verdade e consenso: Constituição, hermenêutica e teorias discursivas*. São Paulo: Saraiva, 2011.

_____. *Jurisdição constitucional e decisão jurídica*. São Paulo: Revista dos Tribunais, 2014.

TATE, C. Neal; VALLINDER, Torbjörn (Orgs.). *The Global Expansion of Judicial Power*. Nova York: New York University Press, 1995.

TAYLOR, Matthew M. *Judging Policy: Courts and Policy Reform in Democratic Brazil*. Stanford: Stanford University Press, 2008.

TAYLOR, Matthew M.; DA ROS, L. "Os partidos dentro e fora do poder: A judicialização como resultado contingente da estratégia política". *Dados*, Rio de Janeiro, v. 51, n. 4, pp. 825-64, 2008.

TOLEDO, Roberto Pompeu. "O Supremo por dentro: Uma radiografia exemplar do tribunal que se tornou o epicentro do poder no país". *Veja*, São Paulo, 10 maio 2018. Disponível em: <https://veja.abril.com.br/tveja/ultima-edicao/o-supremo--por-dentro/>. Acesso em: 7 jun. 2019.

TOOBIN, Jeffrey. *The Nine: Inside the Secret World of the Supreme Court*. Nova York: Anchor, 2008.

TUROLLO JR, Reynaldo; ARBEX, Thais; PAGNAN, Rogério; MATTOSO, Camila; DIAS, Marina. "Cerco a hacker que ameaçou Marcela envolveu 33 policiais, fuga e grampos". *Folha de S.Paulo*, São Paulo, 15 fev. 2017. Disponível em: <https://www1.folha.uol.com.br/poder/2017/02/1858822-cerco-a-hacker-que--ameacou-marcela-envolveu-33-policiais-fuga-e-grampos.shtml>. Acesso em: 7 jun. 2019.

VALLONE, Giuliana. "Interrupções da fala de Rosa Weber explicitam recorrência da 'explicação masculina'". *Folha de S.Paulo*, São Paulo, 5 abr. 2018. Disponível em: <https://www1.folha.uol.com.br/poder/2018/04/interrupcoes-a--rosa-weber-exacerbam-pratica-da-explicacao-masculina-na-corte.shtml>. Acesso em: 7 jun. 2019.

VERISSIMO, Marcos Paulo. "A Constituição de 1988, vinte anos depois: Suprema Corte e 'ativismo judicial à brasileira'". *Revista Direito GV*, São Paulo, v. 4, n. 2, pp. 407-40, 2008.

VIANNA, Luiz Werneck; BURGOS, Marcelo Baumann; SALLES, Paula Martins. "Dezessete anos de judicialização da política". *Tempo Social*, v. 19, n. 2, pp. 39-85, 2007.

VIANNA, Luiz Werneck et al. *A judicializalção da política e das relações sociais no Brasil*. 2. ed. Rio de Janeiro: Revan, 2014.

VIEIRA, Oscar Vilhena. *O Supremo Tribunal Federal: jurisprudência política*. São Paulo: Malheiros, 1994.

_____. "Supremocracia". *Revista Direito GV*, São Paulo, v. 4, n. 2, pp. 441-64, jul.--dez. 2008.

_____. "Quando menos é mais". *O Estado de S. Paulo*, São Paulo, 20 abr. 2010.

_____. *A batalha dos poderes: Da transição democrática ao mal-estar constitucional*. São Paulo: Companhia das Letras, 2018.

_____; GLEZER, Rubens (Orgs.). *A razão e o voto: Diálogos constitucionais com Luís Roberto Barroso*. Rio de Janeiro: Editora FGV, 2017.

VOJVODIC, Adriana de Moraes; MACHADO, Ana Mara França; CARDOSO, Evorah Lusci Costa. "Escrevendo um romance, primeiro capítulo: Precedentes e processo decisório no STF". *Revista Direito GV*, São Paulo, v. 5, n. 1, pp. 21-44, 2009.

WOODWARD, Bob; ARMSTRONG, Scott. *The Brethren: Inside the Supreme Court*. Nova York: Simon & Schuster, 2005.

LINKS CONSULTADOS

https://www.jota.info/stf/supra/o-que-se-ganha-e-se-perde-na-discussao-da--criminalizacao-da-lgbtifobia-19022019

https://www.jota.info/stf/supra/o-supremo-e-o-governo-bolsonaro-o-que-esperar--de-2019-04022019

https://www.jota.info/stf/supra/votacao-secreta-no-senado-uma-questao-apenas-de-transparencia-18012019

https://www.jota.info/especiais/a-liminar-de-marco-aurelio-da-monocratizacao--a-insurreicao-27122018

https://www.jota.info/stf/supra/o-inquerito-de-toffoli-a-censura-e-o-dever-geral--de-cautela-25042019

https://www.jota.info/stf/supra/neutralizando-a-tv-justica-em-tres-passos-24092018

https://www.jota.info/stf/reforma-do-supremo-individual-resistencia-dos-ministros-nao-fara-a-pauta-sumir-08082018

https://www.jota.info/stf/supra/greve-dos-caminhoneiros-e-o-perigo-da-ineficacia-judicial-28052018

https://www.jota.info/stf/supra/foro-privilegiado-incerteza-08052018

https://www.jota.info/stf/supra/entrevista-de-lula-guerra-de-liminares-e-a-legitimidade-circulante-do-supremo-10102018

https://www.jota.info/stf/supra/nas-universidades-nem-tudo-pode-ser-dito-04122018

https://www.jota.info/stf/supra/nos-30-anos-da-constituicao-o-supremo-contra-o-processo-05112018

https://www.jota.info/stf/supra/consequenciachismo-principialismo-e-deferencia-limpando-o-terreno-01102018

https://www.jota.info/stf/supra/o-reajuste-dos-juizes-o-supremo-a-bolsa-e-a-espada-18082018

https://www.jota.info/stf/supra/audiencia-publica-sobre-aborto-foi-um-teatro-armado-13082018

https://www.jota.info/stf/supra/para-onde-foram-as-teses-no-supremo-27062018

https://www.jota.info/stf/supra/quem-ganha-a-corrida-do-foro-privilegiado-28052018

https://www.jota.info/stf/supra/supremo-versus-supremos-maluf-palocci-e-a-lava-jato-13042018

https://www.jota.info/stf/supra/o-supremo-das-estrategias-rosa-weber-lula-06042018

https://www.jota.info/stf/supra/na-moderacao-de-rosa-weber-esta-o-destino-da-execucao-provisoria-22032018

https://www.jota.info/stf/supra/o-mito-da-sociedade-aberta-de-interpretes-da-constituicao-08032018

https://www.jota.info/stf/supra/pessoas-trans-o-mundo-mudou-e-o-supremo-tambem-01032018

https://www.jota.info/justica/algoritmo-stf-distribuicao-processos-13092018

OUTROS DOCUMENTOS

ADC 1-QO — ADC

ADC 4-MC — Cabimento MC na ADC

ADC 9 — Apagão

ADI 223 — Vedação à concessão de medida liminar em mandados de segurança e em ações ordinárias e cautelares decorrentes de medidas provisórias relativas ao Plano Collor

ADI 1204-MC — "As medidas provisórias e o sistema da Constituição de 1988. Orientação adotada pelo STF"; ADI 1675-MC — MP. Pressupostos de relevância e urgência. Repouso semanal remunerado; RE 217162 — MP. Reedição de MP não rejeitada pelo CN. Possibilidade. Pressupostos de relevância e urgência. Caráter político; ADI 1516-MC — MP. Código Florestal. "É de se excetuar, apenas, a hipótese em que a falta de urgência possa ser constatada objetivamente. E, no caso, não há evidência objetiva da falta de urgência, sendo a relevância da Medida Provisória incontestável"; ADI 3964-MC — "Impossibilidade de reedição, na mesma sessão legislativa, de medida provisória revogada. Tese contrária importaria violação do princípio da Separação de Poderes, na medida em que o presidente da República passaria, com tais expedientes revocatório-reedicionais de medidas provisórias, a organizar e operacionalizar a pauta dos trabalhos legislativos"; MS 27931 — MP e poder de agenda do Congresso Nacional (trancamento da pauta da Câmara dos Deputados por conta de medidas provisórias não analisadas no prazo de 45 dias, contados de sua publicação, só alcança projetos de lei sobre temas passíveis de serem tratados por MP); ADI 5127 — STF reconheceu a "impossibilidade de se incluir emenda em projeto de conversão de medida provisória em lei com tema diverso do objeto originário da medida provisória"

ADI 1351 — Cláusula de barreira

ADI 1458-MC — "Caso do Salário Mínimo". Satisfação das necessidades vitais básicas. Garantia de seu poder aquisitivo

ADI 1480-MC — Convenção 158 OIT. Despedida sem justa causa

ADI 1856/3776 — Briga de galo; RE 153531 — "Farra do boi". Manifestação cultural vs. Crueldade com animais; ADI 4983 — Vaquejada.

ADI 2321-MC — Amicus Curiae

ADI 2797 — Foro por prerrogativa de função. "Repelir a usurpação pelo legislador de sua missão de intérprete final da Lei Fundamental"

ADI 3112 — Estatuto do desarmamento

ADI 3367 — Constitucionalidade criação CNJ; ADI 4638-MC-REF — Competência concorrente CNJ investigar

ADI 3685 — Verticalização processo eleitoral

ADI 4 — Taxa de juros reais até 12% ao ano

ADI 493 — Irretroatividade da lei

ADI 4029 — "Caso Instituto Chico Mendes"

ADI 4451 — Crítica e humor jornalísticos

ADI 4650 — Financiamento de campanhas eleitorais

ADI 4815 — Biografias não autorizadas

ADI 833/1420-MC/2024 — Competência STF para exame de constitucionalidade de emendas

ADI 939 — IPMF. Princípio da anterioridade tributária

ADI 981-MC — Limites e controle da Revisão Constitucional (art. 3º do ADCT)

ADIs 3999/4086 e MS 26603 — Fidelidade partidária

ADIs 4357 e 4425 - Precatórios

ADPF 101 — Importação de pneus usados; ADI 3540 — Direito ao meio ambiente ecologicamente equilibrado

ADPF 130 e RE 511961 — Lei de Imprensa e diploma jornalismo; Rcl 15243 (monocrática) — Liberdade de imprensa e direito de crítica

ADPF 132 e ADI 4277 (ver RE 477554-AgR) — União homoafetiva

ADPF 144 — Inelegibilidade; RES 630147(JoaquimRoriz)/631102(Jader Barbalho)/633703, ADI 4578 e ADCs 29 e 30 — Ficha Limpa

ADPF 187 e ADI 4274 — Liberdade reunião e manifestação do pensamento. "Marcha da Maconha"; ADI 1969 — Liberdade reunião e manifestação

AP 307 e MSs 21564/21689/21623 (Impeachment) — "Caso Collor"; ADI 5498 — ordem de votação no impeachment de Dilma; ADPF 378 — rito do impeachment de Dilma

Ext 633 — Extradição e direitos humanos; Ext 524 — Inextraditabilidade de estrangeiros por crimes políticos ou de opinião; Ext 855 — Extraditabilidade de terrorista.

Ext 974 — "Caso Operação Condor". Permanência crime sequestro; ADPF 153 — Lei de Anistia; Ext 1362 - indeferiu o pedido do governo da Argentina contra Salvador Siciliano, acusado de sequestrar e assassinar militantes políticos de esquerda entre 1973 e 1975

Ext 1085 — "Caso Battisti"

HC 82424 — "Caso Ellwanger"/Racismo/Liberdade de expressão

HC 82959 x HC 69657 (antigo entendimento) — Progressão de regime crimes hediondos; HC 111840 — Crime hediondo e regime inicial de cumprimento da pena; HC 118533 — tráfico privilegiado, previsto no artigo 33, parágrafo 4º, da lei 11.343/2006, não deve ser considerado crime de natureza hedionda

HC 87610 — Relevância do MP e poder investigatório; HC 89837 — Poder investigatório MP; RE 593727 - Poder investigatório MP

HCs 84078 e 126292 — Execução provisória da pena; ADCs 43 e 44

Inquérito Policial n. 010/2016, 1ª Delegacia DAS. Processo 0036961-28.2016.8.26. 0050. Tribunal de Justiça de São Paulo

Inq 2245 e AP 470 — "Mensalão"

MIs 708/670/712 — Direito de greve (Mudança jurisprudência MI); MI 721 — Aposentadoria especial; MIs 107-QO/943/1010/1074/1090 — Jurisprudência MI

MS 20257 (julgamento em 8 out. 1980) — leading case legitimidade parlamentar devido processo legislativo constitucional MS 22503 (julgamento em 8 maio 1996)

MS 23047 — PEC reforma previdenciária. Direito adquirido; ADC 8 — Contribuição inativos

MS 23452 e 24817 — Quebra de sigilos bancário, fiscal e telefônico por CPI

MS 24133 — Desapropriação imóvel invadido pelo MST. Reforma agrária. Função social da propriedade

MS 26441/24849/24831 — CPI. Direito de oposição. Minorias parlamentares

MS 32033 — Novo leading case. Devido processo legislativo constitucional. Liminar para impedir a tramitação do projeto de lei

PET 3388 — Raposa Serra do Sol

RE 186088 — "Caso Humberto Lucena"

RE 197917 — "Caso Mira Estrela". Representação Câmara Municipal

RE 201819 — Eficácia dos direitos fundamentais às relações privadas

RE 430105-QO — Posse drogas para consumo pessoal

RE 440028 — Portador de necessidades especiais. Acesso a prédio público

RE 579951, ADC 12 e ADI 1521 — Nepotismo

RE 591054 — "A existência de inquéritos policiais ou de ações penais sem trânsito em julgado não pode ser considerada como maus antecedentes para fins de dosimetria da pena"; HC 94082 (Monocrática) — Direito ao silêncio; HC 79589 — Direito ao silêncio. Prerrogativa contra a autoincriminação

RE 592581 — Presídios (acompanha: ADPF 347)

RE 592581 — Presídios (acompanha: ADPF 347); RE 641320 - Cumprimento de pena em regime menos gravoso ante a falta de vagas em estabelecimento penitenciário adequado

RES 466343/349703 e HC 87585 — Prisão civil por dívidas. Tratados internacionais. Natureza "supralegal"

RMS 18534 x HC 83996 (Gerald Thomas) — Obscenidade. Liberdade de expressão

SS 1203 — Invasão da Estrutural vs. Inviolabilidade de domicílio; RE 603616 — "A entrada forçada em domicílio sem mandado judicial só é lícita, mesmo em período noturno, quando amparada em fundadas razões, devidamente justificadas a posteriori, que indiquem que dentro da casa ocorre situação de flagrante delito, sob pena de responsabilidade disciplinar, civil e penal do agente ou da autoridade, e de nulidade dos atos praticados".

STA 175-AgR/SL 47-AgR — Judicialização do direito à saúde

ACÓRDÃOS CONSULTADOS

AC 1946	ADI 2797
AC 3764	ADI 3367
ACO 2511	ADI 3510
ADC 9	ADI 3540
ADC 12	ADI 3999
ADC 29	ADI 4029
ADC 30	ADI 4086
ADC 41	ADI 4274
ADC 43	ADI 4277
ADC 44	ADI 4357
ADI 2	ADI 4357
ADI 1521	ADI 4425

ADI 4465

ADI 4578

ADI 4628

ADI 4638 MC

ADI 4650

ADI 4715

ADI 4815

ADI 4874

ADI 4983

ADI 5108

ADI 5409

ADI 5498

ADO 26

ADPF 101

ADPF 130

ADPF 132

ADPF 186

ADPF 187

ADPF 347

ADPF 378

ADPF 54

AP 465

AP 470

EXT 1085

EXT 524

EXT 633

EXT 855

EXT 974

HC 121918

HC 124306

HC 126292

HC 82424

HC 82959

HC 84078

HC 87585

INQ 2245

INQ 2295

INQ 2593

INQ 3156

INQ 4146

MI 670

MI 708

MI 712

MS 21623

MS 23047

MS 24133

MS 26603

MS 31234

MS 32461

PET 3388

PET 5209

PET 5245

PET 6300

PET 6563

RCL 14247

RCL 16535

RCL 17320

RCL 17623

RE 349703

RE 466343

RE 511961

RE 579951

RE 592581

RE 635659

RE 641320

ACERVOS

Acervos dos jornais e sites jornalísticos *Folha de S.Paulo*, *O Estado de S. Paulo*, *O Globo*, *Correio Braziliense*, *Jornal do Brasil*, *Veja*, *Época*, *IstoÉ*, JOTA, Consultor Jurídico, Migalhas, G1, Blog do Noblat, *Primeira Leitura*, *República*.

LEGISLAÇÃO

Constituição Federal
Regimento Interno do Supremo Tribunal Federal

ÍNTEGRAS

Sabatinas dos ministros Nelson Jobim, Gilmar Mendes, Cezar Peluso, Ayres Britto, Joaquim Barbosa, Eros Grau, Ricardo Lewandowski, Cármen Lúcia, Meneses Direito, Dias Toffoli, Luiz Fux, Rosa Weber, Teori Zavascki, Luís Roberto Barroso, Edson Fachin e Alexandre de Moraes, todas disponíveis no site do Senado.

Índice remissivo

Abadiânia (GO), 207-8, 275
Abin (Agência Brasileira de Inteligência), 127, 132
aborto, 12, 134, 141-2, 209-10, 212-4, 217, 226, 307, 311
Abramovay, Pedro, 14
Abreu, Kátia, 194
Academia Brasileira de Letras, 231
ação penal 470, 59, 85, 162, 171, 178-9, 196, 282; *ver também* mensalão, escândalo do
Acre, 49
Adams, Luís Inácio, 157, 195, 259
ADCS (Ações Declaratórias de Constitucionalidade), 84, 321, 324-6
ADIS (Ações Diretas de Inconstitucionalidade), 45, 82, 124, 218, 228, 237, 255, 257, 286, 291, 307, 335
ADPF (Arguição de Descumprimento de Preceito Fundamental), 61, 63, 98, 153-4, 210, 235-6, 243, 267
Advocacia-Geral da União (AGU), 42, 152-4, 156-7, 195, 246, 249

Aeronáutica, 247
Afonso, Almino, 326
África do Sul, 151
Agência Nacional do Petróleo, 291
Agostinho, Santo, 75
Agripino, José, 139, 194
Al Jazeera (TV árabe), 162
Alagoas, 78
Albuquerque, Evany de, 285
Albuquerque, Xavier de, 11, 285
Alckmin, Rodrigues, 44
Alemanha, 98, 119, 193, 200
Almeida, Ricardo, 40
Alonso, Joel, 36
Alves, Damares, 330
Alves, Henrique, 62, 253
Alves, João Luis, 87
Alves, Marcos Joaquim Gonçalves, 126
Alves, Moreira, 11, 93, 102, 104, 171, 176, 220-2, 238-9, 242, 248, 284-6
Alvim, Juliana Cesario, 14, 233
Amapá, 155
Amaral Filho, Antônio Augusto do, 98

Amaral, Delcídio do, 32, 49, 53-5, 57, 66, 126, 235
Amaral, Sérgio, 14
Amaury Júnior, 92
Amorim, Paulo Henrique, 100-1
"análise de interesse fiscal", 20
Anápolis (GO), 209
Andorra, 213
anencefalia, 141, 209-10, 213, 219, 224
Angra dos Reis (RJ), 29, 39-40
Antagonista, O (site), 84
Apollo 13 (filme), 32
aposentadoria de ministros do STF, 58, 86, 115-6, 121-3, 138, 151, 161, 166, 169, 177, 181, 186, 188, 192, 200, 220, 285, 288, 316, 328, 332, 336-7
Arantes, Rogério, 14
Araújo, Carlos Franklin Paixão, 147
Arguelhes, Diego Werneck, 14, 78, 82, 233
Assembleia Legislativa de São Paulo, 316
Associação dos Magistrados Brasileiros (AMB), 149
ativismo judicial, 80, 142, 336
Ato Institucional nº 2 (1965), 328
Ato Institucional nº 6 (1969), 136
autocontenção judicial, 71, 82
auxílio-moradia para juízes, 256-7, 292, 311
Azeredo, Eduardo, 137
Azevedo, Reinaldo, 195

Bahia, 140
Baleeiro, Aliomar, 12, 47, 150, 286
Baliardo, Rafael, 14
bancada evangélica, 331
bancada ruralista, 126
Banco Central, 58
Bandeira de Mello, Celso Antônio, 60, 193-4, 249

banheiro feminino no STF, 230, 233
Banhos, Sérgio, 16
Bar Brasília, 185
Barata, Jacob, 251
Barbiéri, Luiz Felipe, 14
Barbosa, Joaquim, 11, 100, 116, 122, 124, 139, 142, 158, 161-2, 165-7, 171-9, 181-91, 197-200, 202-5, 209-10, 212, 220, 225, 230, 282-4, 287-90, 304
Barroso, Luís Roberto, 11, 15-9, 22, 24, 35, 50-1, 53, 63-7, 80-1, 88, 98, 103-4, 113, 116, 120-1, 141-2, 148, 151, 155, 159, 171, 186, 201-4, 207-10, 213-4, 224, 226, 229, 231, 252-4, 256, 259, 270-8, 280-3, 299, 302-14, 330-1
Barroso, Tereza Cristina van Brussel, 274
Basile, Juliano, 14
Bastos, Márcio Thomaz, 122, 144-6, 157-60, 168-70, 183-4, 196
Batini, Silvana, 14
Batista, Eike, 95
Batista, Joesley, 120, 253, 299
Battisti, Cesare, 180, 258-60, 310
Beit Chabad (Brasília), 219
Belluzzo, Luiz Gonzaga, 258
Belo Horizonte (MG), 30, 114-5
Bergamo, Mônica, 73
Bermudes, Sérgio, 251
Bickel, Alexander, 81
Binenbojm, Gustavo, 14
Blog do Moreno, 251
Bolívia, 259
Bolsonaro, Eduardo, 20, 76, 328
Bolsonaro, Jair, 12-3, 16-7, 20, 43, 76, 86, 107, 214, 293, 301, 327-30
Borja, Célio, 11, 132
Bornhausen, Jorge, 227
Bottini, Pierpaolo Cruz, 14

Bragança Paulista (SP), 182
Brandão, Rodrigo, 14
Brandeis, Louis, 143
Brasil, 36, 48, 60, 76, 79-80, 82-3, 87-8, 90, 92, 96, 98, 122, 136, 151, 158, 162-3, 165, 172, 184, 202, 214, 231, 239, 250, 258-9, 292-3, 306, 318
Brasil, Cristiane, 300
Brasília, 27-8, 33-5, 38, 43, 49, 52, 60, 67, 69-70, 90, 92, 99, 113, 116, 126-7, 144-5, 152, 156, 184, 191, 196, 207, 246, 248, 250-1, 265-6, 274-5, 316, 322
Braz, Humberto, 290
Brazil Forum UK (2018), 280
Brennan, William, 80
Brics (Brasil, Rússia, Índia, China e África do Sul), 151
Brigada Militar, 41
Brígido, Carolina, 14, 173
Britto, Carlos Ayres, 11, 60, 81, 107-8, 121, 135, 139, 151, 158, 165-7, 182-3, 186-90, 193-5, 199, 200-1, 208, 216-7, 223-4, 230, 257, 259, 263, 274-5, 282, 287, 289-92, 297-8, 310
Brossard, Magda, 14
Brossard, Paulo, 11, 87, 132, 143, 149, 278
"Brown v. Board of Education" (caso americano), 80
Buarque, Chico, 309
Bueno, José Antônio Pimenta, 87
Bulhões, Nabor, 258
Bulla, Beatriz, 14
Buriti, Tarcísio de Miranda, 174
Burlamaqui, Mauro, 14

Cabral, Adriana Ancelmo, 73
Cabral, Sérgio, 73, 252, 308
Cachoeira, Carlinhos, 192-3
Caetano, Flávio, 271

Cafezinho, O (blog), 105
Calheiros, Renan, 12, 56-7, 78, 83, 124-5, 127-8, 234-6, 243-5
Calmon, Eliana, 189
Câmara dos Deputados, 12, 32, 49, 61-6, 69, 75-6, 103, 126, 132, 152, 154, 164, 195, 235, 237, 241-3, 245, 252-6, 261, 266-8, 271-2, 279, 306, 308
Campbell, Mauro, 39, 41
Campo de Marte (São Paulo), 29, 36
Campos, Carlos Alexandre de Azevedo, 14
Canário, Pedro, 14
Capiberibe, João, 156
Caras, David, 88
Cardoso, Adauto Lúcio, 285
Cardoso, Fernando Henrique, 59, 133, 139, 145-6, 152, 157, 192, 195, 211, 221, 237, 246-7, 262, 295
Cardozo, José Eduardo, 62, 121, 125, 147, 151, 265-6, 268, 271, 277
Carneiro Leão, Honório Hermeto, 87
Carneiro, Luiz Orlando, 14
Carvalho, Gilberto, 122, 146, 157, 170
Carvalho, Laura, 280-1
Carvalho, Luiz Maklouf, 14, 89
Carvalhosa, Modesto, 249
Casa Branca (EUA), 143
Casa Civil, 82, 121, 147-8, 153-4, 185, 195, 250, 261, 271, 301
Casa Dom Inácio de Loyola (Abadiânia), 206
Casado, Letícia, 14
casamento gay ver união homoafetiva
Cassol, Ivo, 232
Castelo Branco, Sueli, 285
Castor, Diogo, 22
Castro, Antônio Carlos de Almeida (Kakay), 65-6
Cavalcante Junior, Ophir, 307

Cavallazzi, Vanessa, 31

Ceará, 228, 307-8

Ceilândia (Brasília), 31

células-tronco, pesquisas com, 12, 80, 171, 212, 215-6, 218, 327

Cerveró, Nestor, 55

Chaer, Márcio, 14

China, 151

Chinaglia, Arlindo, 241

Chong, Law Kin, 241

Cinema Paradiso (filme), 93

Clara, santa, 92

Clark, Tom, 158

cocaína, 98, 229, 247

Código de Processo Civil, 45, 285

Código de Processo Penal, 210, 318

Código Eleitoral, 19

Coimbra, Marcos, 272

Collor de Mello, Fernando, 91, 170-1, 188, 238-9, 262, 269-70, 272-3, 278-9, 284

Comentários à Constituição de 1946 (Miranda), 137

Comissão de Constituição e Justiça do Senado (ccj), 84-5, 128, 136-9, 141, 146, 149, 151

Comitê de Imprensa do stf, 91, 104

Comparative Constitutions Project, 79

Comparato, Fábio Konder, 249

condenação em segunda instância, 12, 78, 83, 120, 247, 283, 293, 310-1, 319-20, 323, 325-6

Confederação Nacional dos Trabalhadores na Saúde, 210

Congonhas, aeroporto de (São Paulo), 36

Congresso Nacional, 20-1, 33-4, 43, 45-6, 49, 57-8, 63, 68, 74-7, 79, 81-2, 91, 93, 107, 123, 128, 135, 139, 143-4, 150, 161, 171, 192, 209, 212-6, 223, 226, 228-9, 237-9, 241, 246-7, 254-5, 260, 263-4, 269-70, 273, 278, 305, 307, 311, 328, 330-1, 336

Conselho Federal da Ordem dos Advogados do Brasil, 153-4

Conselho Nacional de Justiça (cnj), 17, 189, 225, 296

conservadorismo/conservadores, 20, 43, 71, 142, 150, 158, 169, 214-7, 219-20, 224, 229, 283, 285-6, 329-30

Consórcio Internacional de Jornalistas Investigativos (icij), 97

Constituição americana (1787), 81

Constituição brasileira de 1891, 136

Constituição brasileira de 1934, 136

Constituição brasileira de 1946, 136

Constituição brasileira de 1967, 136

Constituição brasileira de 1988, 18, 24-6, 45, 51, 54-5, 57, 59, 61, 68, 77-80, 82, 87, 90, 106, 132-5, 138, 141, 153, 157, 169, 171, 214, 216, 221-3, 225, 227, 229, 235-6, 239-40, 254, 256-8, 267, 269, 280, 283-5, 287, 293, 302, 307, 318-9, 326, 328-9, 333-4, 336

Constituição e constitucionalidade (Cármen Lúcia), 114

Construcap ccps Engenharia e Comércio S.A., 70

Consultor Jurídico (site), 181

Cordeiro, Gabriela de Oliveira, 209

Córdoba (Espanha), 37

Corrêa, Maurício, 11, 93, 132, 209-10, 221-2, 261

Correa, Oscar Dias, 87

Corregedoria Geral da Justiça de São Paulo, 132

Correia, Antônio Carlos Alves, 16, 18-9

Correio Braziliense (jornal), 139

Correio da Manhã (jornal), 99

Correios, 160, 231

corrupção, 13, 20-2, 33, 44, 48-9, 60, 75-7, 79, 101, 106, 123, 173, 204-5, 250, 252-3, 280, 301, 318, 320, 327, 335

cortes constitucionais, 82, 142, 157, 305

Costa do Sauípe (BA), 104

Costa, Alexandre Araújo, 14

Costa, Álvaro Augusto Ribeiro (Advogado-Geral da União), 249, 291

Costa, Álvaro Ribeiro da (Ministro do STF), 99

Costa, Henrique Araújo, 14

cotas raciais, 134-5, 230, 327

Couceiro, Leonardo da Costa, 300

Cour Supréme dans le système politique brésilien, La (Barbosa), 185

CPIS (Comissões Parlamentares de Inquérito), 20, 66, 160, 192-3, 240-2

CPMF (Contribuição Provisória sobre Movimentação Financeira), 211

crack, 229

crimes eleitorais, 22

Crusoé (revista eletrônica), 25, 90

Cubas, Eduardo Luiz Rocha, 17-8

Cunha, Eduardo, 12, 32, 61-7, 103, 125-6, 235, 254, 266-8, 271, 308

Curitiba (PR), 28, 33, 38, 68, 70, 265

CUT (Central Única dos Trabalhadores), 122

D'Agostino, Rosanne, 14

D'Elia, Mirella, 14

Da Ros, Luciano, 14

Dallagnol, Deltan, 75-6

Dantas, Bruno, 125, 146

Dantas, Daniel, 290

Davis, Richard, 88

Del Río, Andrés, 14

delações, 25, 28, 32, 35, 38-9, 61, 100, 119, 128, 250, 303, 320

Delcídio, Bernardo, 55

DEM (Democratas), 132, 139, 156, 227, 296, 304

democracia, 19, 26, 61, 79, 81, 86, 181, 327

democratas americanos, 224, 283

Derzi, Misabel, 145-6

"Dez medidas contra a corrupção" (pacote legislativo), 75-6, 252

Diário de Justiça (jornal), 130

Diários da Presidência (Fernando Henrique Cardoso), 59

Dias, Geiza, 303

Dirceu, José, 153, 165, 195, 197, 204, 261, 293, 303, 308-9

Direito constitucional (Moraes), 135

direitos humanos, 221, 224-5

ditadura militar (1964-85), 26, 45, 91, 154, 240, 258, 285, 298, 328

doações eleitorais, 70, 311

Dodge, Raquel, 301

Donadon, Natan, 252-3, 298, 306

drogas, porte de, 229

Dunga (técnico de futebol), 261

Dutra, José Eduardo, 141

Economist, The (revista), 105, 163

Eisenhower, Dwight D., 90

Elderly, Maria Fernanda, 14

eleições municipais (2012), 187, 192

eleições presidenciais (1989), 273

eleições presidenciais (1994), 133

eleições presidenciais (2010), 74

eleições presidenciais (2014), 123, 253, 296

eleições presidenciais (2018), 12, 16, 20, 120, 320, 328

Ellwanger, Siegfried, 93, 219-1

"embargos auriculares", 164

"emenda jabuti", 76

Engevix (empreiteira), 27
ensino religioso nas escolas públicas, 283
Epicuro, 144
Época (revista), 127, 265, 314
Escola de Direito da FGV-SP, 305
Espaço Cultural Ministro Meneses de Direito (prédio do STF), 218
Espanha, 37
Estado de S.Paulo, O (jornal), 75, 78, 84, 92, 97, 129, 135, 138, 289
Estados Unidos, 31, 35, 43, 48, 65, 79-80, 98, 142-3, 158-9, 163, 184-5, 217, 220, 224
Etchegoyen, Sérgio, 15-6, 18-9
Exame (revista), 95
Executivo, Poder, 13, 33, 46-7, 49, 59, 71, 77, 109, 140, 149, 157, 160, 235-6, 241, 246, 257, 259-62, 264, 331, 335
Exército, 16, 18-9, 85, 136, 149, 265, 326

FAB (Força Aérea Brasileira), 32, 40-1, 43, 113, 247, 265
Facebook, 76, 85
Fachin, Edson, 11, 16-9, 23, 36, 47, 63-4, 66, 85, 100, 108, 110, 113-22, 124-30, 134, 149-51, 214, 231, 253-5, 265-72, 277-80, 283, 293-5, 299, 307-8, 324-5, 331
Faculdade de Direito de Recife, 152
Faculdade de Direito do Largo de São Francisco (USP-SP), 135, 137-8, 148, 241
Fajoses, Hercules, 42
Falcão, Djaci, 91
Falcão, Joaquim, 14, 196
Falcão, Márcio, 14
Faria, João Teixeira de *ver* João de Deus (médium)
Farias, Paulo Marcos de, 30

Farias, Silvia, 193, 195
Faxinal do Guedes (SC), 60
FBI (Federal Bureau of Investigation), 31
Feitosa, Chiquinho, 93, 247
Feitosa, Guiomar, 20-1, 35, 93, 95, 155, 246, 251
Fernandes, Sérgio Bruno, 28
Fernandes, Talita, 14
Ferrão, Eduardo, 38
Ferreira, Manuel Alceu Affonso, 135
Fides et ratio (encíclica papal), 219
Filgueiras, Carlos Alberto, 29
Financial Times (jornal), 105
Fiorentini, João Tadeu, 16
Five Thunders, The (banda), 72
Folha de S.Paulo (jornal), 35, 65, 84, 90, 92, 104, 163, 170, 184, 196, 219, 232, 246, 327-8
Fontainha, Fernando, 14
Fonteles, Claudio, 215, 249
Fonteles, Rafael Barroso, 63
Forças Armadas, 17, 18, 326, 329
Forensic Toolkit (software), 31
formação de quadrilha, 203-4, 253, 298, 304, 309
foro privilegiado, 32, 67, 170, 174-5, 197, 301
Fraga, Plínio, 314
França, 185
Franco, Itamar, 145
Franco, Moreira, 301
Freitas, Janio de, 219
Freitas, Márcio de, 42
Freitas, Silvana de, 14
Fundação Getulio Vargas (FGV), 54, 61, 73, 77, 159, 305
Fundo de Financiamento Estudantil (Fies), 295
Fundo de Quintal (grupo musical), 104
futebol, 234, 261

Fux, Luiz, 11, 22-3, 58, 66, 72-7, 88, 97, 108-9, 116, 138, 143, 149, 151, 160-1, 202-3, 206-8, 219, 225, 232, 252-4, 256-7, 263, 284, 292, 308, 311-2, 317, 321-2, 324

Gabinete de Segurança Institucional da Presidência da República, 15, 19
Gabriela, Marília, 92
GAIN (sistema interno de comunicação dos ministros), 218
Galloro, Rogério, 16
Gallotti, Isabel, 147
Gallotti, Luís, 99
Gallotti, Octavio, 11, 171, 238-40, 286
Gallucci, Mariângela, 14
Galvão, Ilmar, 11
Ganso (jogador), 261
gás natural, 291
Geisel, Ernesto, 220
Genoino, José, 303
Genro, Tarso, 144, 259
Girardi, Rosana, 36, 128
Glezer, Rubens, 14
Globo (TV), 92, 101, 107, 109, 193-4, 289
Globo, O (jornal), 74, 84, 92, 109, 163, 167, 173, 182, 196, 231, 245
Goiás, 18, 207, 311
golpe militar (1964), 91
Gomes, Camila, 63
Gomes, Juliana Cesario Alvim, 14
Gonçalves, Marcone, 14
Gonçalves, Wagner, 249
Gonzaga, Admar, 16, 18, 227
Google, 48, 71
Goulart, João, 326
governabilidade, 59, 141, 146, 157, 211, 250, 257
Gracie, Ellen, 58, 106, 138, 147, 157, 166, 172, 175-6, 230, 232, 247, 259

Grã-Cruz da Ordem do Congresso Nacional, 161
Grau, Eros, 11, 102, 138, 142, 154, 158, 161, 165, 167, 175, 218, 231, 241, 258, 287-8, 290
Greenhalgh, Luiz Eduardo, 144, 260
Grupo de Atuação Especial de Combate ao Crime Organizado (Gaeco), 31
Guarujá (SP), 280
Gurgel, Roberto, 193, 195
Guzzo, José Roberto, 95, 97

habeas corpus, 52, 84, 91, 99, 207, 209-10, 214, 219, 247, 280, 290, 293-5, 307-8, 311, 320, 324-6
Haddad, Jamil, 237
Haidar, Rodrigo, 14
Hamburgo (Alemanha), 36
Hartmann, Ivar, 14
Henshall Group S.A., 97
Hill, Anita, 184
História do Supremo Tribunal Federal (Lessa), 183
Hoff, Paulo, 274-5
Holmes, Oliver Wendell, 44
Holocausto, 219
homofobia, criminalização da, 21, 214, 223, 225, 330-1
Horbach, Carlos, 16
Horbach, Carlos Bastide, 14
Hotel Emiliano (São Paulo), 29
Hume, David, 218
Hungria, Nelson, 99-100

IBCCrim (Instituto Brasileiro de Ciências Criminais), 319
Igreja católica, 43, 122, 215
impeachment de Collor, 269-70, 272-3, 278-9
impeachment de Dilma, 63, 103, 132, 135, 265-8, 270-2, 277-8

impeachment de ministros do STF, pedidos de, 21, 215, 223, 245, 247-9, 251, 256-7, 331, 336

Impeachment, O (Brossard), 278

Imposto sobre Produtos Industrializados, 59

imprensa, 13, 22, 24-5, 43, 46, 56, 60, 65, 74, 84-5, 89-92, 94, 97, 100, 102-5, 107, 109, 142, 150-1, 154-6, 162-3, 168, 172, 174, 177-80, 182, 187, 190-1, 193, 195, 201, 205, 224, 241, 246, 271, 290, 297-9, 306, 313, 323, 325, 328; *ver também* mídia

Índia, 79, 151

indicações para o STF, 58, 157

"*individual judicial review*", 82

indulto natalino, 263, 283, 301-2, 309

Inglaterra, 280

Instituto Brasiliense de Direito Público (IDP), 20-1, 195, 302

Instituto de Direito Max Planck (Hamburgo), 36, 119

Instituto Paraná Pesquisas, 99

intervenção federal no Rio de Janeiro (2018), 326

Irlanda, 213

Itália, 259-60, 310

Itamaraty (Ministério das Relações Exteriores), 125, 284

Itaquaquecetuba (SP), 182

Ivy League, universidades da (EUA), 65

Jacques, Humberto, 14

Janene, José, 200

Janot, Rodrigo, 31, 35, 43, 53-4, 56-7, 62, 72-3, 75, 119, 251, 302

JBS (empresa), 120, 127-8, 250, 299

Jefferson, Roberto, 300

Jereissati, Tasso, 143

João de Deus (médium), 207-8, 275

João Paulo II, papa, 219

Jobim, Nelson, 11, 22, 61, 106, 108, 132-3, 145, 154, 157-8, 168, 191-2, 195, 216, 218, 220, 222-3, 247-8, 262, 273, 291-2

Jorge, José, 146

Jornal do Brasil, 92

Jornal Integração, 85-6

Jornal Nacional (telejornal), 289-90, 313

Jovem Pan (rádio), 97

Jucá, Romero, 155

judeus, 207, 219-21, 223

"*judicial self-restraint*", 82

Judiciário, Poder, 17, 25, 39, 51, 53-4, 61, 78-9, 82, 90, 113, 125, 132, 151, 156-8, 168, 181, 202, 210, 225, 236-9, 241, 243, 245, 255, 261-2, 277-8, 289, 304-5, 323, 335

juízes, 11, 18, 25, 33, 48, 81, 105, 108, 115-6, 118, 127, 136, 165, 176, 187, 201, 218, 236, 239, 256-7, 272, 292, 311, 318-9, 328, 336-7

jurisprudência, 25, 41, 45, 51, 56, 59, 79, 81, 94, 105, 120, 135, 174-5, 205, 220, 240-1, 248, 260, 283, 292, 294-5, 310, 318-20, 323, 334-5

Justiça Eleitoral, 22, 74, 250

Justiça Federal, 17, 22

Justices and Journalists — The Global Perspective (Davis e Caras), 88

Kaiser, Delorgel, 14

Kakay *ver* Castro, Antônio Carlos de Almeida

Kamel, Ali, 109

Kant, Immanuel, 218

Karam, Vera, 14

Kaskelis, Mario Cezar, 155

Kaufmann, Rodrigo, 14

Kennedy, Anthony, 224

Kubitschek, Juscelino, 248
Kuerten, Gustavo, 104

Lafer, Celso, 221
Lago Sul (Brasília), 52, 65, 72, 191, 231, 275
Lava Jato *ver* Operação Lava Jato
lavagem de dinheiro, 22, 198, 280, 304
Leal, Fernando, 14, 222
Legislativo, Poder, 32-3, 46-7, 71, 90, 109, 125, 142, 161, 214-5, 228, 236, 240, 243, 245, 264, 291, 331, 335
Lei da Ficha Limpa, 73-4, 107, 180, 217, 282
Lei de Anistia, 102, 154, 282
Lei de Biossegurança, 215
Lei de Diretrizes Orçamentárias, 123
Lei de drogas, 229
Lei de Imprensa, 12
Lei de Licitações, 156
Lei de Responsabilidade Fiscal, 157, 262-3
Lei do Impeachment, 269
Lei Orgânica da Magistratura, 141
Lessa, Pedro, 148, 183
Lewandowski, Ricardo, 11, 37, 41, 50, 61, 63-6, 89-90, 100, 102, 104-5, 108, 111, 113, 124, 134, 142, 144-5, 151, 155, 165, 167, 177, 180-1, 186-8, 190-1, 196-200, 202, 205, 208, 231-3, 246, 250, 263, 267, 272, 274, 282-4, 289, 294-9, 303-4, 308, 312, 317, 320
Lewandowski, Yara, 198, 297
LGBT, comunidade, 331
liberalismo econômico, 282
liberdade de expressão, 23, 220, 223
Liechtenstein, 213
Lima, Hermes, 258
Lima, Jorge, 162

Lima, Layrce de, 14
Lima, Ronaldo Cunha, 173-5
liminares, 59, 61, 63-4, 76-9, 81-2, 103, 146, 211-2, 238-9, 241-5, 247-8, 250-1, 256, 263-4, 267-9, 273, 291-4, 301-2, 325, 335
Lins, Edmundo, 90
"Lista de Fachin", 129-30
"Living Constitution" (EUA), 79, 81
Livraria Cultura (São Paulo), 102
Lobão, Edison, 139
Lôbo, Cristiana, 193, 195
Lobo, Demóstenes da Silveira, 127
London School of Economics and Political Science, 280
Londres, 34
Lopes, José Reinaldo de Lima, 14
Los Angeles, 184
Lúcia, Cármen, 11, 22, 30, 41, 44, 50-2, 67, 84, 97, 110-6, 118-20, 124, 129, 137, 142-3, 146-7, 165, 167, 202, 231-3, 243, 245, 251, 255-6, 263, 272, 282, 289, 297-303, 308-9, 311-3, 316-7, 320-6
Lula da Silva, Luiz Inácio, 12, 34, 60, 68-9, 78, 82-4, 105, 107, 120, 122, 124, 135, 139, 143-7, 152-5, 157-61, 163, 165, 168-70, 179-80, 183-6, 191-5, 204, 215, 218, 232, 250, 252, 259-62, 280, 295, 301, 303, 311, 320, 324-6, 335
Lula da Silva, Marisa Letícia, 169, 192

Machado, Eloisa, 14
maconha, descriminalização da, 12, 229
Mafei, Rafael, 14
Magalhães, Antônio Carlos, 140, 144, 146, 240
Magalhães, João Batista, 14
Magro, Maira, 14

Maia, Oto Agripino, 272
Maia, Rodrigo, 244, 256
Malta, República de, 213
Maluf, Paulo, 293, 294
manifestações de junho (2013), 12-3
mansplaining, 232
Marcha da Maconha, 12
Martins, Franklin, 154
Martins, Luísa, 14
Martins, Patrícia, 110
Martins Filho, Ives Gandra, 43
Mato Grosso, 101, 289, 296, 308
Mattos, Miguel, 14
Maximiliano, Carlos, 87
Mayer, Rafael, 11
McDonald's, 316
MDB (Movimento Democrático Brasileiro), 32, 78, 304
Mello, Celso de, 11, 17, 21-3, 25, 36, 48, 50-2, 56-7, 66, 84-8, 102, 113-5, 124, 137, 166, 177, 200, 202-4, 214, 219, 245, 260, 272, 286, 297, 299, 301, 308, 315-7, 321-3, 326-31
Mello, Marco Aurélio, 11, 22, 37, 44, 52, 59, 63-4, 66, 78, 93, 113, 116, 123-4, 166-7, 174, 198-9, 202, 211-3, 226-7, 231-5, 243-8, 251-4, 263, 270, 276-7, 279, 283-4, 289, 297, 299, 307-8, 311, 317-8, 320-1, 322, 325-6, 328, 331
Mello, Patrícia Perrone Campos, 14
memes da internet, 88, 98-9, 163
Mendes, Conrado Hübner, 14
Mendes, Gilmar, 11, 20-1, 34-5, 41, 52-3, 55, 60-1, 75, 82, 88-90, 93, 95, 97-104, 106, 109, 111, 113-5, 128, 141, 145-6, 151-2, 155-8, 165, 168, 173, 175, 181, 189-96, 201-2, 207-8, 214, 218, 220, 226, 230-1, 243, 244, 246-7, 249-51, 261, 263,

267, 270, 272-4, 282, 287-9, 292-7, 299, 301-13, 319-20
Mendonça, Duda, 183
Mendonça, Eduardo, 14, 63, 307
Mendonça, Grace, 42
Meneses Direito, Carlos Alberto, 105, 152, 158, 168-70, 173, 175, 217-9, 260, 276, 289-90
Menicucci, Celio, 248
Menino Jesus de Praga, 110
mensalão, escândalo do, 12-3, 25, 45, 59-60, 65-6, 83, 85, 88, 100, 105-6, 115-6, 123-4, 144, 153, 158, 160-4, 168, 170-3, 175-6, 178-81, 187-94, 196, 199-200, 202-5, 227, 282-4, 286, 294, 300, 303, 309, 335; *ver também* ação penal 470
Mesquita, Andréa, 14
mídia, 37, 65, 68, 84-5, 87, 90, 92, 94, 99, 105, 109, 120, 147, 178, 180, 191, 196, 225, 289; *ver também* imprensa
Minas Gerais, 74, 83, 145, 163, 286
Ministério da Fazenda, 258
Ministério da Justiça, 76, 149, 184, 195
Ministério das Relações Exteriores (Itamaraty), 125, 284
Ministério do Trabalho, 300
Ministério Público, 24, 27, 31-2, 38, 61, 71, 75-6, 96, 111, 115, 120, 172, 178, 190, 200, 207, 212, 243, 250, 252-4, 320
Ministério Público Militar, 18-9
"ministrocracia", 77
Miranda, Pontes de, 137, 182
Molhano, Leandro, 14
Mônaco, 213
Monerat, Felipe, 63
Moraes, Alexandre de, 11, 19, 23-5, 42, 50, 88, 101, 131-2, 135, 137-8, 149, 214, 283, 317, 331

Morais, Prudente de, 152
Moreno, Jorge Bastos, 245
Moro, Sergio, 33, 41, 67-70, 76, 86, 107, 176
Moura, Maria Thereza de Assis, 58, 69, 147
Moura, Rafael Moraes, 14
Mourão, Hamilton, 329
MST (Movimento dos Trabalhadores Rurais Sem Terra), 122

Navarro, Antônio Sève, 127
Neves, Aécio, 12, 120, 123, 253-5, 300
new journalism, 89
New York Times, The (jornal), 163
Neymar (jogador), 261
Niemeyer, Oscar, 33
Nigéria, 79
Nine: Inside the Secret World of the Supreme Court, The (Toobin), 217
Nogueira, Rafaela, 233
Nossa Senhora Aparecida, 110
"notável saber jurídico", 135-6, 138
Nova York, 77, 226
Novos Estudos Cebrap (revista), 77-8
Nunes, Augusto, 97-8

O'Connor, Sandra, 224
OAB (Ordem dos Advogados do Brasil), 153-4, 306-7, 318
OAS (empreiteira), 71, 280
Odebrecht (empreiteira), 32, 38-9, 119
offshores, 97
Oléo do Diabo (blog), 105
Oliveira, Adão Paulo de, 156
Oliveira, Antonio Claudio Mariz de, 135
Oliveira, Eunício, 253-4, 256
Oliveira, Fabiana Luci de, 196
Oliveira, Mariana, 14
Operação Calicute, 72

Operação Catilinárias, 62
Operação Lava Jato, 12-3, 20, 22, 27-9, 31-3, 35-8, 41-3, 45-6, 48, 52-7, 61-3, 66-7, 69-73, 75-6, 100, 106, 110, 112-8, 120, 125, 128-9, 151, 158, 166, 176, 205, 226, 235, 250, 252-4, 265, 282-3, 294-6, 299-304, 306, 311, 320, 323, 335
Operação Ponto Final, 251
Operação Satiagraha, 290
opinião pública, 13, 33, 41, 43, 45, 59-60, 65, 67, 75, 83, 101, 103, 109, 120, 140, 150-1, 154, 158, 160, 166-8, 170-1, 174, 180-1, 191, 202, 205, 217, 222, 224, 237, 251-2, 255, 267, 299, 302, 317, 321, 324-5, 333
Opus Dei (prelazia católica), 43

Paiva, Luiz Guilherme Mendes de, 14
Paixão, Cristiano, 14
Paixão, Maria Filomena da, 14
Palácio da Alvorada, 121, 125, 147, 151, 169, 192
Palácio do Jaburu, 62, 250, 300
Palácio do Planalto, 15, 30, 41, 49, 58-9, 68, 121-2, 124, 128, 135, 137, 143, 146-7, 171, 187, 266, 268, 272, 300, 316, 327
Palocci, Antonio, 252
Panama Papers (dossiê), 96-7
Paracatu (MG), 163
Paraíba, 174
paraísos fiscais, 97
Paraná, 36, 116, 121, 128, 266, 277, 288
Paraty (RJ), 29, 36, 38, 40, 314
Parente, Renato, 14
Parigi (restaurante), 135
Paris, 60, 184, 186, 218, 231
Partido Ecológico Nacional, 318
Pascoal, Hildebrando, 49

Passarinho, Aldir, 11, 284
Patri (empresa), 215
Paula, Felipe de, 14
Paulsen, Leandro, 176
PCdoB (Partido Comunista do Brasil), 263, 267-8, 279
PDT (Partido Democrático Trabalhista), 16, 238-9
peculato, 234-5, 253, 298
Peixoto, Floriano, 127, 136, 143, 337
Pelé (jogador), 50
Peluso, Cezar, 69, 104-8, 139, 142, 158, 165, 175-9, 181-3, 187-89, 200-1, 214, 217, 230, 241-2, 259, 261, 276, 289-90, 319
Pena, Afonso, 148
Penalva, Janaína, 14
Pereira, Sílvio, 200
Pereira, Thomaz, 14
Pernambuco, 146
Peron, Isadora, 14
Pertence, Sepúlveda, 11, 44, 92, 133-4, 146, 166-7, 169, 172, 210, 230-1, 237, 238-40, 276, 284-6
Pessoa, Epitácio, 87, 152
Pessôa, Samuel, 280
Petcov, Cristina, 30
Petrobras, 55, 66
petrolão, escândalo do, 27, 45, 71
petróleo, 263, 291
PFL (Partido da Frente Liberal), 139, 227
Piantas (restaurante), 65
piauí (revista), 89
Pimentel, Fernando, 83, 145
Pinheiro, Léo, 71
Pirataria, CPI da, 241-2
Pires, Breno, 14
Pires, Ézio, 92
Pires, Thiago, 63

Plano Collor I, 238
Plano Real, 145, 157
"Plessy v. Ferguson" (caso americano), 81
PMDB (Partido do Movimento Democrático Brasileiro), 32, 42, 62, 103, 123-4, 128, 168, 234, 267, 296
Polícia Civil, 25, 31, 132
Polícia Federal, 16-7, 22, 25, 36, 38, 56, 71, 99, 132, 243, 265, 290, 328
Polícia Militar, 50
Polo Freitas, Marco, 40
Polônia, 213
Porto Alegre (RS), 40-1, 43
Portugal, 90, 101-2, 151
PPS (Partido Popular Socialista), 330
Praça dos Três Poderes, 69, 110, 256
Presidência da República, 15, 33, 61, 83, 192, 235, 243, 247, 250, 261, 272, 291, 300-1, 316, 329
Presidência do STF, 30, 69, 105, 117, 122, 176, 235, 248, 256, 261, 269, 284, 298, 329
Previdência Social, 59, 135, 211, 262
Primeira República, 124, 152, 236
Primeira Turma do STF, 44, 63, 113-4, 116-8, 120, 214, 254, 294, 307, 311
primus inter pares, 232
prisão domiciliar, 293-4, 306
Procuradoria-Geral da República (PGR), 17, 21, 27, 53-6, 62-4, 71, 106, 164-5, 170, 189, 193, 198, 204, 234, 242, 253, 301, 335
Proença, Marcelo, 14
progressismo/progressistas, 49, 134, 142, 165, 171, 283, 327
propinas, 163, 251, 280
Pró-Vida (grupo católico), 209
PSB (Partido Socialista Brasileiro), 156, 237, 263, 295

PSDB (Partido da Social Democracia Brasileira), 173, 253, 257, 296, 304
PSOL (Partido Socialismo e Liberdade), 241, 301
PT (Partido dos Trabalhadores), 16, 34, 59-60, 68, 70-1, 84, 111, 122-4, 126, 139-41, 143-4, 152-3, 158-9, 163, 169, 185-7, 192-3, 201, 204, 237, 241-2, 257, 263, 267, 270-1, 280, 296, 303-4

Quadros, Ewerton, 127, 136
Quaglia, Carlos Alberto, 200
Queirós, Inocêncio Galvão de, 127, 136
Queiroz, Wilton, 27, 31

racismo, 81, 93, 186, 215, 219-23
Racy, Sonia, 135
Rádio Guaíba, 252
Rádio Justiça, 196
Ramalho, Renan, 14
Rangel, Roberta, 21, 34, 90
Reagan, Ronald, 224
Rebuelta, Luiz Felipe de Casrilevitz, 14
Receita Federal, 20-1, 96
Rede (partido político), 235-6, 243
Rede TV!, 97
redes sociais, 13, 16, 20, 22, 25, 33, 56, 60, 75-7, 85, 88, 105, 150, 163, 226, 313, 328, 333
Regimento Interno do STF, 23-4, 46, 52, 82, 134, 177, 201, 249
Rego, Vital do, 143
Reis, Jane, 14
RelGov (Relações Governamentais), 215
Renault, Sérgio, 14
"Republicanos" (grupo do STF), 165-9, 175, 179, 187, 200, 282, 289
Revista Interdisciplinar de Direito, 305

Rezek, Francisco, 11, 284
Ribeiro, Barata, 127, 136
Ribeiro, Leandro, 78, 82
Richter, André, 14
Rincão (SP), 269
Rio de Janeiro, 17, 29-30, 32, 37, 39, 50, 69, 72, 75, 92, 162, 168, 183, 186, 194, 209, 214, 224, 251, 257, 274, 300, 307-8, 311, 326, 333
Rio Grande do Sul, 39, 60, 93, 219, 252
Rocha, Cesar Asfor, 160-1
Rocha, Maria Elizabeth, 147
Rodrigues Junior, Otavio Luiz, 14
Rodrigues, Fernando, 97, 177
Rodriguez, Caio Farah, 14
Rojtenberg, Leib, 219
Rosário, Miguel do, 105
Rousseff, Dilma, 12, 32, 49, 58-60, 62-3, 68, 73, 82, 103, 105, 107, 116, 121-8, 132, 134-5, 143, 147-51, 153-4, 161, 192, 201, 249-50, 265, 266-8, 270-5, 277-81, 295-6, 300-1, 303, 309
Rufino, André, 14
Russi, Joyce, 14
Rússia, 151

sabatinas, 54, 84-5, 126-7, 137-43, 146-7, 149-50, 154-5, 157, 185, 204
Salão Branco (STF), 172, 230, 284
Sales, Campos, 87, 152
Sampaio, Carlos, 253
San Marino, República de, 213
Sanches, Sydney, 11, 91, 269, 286
Sanchotene, Salise Monteiro, 176
Santa Catarina, 28, 31, 60
Santos, Carlos Victor Nascimento dos, 14
Santos, Debora, 14
Santos, Marley Elysio dos, 69
São Bento do Sapucaí (SP), 269

São Paulo, 23, 25, 28-9, 36-8, 65, 70, 101-2, 131-2, 137, 144, 148, 152, 156, 184, 190-1, 262, 269, 303, 305, 316, 322

Sarmento, Daniel, 63

Sarney, José, 36, 84, 149, 160-1, 246, 315

Saud, Ricardo, 127-8

Scalia, Antonin, 43

Schiefler, Márcio, 28-31, 38, 40-1, 56

Secretaria Especial de Comunicação Social da Presidência, 42

Secretaria Judiciária do STF, 112, 178

segregação racial nos Estados Unidos, 80, 158-9

Segunda Turma do STF, 17, 48, 112, 116-8, 248, 295, 329

Segurança Pública de São Paulo, 50, 131

Seixas, Sigmaringa, 122, 148, 159, 194-5, 275

seleção brasileira de futebol, 261

Seligman, Felipe, 14

Senado, 12, 32, 42, 49, 54-6, 75, 78, 83-4, 103, 120, 124-8, 136-7, 139-40, 143-4, 146-7, 149-51, 154-5, 160-1, 164, 185, 201, 234-5, 237, 240, 242-5, 252-7, 269, 271-3, 279

Shopping Iguatemi (São Paulo), 102

Shuenquener, Valter, 72

Silva, Jeferson Mariano, 158

Silva, Marina, 280

Silva, Virgílio Afonso da, 14

Silva, Washington Vieira da, 247

Silveira, Néri da, 11, 238

Simon, Pedro, 137

sistema carcerário, 296, 300

site do STF, 130, 199

Soares, Delúbio, 204

Soares, Jô, 92

Sorbonne (Paris), 184

Souza, Antonio Fernando de, 189, 290

Spark (sistema interno de comunicação dos ministros), 63

Superior Tribunal de Justiça (STJ), 13, 16, 29, 32, 39-40, 58-60, 69, 75, 136, 140, 147, 160-1, 168-9, 189, 203, 209, 247, 252, 276, 300, 319

Superior Tribunal Militar (STM), 147

Suprema Corte dos Estados Unidos, 43-4, 66, 80, 89, 184-5, 217, 220, 233, 283

"supremáveis", 43, 132, 145, 259

"supremocracia", 77

swing vote, 224

tabeliões, 288

Tamanini, Irineu, 14, 92

Tangerino, Davi, 14

Tatuí (SP), 85, 88, 94, 316

Tecnologia da Informação do STF, 111, 129

Teixeira, Matheus, 14

Teixeira, Roberto, 161

Telegram, 56

Temer, Marcela, 23, 131

Temer, Michel, 12, 30, 41-3, 62, 100-1, 115, 128, 131-3, 135, 138, 149, 245, 250, 256, 260-1, 263, 273, 283, 292, 299-302, 326

Thomas, Clarence, 184

Toffoli, José Antonio Dias (Ministro do STF), 11, 16-7, 21-5, 34-5, 50, 52, 55, 61, 67, 70-1, 78, 90, 111, 113, 142, 151-6, 159, 185, 195-6, 202, 207-8, 231, 237, 241, 243, 256, 260, 275-6, 293-4, 317, 320, 322, 326, 328-31

Toffoli, José Ticiano Dias (irmão), 71

Toledo, Eduardo Silva, 40, 118

Torquato, Gaudêncio, 121

Torres, Alberto, 152
Torres, Demóstenes, 192-3
Torres, Heleno, 121, 151
tráfico de drogas, 101, 247
tráfico de influência, 21
Tribunal Constitucional de España, 138
Tribunal de Contas da União (TCU), 13, 125, 146, 298
Tribunal Superior do Trabalho (TST), 43, 140, 147-8
Tribunal Superior Eleitoral (TSE), 13, 15-20, 72, 153, 180, 186-7, 227, 230, 250, 322, 324, 329
tríplex do Guarujá, 280
Troféu Raça Negra, 104
Truman, Harry S., 158
Turollo, Reynaldo, 14
TV Justiça, 33, 38, 88, 92, 94, 104, 108, 196, 199, 223, 247, 294, 298
Twitter, 75-6, 85, 88-9, 326

união homoafetiva, 12, 80, 141, 217, 224-5
Universidade da Califórnia, 184
Universidade de Brasília (UnB), 112, 213, 220, 230, 284-5
Universidade de Chicago, 79
Universidade de São Paulo (USP), 89, 121, 132, 137, 241
Universidade do Texas, 79
Universidade Federal da Bahia, 140
Universidade Federal de Minas Gerais, 145
Universidade Federal do Paraná, 116, 121, 277
Universidade Harvard, 35
Universidade Stanford, 184
Universidade Yale, 64, 81
urnas eletrônicas, 17-8

Valente e Gonçalves, Anthair Edgard, 188, 223
Valério, Marcos, 303
Vallone, Giuliana, 232
Valor Econômico (jornal), 262
vaquejada, legalização da, 228-9, 307
Varella, Drauzio, 280
Vargas, Getúlio, 220, 337
Vasconcelos, Bernardo Pereira de, 87
Vasconcelos, Beto, 14, 121, 148, 271, 275
Vaticano, 213
Veja (revista), 71, 85, 95, 99, 127, 161, 163, 192-3, 232
Velloso, Carlos, 11, 144, 240, 246, 263
Veras, Edmundo, 110
Veronese, Alexandre, 14
Viana, Jorge, 243, 245
Viena, 171
Vilela, José Guilherme, 272
Vilhena, Oscar, 14, 77, 305
Villas Bôas, Eduardo, 17, 19, 85, 326-7
Visconde de Mauá (RJ), 37
Von Adamek, Carlos, 34
Voz do Brasil, A (programa de rádio), 91

Warren, Earl, 80
Washington, D.C., 34-5
Weber, Rosa, 11, 16-20, 29, 37, 58, 67, 107, 116, 147-8, 176, 202, 207, 214, 232-3, 254, 256, 283, 292, 307, 325, 329, 331
Weitmann, Nicole, 29
WhatsApp, 13, 30, 38, 56, 70, 77, 86, 88, 97, 131, 149, 244, 279
Wittgenstein, Ludwig, 218

Xangri-lá (RS), 61
Xavier, Chico, 208

YouTube, 122
Yunes, José, 135

Zavascki, Alexandre Prehn, 40
Zavascki, Francisco Prehn, 40

Zavascki, Liliana Maria Prehn, 40
Zavascki, Maria Helena, 29
Zavascki, Teori, 12, 28-49, 52-64, 66-8, 70-1, 78, 107, 110, 113-7, 120, 133, 201-2, 235, 300

1ª EDIÇÃO [2019] 4 reimpressões

ESTA OBRA FOI COMPOSTA POR OSMANE GARCIA FILHO EM MINION
E IMPRESSA PELA LIS GRÁFICA EM OFSETE SOBRE PAPEL PÓLEN SOFT DA
SUZANO S.A. PARA A EDITORA SCHWARCZ EM JULHO DE 2021

A marca FSC® é a garantia de que a madeira utilizada na fabricação do papel deste livro provém de florestas que foram gerenciadas de maneira ambientalmente correta, socialmente justa e economicamente viável, além de outras fontes de origem controlada.